序 言

法国当代思想家米歇尔·福柯（Michel Foucault，1926—1984）的思想在西方思想史上占有举足轻重的地位，深刻地影响着西方文学、社会学、历史学、哲学、政治学、精神病学、心理学、医学、刑法学、语言学、教育学等人文学科的研究。福柯总是在否定、怀疑和修正自己已形成的理论，他的作品在主题和论证上看似差别很大，但实际上总是不断回到相同的话题，即自我建设个体生活的伦理内容上。福柯后期改变了其前期的天才式的独辟蹊径的研究策略，开始对西方古代经典进行相对系统的批判和解读，将思考的重点转向自我技术，关注个体对自身的塑造和成就自我的伦理学。福柯回归自我的伦理学批判与其前期对主体和权力问题的批判一脉相承，展示了作为知识分子的思想厚度与对西方社会以及个体生存状况的严肃关注。

奥斯维辛的悲剧唤起了思想界对理性的重新思考和认识，越来越多的哲学家意识到启蒙理性的局限性。在《什么是批判》《何为启蒙》以及1983年在法兰西学院的讲稿《治理自我与治理他者》中，福柯对启蒙理性（illumination de la raison）有过深刻的论述。康德在对启蒙的阐述中对"现在""当下"事件的追问引起了关心存在问题的福柯的兴趣，作为事件化、问题化的启蒙和福柯对生成性的考察有着共通性，启发福柯关注自我和他人的行为模式，关注自我如何塑造自我和社会如何规训自我。这种对自我和他人的行为模式的关注，也正是福柯晚期哲学关注的重点。福柯的思想丰富而庞杂，他从没有追求过所谓的“宏大体系”，但是他的思想却自成体系。福柯晚期的思想和前期思想在切入角度上完全不同，但是论述的内容仍然没有超出对主体问题的关注。福柯晚期思想受到越来越多的关注，知识、权力、伦理是福柯关注的三个面，它们缺一不可。本书以福柯对古代经典的阐述作为切入点，分析福柯晚期的伦理关注，探究福柯思想的总体性和脉络。

古希腊的伦理不是建立在宗教所设立的权威性基础之上，而是更加关注公民对公共实践的参与及对市民责任的承担。古希腊人崇拜的英雄坦然地追求权力财富、勇武功勋，他们没有因为彰显个人的武功和英雄主义而被认为是不道德的，相反，这种行为被认为是个体的善的行为。古希腊的伦理追求中有着对市民责任的强调，认为最高的善是政治的、国家的善的建构，这对推动西方国家理性的形成影响深远。古罗马的文化中更强调哲学家自我对自身的修炼，并在后期孕育和推动了基督教牧领制度的形成，深深影响了西方近代生命治理体制。福柯并没有选择在总体建构逻辑层面重述古希腊－古罗马的伦理体系，而是从边缘和非中心的位置介入西方古代社会的伦理建构之中，发掘了古代伦理中被忽视但却对西方现代伦理思想影响深远的部分，并进行批评反思。福柯在古希腊和古罗马文化中发掘到了精神性自我的追求和主动性生命力的张扬，这对自我的伦理学的建构具有启发性的意义和价值。福柯反复陈述“自我的伦理学”概念，这一概念的建立完全打破了康德对伦理学的建构以及自列维纳斯以来伦理学中对自我和他者的关系的重视，将伦理学的讨论范围规定为自我对自身的影响和塑造。福柯的伦理学建构具有现代的个人主义和新自由主义的色彩，自

本书受教育部人文社会科学研究“伦理学视阈下福柯对西方古代经典的阐释研究”（17YJCZH148）项目资助

宋玲玲　著

伦理学视阈下
福柯对西方古代经典的阐释研究

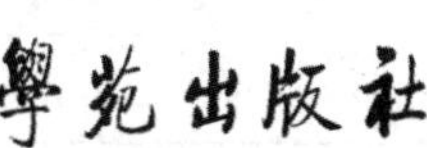

图书在版编目（CIP）数据

伦理学视阈下福柯对西方古代经典的阐释研究 / 宋玲玲著. — 北京 : 学苑出版社, 2023.4
ISBN 978-7-5077-6595-3

Ⅰ. ①伦… Ⅱ. ①宋… Ⅲ. ①福柯（Foucault, Michel 1926-1984）—哲学思想—研究 Ⅳ. ①B565.59

中国国家版本馆 CIP 数据核字（2023）第 028721 号

责任编辑：黄小龙
出版发行：学苑出版社
社　　址：北京市丰台区南方庄 2 号院 1 号楼
邮政编码：100079
网　　址：www.book001.com
电子邮箱：xueyuanpress@163.com
联系电话：010-67601101（营销部）、010-67603091（总编室）
印 刷 厂：北京兰星球彩色印刷有限公司
开本尺寸：710mm × 1000mm　1/16
印　　张：15.25
字　　数：186 千字
版　　次：2023 年 4 月第 1 版
印　　次：2023 年 4 月第 1 次印刷
定　　价：48.00 元

成一体，提供给现代学者极为重要的多元性和反思性视角。福柯的批判勇气和对西方传统文化的回归使其在矛盾中独具风格，福柯不再把“主体”作为一个需要追溯的课题概念来追溯，而是把主体作为个体主动性本身来塑造，这永远是一个未完成的、进行时的概念，而不是目的论意义上的“现在”概念。

在福柯看来，哲学是一种生活态度，他的思想阐述和历史亲密随行，但他关注的是现实问题。福柯根据自己的论述需要，带有选择性地评论古希腊、古罗马经典著作，他在柏拉图那里发现了关注自我的批评维度，他对斯多葛派的修身、苦行技术非常推崇，他对犬儒学派的说真话大加赞赏，对基督教的坦白机制和治理机制很感兴趣，提出了非常有见地的古典学思想。福柯认为古代哲学家根据自己的意愿自由选择自己的生活方式，是一种极富精神性的哲学实践行为，而这种哲学实践行为对现代在治理体制中被压制了主体性和主动性的主体具有非常重要的参照意义。福柯对古代经典的解读浸染了20世纪现代哲学的气息，他并没有野心建立起庞大的哲学体系，相反，他对这种全景式的体系建构行为本身非常排斥，认为建构宏大体系的排他性思想本身就是陷入了逻各斯中心主义的形而上学陷阱之中。福柯晚期的伦理学思想采用尼采的谱系学方法，很好地捍卫了多元和去中心的思想。重新和福柯一起阐释西方古代经典著作并把福柯的解读和西方古典学家的观点对比论述，有助于更好地理解福柯晚期思想。

福柯的谱系学思维决定了其对历史的关注。福柯所有的哲学著作都是建立在对历史的重新考察和分析、发现的基础上的，无论是对精神病学还是对医学、话语、刑罚、性的研究，都是借对历史的考察，将散落在历史边缘处被人们忽视的问题和观点拖回人们的视野中，并在关注的同时，表达自己对理性、主体、真理的态度。福柯反对任何预设的、先验的价值理论，“斯宾诺莎、尼采这样的思想家首先开始表明存在模式应通过内在标准，通过它们的‘可能性’内容、自由和创造性，而非对超验价值的诉求来评估。”[1] 正是因为如此，谱系学对福柯的阐释研究影响深刻。福柯的谱系学思维决定了福柯在晚期回溯到古希腊、古罗马去考察主体问题，他认为应该关注历史的细枝末节和起源的偶然性，他的这种态度决定了其晚期的客观、真实、自我的态度。在分析福柯的主体观点时，对福柯的谱系学方法及其运用的阐发能够回到福柯的思维本身，尽量靠近福柯。

福柯认为，在古希腊–罗马的主体构成中，自我占据着中心的位置，探讨对自我的认识、描述自己和自身的关系是中心性话题。福柯由对古希腊特别是柏拉图的关注自我出发，将重点放在对古罗马前两个世纪的斯多葛派、犬儒学派的论述上，因为与古希腊认识自我和关注自我的连接，并且与城邦中的治理体系有着密切的关系，古罗马自我关注和自我技术对于每个普通人而言都具有重要的参与性，是当时社会中广泛流行的活动，并且其发展出了一系列修炼自身的自我技术的手段，真实的话语成为重要的主体行为模式。福柯在最后几年的生命历程中，对主体性和真相通过说真话的维度进行了深刻的探讨。福柯受尼采的谱系学的研究方法影响颇深，被动或者说主动地选择了被其他理论家、西方古典文学专家所忽视的领域，展开了对自我的伦理学研究。因此，回到古希腊–古罗马的阐释语境中，结合福柯思想的整体展开本书的研究，对福柯伦理学的研究而言具有重要意义。

每个个体都活动于、生存于既定的社会治理体制之中，每个个体现存的理性思考方式的形成都离不开既定的社会历史条件。在所有的机制中，个体拥有独属于自我的过去、现在和未来，这是一个生成的过程，同时也

[1] [法]吉尔·德勒兹.什么是dispositif？[M].汪民安，译//汪民安，陈永国，马海良.福柯的面孔.北京：文化艺术出版社，2001：202.

是一个充满着偶然性的主体化过程。福柯始终在探寻自我在当代的自我创建模式，这种模式在历史角度而言是不同于古希腊和基督教的模式，在共时性而言又无法脱离他者和社会的或主动或被动的参与。无论是自主性的抑或是匿名性的存在，社会治理的体制都是客观存在，是无法彻底摆脱的。在福柯的伦理学中寻找固定的问题构架以及解决这些问题的标准答案是不可能的，但是思考福柯并建构自己对福柯的认知，提出自己对福柯的追问并努力提供自己对追问的回答，这是一种自我澄明的追溯过程，在这种追溯中可以期待更多的问题以及解决方式，这会让我们更深刻地理解靠近福柯。不同的阅读经验会给相同的文本带来完全不一样的阐释框架和批评经验，努力在福柯的阐释中找到可以栖身的观点是一件很复杂和难以完成的任务，但是对福柯文本的喜欢会超越任何障碍，我终归无法理解福柯，但是一直不曾离开过他的文本。

宋玲玲

2022 年 10 月

目 录

| 第一章 |

福柯晚期的伦理转向

20 世纪下半叶以来，人类社会面临着不同价值观越来越严重的冲突，传统哲学的宏大叙事建构逻辑已经难以克服形而上学的漏洞，让哲学与生活贴近，面对当下的人类生活困境成为哲学的主旨要义。面对多元文化背景的冲突与融合，哲学正经历着伦理学的转向，法国哲学家列维纳斯直言“第一哲学是伦理学”[1]。在这种背景下，哲学家普遍将目光转向伦理学领域，探讨在文化冲突和后现代背景之下的人类所面临的伦理道德的困境和选择。福柯晚期的伦理学转向和哲学所面对的时代任务紧密相连，在喧哗与骚动的时代背景之下，福柯努力探寻个体人的价值和主动性。

福柯对处于知识、权力、价值网络之中的人投入了全部的关注热情，对主体和自我问题的思考是当代思想界关注的核心问题，而笛卡尔对统一的理性主体的定义不断受到攻击，众多哲学家在此基础上提出自身对主体问题的思考，福柯没有回避自己对这一问题的探讨，他承认对主体问题的思考是其哲学自始至终贯穿的主线。实际上，与其说福柯关注抽象的主体问题，不如说福柯关注个体自我的生存状况，但是福柯对自我问题的思考

[1] E.Levinas.Ethics and Infinity[M].Pittsburgh：Duquesne University Press，1985：77.

非常复杂，很难对其进行系统化定义。早期福柯提出的疯癫问题带有明显的反对现象学理性超越自我的倾向，他对人的死亡、主体的终结等问题的关注明显带有结构主义倾向，虽然福柯一再否认自己的结构主义立场；中期福柯对规训和性问题的思考，使他超越了结构主义客观性的概念范畴而明显地打上了政治学的烙印；自我是权力建构的产物，虽然权力的概念在福柯的哲学中带有反传统的主动性，但是这一时期的自我却是相当压抑被动的，是被权力规训的对象。但随着《性经验史》(*The History of Sexuality*)特别是福柯在法兰西学院的讲稿陆续出版，福柯对自我建构问题的思考在其哲学体系中的位置变得越来越重要，福柯似乎在回归，回归到被现代哲学传统摒弃的自我中心主义的自我建构中去。但这只是表象，福柯的自我潜藏在历史的碎片中，在回溯历史中，福柯以谱系学的方法在伦理学维度彻底解构了绝对中心主义自我的存在。福柯的自我是历史性的存在而非目的论意义的先在存在。对福柯的伦理学的考察会完善福柯对自我的关注问题的考察，同时在历史维度思考个体与社会的治理及反治理的关系。

福柯晚期将视角转向西方古典学，他认为思考古希腊伦理学将给我们提供不同的伦理体系参照物，能够促使人们在现代伦理学体系之外思考我们的思想体系本身。古希腊的伦理给福柯提供了一种新的思考路径，福柯在总结古希腊伦理思想时坦言："首先，在希腊伦理中，人们更关注的是他们的道德行为，他们的伦理，他们与自我的关系，与他人的关系。而不是这样的宗教问题：死后会怎样？诸神是谁？他们是否干预？——对希腊人而言，这些问题的重要性微乎其微，他们与伦理和行为也不直接相关。第二件事情是，伦理与任何的社会体制——至少与任何的法律体制——毫无干系。比如，针对不轨之性的法律少之又少，也没有什么强制性。第三件事情是，他们操心的主题是去构造一种伦理学，即一种生存美学。”[1] 福柯返归对古典伦理学的思考很显然并不是寄希望于古典伦理学在当代的回归，而是在超越中发现我们自己的问题，并且提供可能的解决方式和思考路径。

第一节　西方当代哲学的伦理转向

在西方理论界，伦理学转向已成为一股不可逆转的趋势，伦理学不再仅仅作为哲学的分支耸立于高高在上的象牙塔之上追求纯粹性的认识论的统一性，而是与各具特色的后现代理论融合，成就着自身对实践的多样性的生命关注。政治、社会、科学、个体、事件都被纳入伦理学的关注视野。多元维度的伦理学的中心问题仍然是主体问题，当代理论家的关注中心转移到具体生存语境中的个体关注。海德格尔和尼采对福柯的影响十分深远，福柯说："我在哲学方面的整个发展变化都是由阅读海德格尔的著作决定的。但是，我认为尼采胜过了他。我对海德格尔的认识很不够……我对尼采的了解大大超过对海德格尔的了解。不过这仍是我的两次主要体验。如果我没读过海德格尔的著作,我就不会读尼采的著作,这是很可能的。在 50 年代，我曾尝试着阅读尼采的著作，但是只读尼采的著作，对我来说并不能说明什么问题！把尼采和海德格尔联系起来，那就是一种哲学冲击！”[2] 海德格尔的存在主义哲学对福柯有很深刻的影响,在其建构伦理学的阐释空间中发挥着重要的作用。同时，在批判海德格尔的基础上创建了现代伦理学的哲学家列维纳斯，同样是思考现代哲学伦理学转向必须提到的哲学家。

[1] [法] 福柯 . 论伦理学的谱系学：研究进展一览 [M]. 刘耀辉，译 // 汪民安 . 福柯文选Ⅲ . 北京：北京大学出版社，2016：145.

[2] [法] 福柯 . 道德的复归 [M]. 蒲北溟，译 // 杜小真 . 福柯集 . 上海：上海远东出版社，2004：522.

对海德格尔来说存在吸收一切存在者，是存在者存在的根据。但是存在本身却不是任何意义上的存在者，只有透过此在才能抵达人的存在。存在是总体性的，没有开头也没有结尾，却始终制约着存在者本身，因此在一定程度而言，“存在”的存在是一种整体性的暴力，它将人的一切纳入其中，并赋予人以本源性和有限性，个体人却无法超脱存在，只能被置于无法超脱的“我”的权力之下，因此，海德格尔没有发现超越性的伦理向度，与他者的“共在”一样，关心的也只是此在的存在问题。列维纳斯反对海德格尔对存在的本源性及整体性认识，他认为存在者最重要的特性是无限性，他创造了“他者”来说明无限性，他者驱逐了来源的形而上学以及主体中心主义的迷雾，其先于主体的存在而发生作用。“他者并没有完全进入存在的敞开性，我在那里一如像在我的自由场域那样自持。他者并非从存在一般出发来与我相遇。”[1]列维纳斯创建了他者的伦理学，对于列维纳斯而言，他人的面孔代表着一种不可知性，他人的自由超出个人的可控制范围。行为和主体的不自觉性不代表着非道德，相反，列维纳斯否定自觉的伦理行为导致道德的结果，他认为个体对他者的不自觉性的无从把握导致主体的被动性，而正是这种被动性呼唤负责的行为主体，从而导致了个人对自身主体性的确认。“不要杀人（ne tuez pas）”是列维纳斯最重要的伦理论条，这意味着拒绝个体的扩张和控制。西方哲学的本体论传统成为列维纳斯批判的对象。列维纳斯认为海德格尔的存在是不受时间和偶然性影响的绝对理性。只有与他者的关系才能自由地让存在者作为“存在者”存在，存在者不能理所当然地被理解，只有真正地独立于存在的他者才能重建对殊别个体的尊重，通过与他者的对话，将不以认知和理解为目的的社群建立起来，在这一社群中并不存在作为普遍性的存在者，而只有

[1] [法] 莱维纳斯. 存在论是基本的吗？ [M]. 刘国英，译 // 倪梁康. 面对实事本身——现象学经典文选. 北京：东方出版社，2000：678.

作为脸孔的邻人和他者。列维纳斯的绝对他者最终旨归绝不在于对统一的自我的还原，而恰恰相反，其追求对统一自我的彻底背离。

列维纳斯警惕海德格尔存在主义哲学的逻各斯中心主义，但是对海德格尔哲学对生活的关注持赞同态度，列维纳斯评价海德格尔存在论时说："哲学与生活混合在一起，我们不再知道，我们关心哲学因为它是生活，抑或我们重视生活因为它是哲学。新存在论的主要贡献可以显现为它与古典重智主义的对立。对工具的理解并不在于观看它，而在于懂得运用它。"[1]"我们的意识以及我们通过意识去操控现实，并没有穷尽了我们与现实的关系，我们是以我们的整个存在厚度投入到现实中去。对现实的意识并没有完全衔接上我们居于世界之中这一事实，这就是海德格尔哲学中令文学世界留下印象深刻之处。"[2]海德格尔虽然极力避免，但是他无法逃离其思想中的二元主义倾向，但海德格尔将生活和哲学拉近的态度赢得了列维纳斯的赞同。

福柯的伦理学和列维纳斯伦理学的区别显而易见，福柯创建自我的伦理学，关注自我对自身的塑造，对于列维纳斯而言他者的位置是自我无法取代的，二者的关系是非对称性的关系，我和他人之间的距离是我得以超越的理由。列维纳斯他者的提出的最终目的在于反对西方本体论哲学对同一的追求，强调差异的重要性，但是需要注意的是这种差异和同一不是硬币的两面，列维纳斯的绝对他者所孕育的差异是对总体性的突破，是对形而上学的彻底批判，存在无法通过同一而占有他者。福柯否定从整体性出发而被赋予意义的个体，个体不是先在的被理解的对象。福柯的伦理学没有提出道德律令和伦理规范，他似乎也对"什么是善""如何追求幸福"

[1] [法] 莱维纳斯 . 存在论是基本的吗？ [M]. 刘国英，译 // 倪梁康 . 面对实事本身——现象学经典文选 . 北京：东方出版社，2000：679.

[2] [法] 莱维纳斯 . 存在论是基本的吗？ [M]. 刘国英，译 // 倪梁康 . 面对实事本身——现象学经典文选 . 北京：东方出版社，2000：680.

这类传统伦理学议题不甚关心，福柯的伦理学集中关注对总体性的批判，而这一点是和列维纳斯相通的。而海德格尔、列维纳斯和福柯同样关注生活实践和场景中的个体，关注个体的生存，而这种关注又和尼采紧密相关。

相比海德格尔，走出了相对主义漩涡的尼采赢得了福柯更多的赞同，尼采的生存哲学以及谱系学的方法论都对福柯的伦理学建构产生了深刻的影响。福柯坦言："我只不过是个尼采哲学的信徒，我在可能的范围内借助尼采的著作——而且也借助反对尼采哲学的观点（这些终归是有关尼采哲学的论点！）试图就若干问题进行讨论，看看在某个领域内能有什么作为。我并不追求其他别的东西，但在这一点上，我是认真追求的。"[1] 福柯的伦理学被认为其深层次的机体是审美的，福柯坦言要将生命塑造成艺术品，伦理就是要建构个体审美化的生存，而福柯的观点深受尼采哲学的影响。谈到审美，人们很容易认为审美与生活没有任何关系，为艺术而艺术才是审美应该追求的形式，这种刻板印象的形成与浪漫主义特别是唯美主义文学思潮有着千丝万缕的联系。"为艺术而艺术"的价值理念将审美和现实生活拉开距离，而尼采却反其道而行之，将审美和生活联系在一起，形成一种"泛审美主义"倾向。尼采将审美与形形色色的生活共同放置于幻想世界，将审美与生活互相浸润，进而拆除了一切认识论领域层次分明的逻辑判断。尼采的审美性意味着艺术对生活的超越，审美的生活行为践踏了现实世界一切固有的道德规范，以其丰满的激情和意志溢出美学领域本身，浸润在现实生活的方方面面。生命的意义在于风格化的自我塑造，和审美的独特创造性具有密切的亲缘性。福柯反对建立在现象学基础上的主体理论，而尼采所要做的正是摒弃主体理论，建立实践性的行为主体方式，这使福柯倒向尼采，并深受尼采的主体思想影响。福柯的自我技

[1] [法]福柯．道德的复归 [M]. 蒲北溟，译 // 杜小真．福柯集．上海：上海远东出版社，2004：523.

术、自我关注的伦理诉求与尼采的伦理学建构的反本质主义的私人化审美生存、扩张的生命力追寻遵循着相同的思想脉络。

除此之外，尼采的谱系学的研究方法对福柯的伦理学建构也有着举足轻重的地位。尼采的谱系学反对对起源的原初追问，在他看来，历史的开端上出现的不是同一性，而是差异和冲突；历史的开端处站立的不是高贵的严肃性、决定性而是充满偶然的卑微和不确定的事件和人物。福柯评论道："人们总是在起源中收集事物的精确本质、最纯粹的可能性、被精心置于自身之上的同一性、静止并异于一切外在、偶然和连续的东西的形式……谱系学家热衷于倾听历史的声音，胜于对形而上学的信仰，那么他会获得什么呢？一切事物背后都有着'完全不同'的东西：不是什么无日期的、本质性的秘密，而是事物没有本质，或者本质是用完全不同的形象一点点制造出来的这一秘密。"[1] 谱系学尊重个体的差异性与独特性，反对在历史碎片中追寻牵强附会的、完全不存在因果关系或者倒果为因的连续性；谱系学并没有放弃对起源的探寻，而是认为起源本就是一个复杂的不确定序列，先在的必然性对真实历史的注脚是错误的，历史并不是按照人类的预设和逻辑引导而向前发展的，偶然在塑造历史过程中的作用是绝对的。福柯在自己的伦理体系建构中将视野投向古希腊、古罗马，埋首于经典之中，在对细节的阐释和考察中寻找古希腊伦理的真相，古希腊和古罗马、基督教的经典为福柯打开了一个缺口，通过对经典的重新阐释和解读，将固有的认识和评价模式打翻，展示主体的独特性、真实性以及偶然性经历，福柯的谱系学方法贯穿在他的伦理学阐释之中。

对福柯而言哲学始终是被建构的，属于一种私人的写作，一种自我与自身的对话，只表达个人的独特思考。但是福柯的伦理学受到伦理学转向

[1] [法] 福柯．尼采、谱系学、历史 [M]. 王简，译 // 杜小真．福柯集．上海：上海远东出版社，2004：148.

的深刻影响，基于此，是否就可以认为福柯的哲学超脱了对一般性问题的讨论而走向所谓的分裂和解构呢？显然不是，福柯哲学研究的仍旧是一般性的哲学问题，主体问题、个体化生存是福柯的伦理学中心，而这种讨论与福柯的生存时代和生存处境息息相关。对福柯而言自我不是实质而是形式，不存在先在的主体性和本质性，它建立在一系列关系之上，在不同的关系中表现出不同的实践内容。实践行为依赖于社会环境，并以自我的自由选择负载固定的文化内涵。福柯真诚地讨论个体化的方式，专注于此刻、目前，他不是为了解构而解构，他运用谱系学的方法，将理论焦点不断在问题中转移变化。对福柯而言，寻找规范的批评原则、认识论的形而上学基础抑或是普遍性的真理是不合法的。福柯的伦理主题不在于发现道德的本质抑或寻求人们应当遵守的普遍的道德原则。福柯的伦理中心在于建构实践性的伦理主体，并将这种建构行为本身发展为其伦理学的中心任务。

第二节　福柯的伦理学转向

福柯是一位因反主体而引起思想界重视的理论家，前期的知识考古学、权力的谱系学研究，甚至于他对生命政治的社会治理学的研究都在批判现代社会对个体自由的剥夺以及真理体制建构的虚假性，资本主义社会利用权力体制在规训权力的网络中戕害边缘化个体，在社会政治的机制中规训全体人民。西方自古希腊时代就强调政治社会对个人塑造的影响，亚里士多德就认为人是政治性的动物，人的行为无法脱离城邦和他者而存在，主体间性及在社会之中的个体生存是现代哲学关注的重点。福柯认为现代个体是被动地被卷入政治或者说社会治理之中，失去主动性和创造性，成为一种被动地被政治和权力所捕获的客体。探讨在现代规训体制中主体生存状况的福柯为什么后期将视野转向伦理学，致力于自我技术的探讨，要建构关注自我的生存美学？福柯的前后期思想是否存在着冲突和矛盾？福柯曾对自己的研究内容总结道："我想说的是，在整个20年期间，我的工作目的是什么。它既不是对权力现象进行分析，也不是精心描绘出这种分析的各种基础。相反，我的目的是创建一种历史，这种历史有多种不同的模式，通过这些模式，在我们的文化中，人被塑造成各种主体。"[1]福柯认为人变为主体的方式有三种：在普通语法、语文学和语言学中将科学知识客观化，成为塑造主体的质询模式；在主体内部通过区分疯子与正常人、病人和健康者、罪犯和守法者而将主体客体化的区分实践；人自己主动将自己变成主体的方式。而最后一种方式福柯将之归入伦理学的研究范围。福柯的伦理主体建构和前期的思想一脉相承，探讨了在知识、政治和治理层面中社会对个体的戕害和束缚。无论是在文艺复兴时期还是启蒙运动兴盛的16—19世纪，社会都没有放弃对个体的宰制，无论是国家理性还是个体理性所倡导和追寻的都是对个体的治理，让自我变成被动的被束缚在固定真理体制中的自我。而主动的摆脱束缚的自我是否可能存在？福柯将视野重新投入古希腊、古罗马，希望探讨两方面的内容：一方面，西方文明的起点是否存在着背叛真理体制、国家理性、现代治理的因子和被历史所忽略和改动的真实的自我存在，并寄希望于现代伦理在探讨自我与他者、自我与社会的关系时能够不忽视这样的有创造性、有生命力的，富有生命美学意义的自我存在。另一方面，福柯致力于讨论被社会和真理体制所宰制的现代自我的源头在哪里，古希腊和古罗马思想如何影响了现代自我的建构。

20世纪70年代福柯参与到了广泛的社会运动之中，特别是对1978年

[1] [法]福柯．主体和权力[M]．汪民安，译//汪民安．福柯文选Ⅲ．北京：北京大学出版社，2016：107.

伊朗的革命投入了广泛的关注，他甚至在 1978 年 10 月和 11 月曾两次亲赴伊朗，对当时的伊朗革命形势进行深度的考察和研究，并会见了革命的领导人之一，后来的霍梅尼政权的内阁总理。福柯写了 11 篇文章发表对伊朗革命的态度，并盛赞伊朗革命的精神维度。福柯被伊朗革命的“政治精神性”深深吸引，他认为这种精神性超脱了西方的治理体制的框架，是一种新的社会形势的探索，民众在其中表现了作为自发性反抗主体的勇气和行动。“我所说的精神性——我不能确定，这种界定是否长期有效——是指主体获得某种存在形式，就必须实现自身的转变。我认为，在古代的精神性之中，精神性和哲学是同一的，或者几乎是同一的。无论如何，哲学最重要的关怀是以自我为中心，关于世界的知识是后来出现的，并且通常服务于自我关注。”[1] 福柯转向对古希腊古罗马的自我伦理学的关注和阐释与这种精神性中孕育的主动性紧密相连。福柯的生命政治研究总的目标就在于寻找主动性的主体精神，在伊朗事件中他认为，在西方治理理性和个人伦理精神的维度之外出现了新的生命形式，而这种生命形式蕴含着一种拯救的希望。福柯觉察到了西方传统的理性文明、国家治理、个体权力所存在的问题，作为西方异质文化的伊斯兰文化因为对传统西方中心主义的抵制和集体对宗教精神性的自发捍卫赢得了福柯的赞同。福柯的观点受到了理论界的广泛质疑，他对政治精神性的强调和拥护吊诡地走向了事件的反面。霍梅尼的政治改革中被忽视的个人权力野心被福柯以乌托邦所替代，客观上来讲，霍梅尼政权在转向现实政治统治时堕入西方所谓的极权主义的深渊，这也宣告了福柯的理论学说在伊朗事件实践中的破产。福柯急于寻找一种力量来撕开西方社会的权力铁网，急于建立一种乌托邦式的个体自治的社会的理想并不现实，也并不明智。福柯是一位反思性极强的

[1] [法] 福柯．自我关注的伦理学是一种自由实践 [M]. 刘耀辉，译 // 汪民安．福柯文选Ⅲ．北京：北京大学出版社，2016：272.

理论家，在此之后他写了《反抗没有用吗？》就退出了对伊朗事件的争论。但在生命的最后几年，福柯一直在思考的问题是主体精神，可以说和伊朗事件以及前期福柯的理论关注是承继和发展的关系，并不存在所谓的巨大差别和裂断。福柯转向伦理，强调个体的自由和自治，这很显然和福柯的政治经历以及他前期的思考息息相关。

个人的自由选择是福柯伦理学的中心，这里很容易引出另一位著名哲学家萨特。福柯和萨特的联系在哪里？福柯对萨特有自己的评价。萨特和福柯的相似点在于他们的自我不是被给定的。萨特的自我选择是一个去中心化和重建中心化同时进行的过程。一方面萨特的自我是和虚无、偶然、变化等非确定因素联系在一起的，因为个体的选择是萨特重建自我的手段和方式，而自我选择面临着自我和他人的对抗，“他人即地狱”意味着他人是自我选择的障碍和无法割裂的外部环境，而这是个体在自我建构过程中所无法控制和把握的方面。因此，个体选择面临着一种不确定性，而面对不确定性做出选择的人恰恰展示的是人的理性高贵。也就是说对萨特而言，外部情景对个体的自我选择具有关键性的影响，的确，个体是情景的一部分，是破碎的、缺少历史性的、此刻的、无法把握整体的个体。但是另一方面，萨特的个体还是以启蒙主义所确立的理性精神将情景对个体的选择干扰降到最低，是在混乱之中聚集起理性自我整体的努力。萨特的自我在行使选择权成为自为的存在的过程中，虽然与所处的情景以及他人处在矛盾冲突甚至对抗的过程中，但是也因此避免了自我的被孤立和绝对化。萨特认为人的存在即自为的，是与动物自在的存在相区别的，人之所以为人就在于人的自我选择的自由，因为自己自为的选择而将自己塑造为存在的个体。尽管萨特将人的选择和自由放在非常重要的位置，但是萨特将个体存在置于一种形而上学的本质之上的，自为的存在本身就是将道德主体绝对化的方式。自为的存在者依赖完整的自我意识在情景中生存，因此在萨特这里，人的本性是不可分割的、被固定的、被前置的。萨特的自我存在是具有形而上性质的先在的存在，“我”是在被动卷入的绝对的情境中、在与他人的选择的对抗中完成对自我的塑造。福柯继承了萨特对自由和行动性的强调，但是从根本上反对其形而上和脱离社会性的自我情景的建构。

萨特是形而上学人道主义的代言人，其哲学建立在“我思”之上，并没有逃离笛卡尔以来形而上学的桎梏。奠基性的统一主体的境遇性存在是萨特探究的重点。而尼采恰恰与之相反，他是形而上学人道主义的解构者。福柯继承尼采的解构方式，以谱系学的方法来处理主体和真相之间的关系，反对本体论意义上的主体，认为主体是一个形成和被加工的过程，它的形成与社会和权力的体制存在着紧密的联系，福柯要做的工作是揭示主体以怎样的姿态出现在规则体制之中。福柯终结了哲学意义上的主体权威，代之以对何种情势下如何被宣布为主体问题的追问，也就是说对主体问题的客体化追求的批判是福柯早期探求的焦点，而对主体问题主体化的关注则是晚期伦理学要解决的问题。福柯的自我伦理学陷入其在早期哲学中提出的权力陷阱之中，福柯似乎在以子之矛攻子之盾，自我以怎样的存在逃避权力和规训无所不在的网络？逃避规则自我如何建构起美学的艺术的自我？福柯构建伦理学的自我不是建立在秩序和规则之上而是建立在多样性和自我选择基础上，主体从不是一个先在的完成的过程而是一个在不断延续的进行的过程，它以自己的具体选择、以自己的创造性方式构建自身的物质性存在。福柯的主体化（subjectivation）概念指的是通过一系列的能动性的自我行为，自我转变为主体的过程。主体性（subjection）指的是主体被动性地接受权力的安排，被规训为客观性的主体。德里达宣称任何规则都是不稳定的，是处在变化之中的。生命的规则、自我构成的规则也是处在变化之中的，个体是无法逃避规则的，相反规则和个体处在一个交互的网络之中，哪怕是在社会中的少数个体宣称和执行某种行为，这种行为也会参与到对规则的制定和改变过程中。现代社会一方面离不开权力机器对个体和社会秩序的塑造，同时也离不开个体在遵循秩序的同时对秩序的反抗。但是这种反抗并没有彻底背弃规则，而是不断修改规则，保持社会的多元价值取向。

对于福柯来说，探讨主体的伦理学时回到古希腊很显然是非常明智的。因为这意味着福柯能够很好地摆脱西方主体性的哲学传统的束缚，回到西方哲学的源头能够给福柯提供令人信服的哲学宝藏。西方哲学传统每一次回到古希腊总是能够找到文化的灵感，福柯在《结构主义与后结构主义》的访谈录中很明确地承认这一点。“我将尝试摆脱曾经作为我的视阈的现象学，因此，我不认为有一个创建行为，通过它，理性在其本质中被揭示或被建立，而后则被这样那样的事件改变了方向。我认为实际上有一种理性的自我创造，正因如此，我一直致力于分析的是合理性的形式，即各种各样的建立，各种各样的创造，各种各样的变革。正是通过它们才产生了这样那样的合理性，而它们之间则互相对立、互相驱逐。”[1] 福柯认可古希腊对自我技术的施行，但是福柯对古希腊社会中个人主义的强调会导致对个人主义局限性的忽视。另外更重要的方面是福柯的论述在一定程度上忽视了古希腊、古罗马的个人主义所诞生的土壤，吊诡的是他们的个人主义和政治、社会的集体主义是一脉相承的，社会和政治体系的整体构建是西方古典社会个人自由的普遍的、必不可少的特征。希腊伦理学的先决条件是希腊政治体的共享结构，其结果是共享的目的和欲望。古希腊和古罗马的实践自我最终的伦理目标指向了对理想社会和整体的建构，个人对生活方式的选择用福柯的话说就是，个体的自我技术是无法脱离个人所处的社

[1] [法] 福柯．结构主义与后结构主义 [M]. 钱翰，译 // 杜小真．福柯集．上海：上海远东出版社，2004：491.

会结构的，福柯给我们带来的启发在于他对自我技艺的反思和批判，将古希腊社会的整体撕裂，从中培养起了一种欲望的反叛方式，而这种反叛使当代人重新思考在我们所处的社会语境中应该如何生活，我们应该如何履行自己的社会责任。福柯没有将个体的自我实践上升到理性的统一标准，从而避免了现代社会对普遍性、标准化的追求。福柯试图在现代资本主义社会之外找到一种完全独立的评价体系，以此脱离资本主义规训社会的控制。也正是在此基础上福柯回归古典，利用谱系学的方法，在历史被埋葬和忽视的地方重建自己的批评体系，以期现代社会能真正地寻找到个体自由的存在，个体能够真正地实行自我对自我的实践。所有的价值判断都是实践性的、多样性的，不存在同一的判断标准，但这并不意味着福柯是价值虚无主义者，他在批评古典伦理时明确提出了自己赞成和支持的选择。福柯认为古希腊社会并不存在着普遍性的道德评价标准，对个体而言只有自我是自我的权威，但是个体并没有与社会决裂，不同的个体的社会实践组建了古希腊伦理的趋向性，福柯认为这是一种美学的生活方式。

第三节　福柯的伦理结构体系

福柯晚期关注一种“自我的伦理学”，这种伦理学并不关注超验主体的问题，而是关注自我的构成方法及过程。福柯认为主体不是给定的，也不是先在的，而是凭借自我技术由自身塑造而成的，自我既是福柯伦理学的对象也是福柯伦理学的结果。福柯的伦理学是一种创造性的伦理学，自我与自身的关系是其伦理学的中心。福柯建构自我的伦理学中最核心、最关键的问题是关注自我的问题，也就是如何建构自我的问题，恰恰是在这里，福柯发现柏拉图、斯多葛派、犬儒学派哲学家执着于自我技术的修炼，他们对自我的关注可以给现代人以启发。

福柯作为20世纪最伟大的哲学家之一，他的思想并未因他的离世而离开人们的视野。福柯在离世前的最后一篇访谈《道德的复归》中坦言，真理问题、权力问题和个人行为问题是他哲学关注的三个维度。对于前两个方面的内容，我们可以从福柯对知识、精神病、临床医学、监狱等的讨论中清晰地勾勒出福柯的观点——通过控制性机构对主体的强制性规范来揭示主体受束缚的状态。而后一个方面的内容，晚期福柯给予了充分的关注。晚期福柯把视角转向古希腊、古罗马和基督教世界，讨论个体如何构建自我。福柯认为古希腊、古罗马社会的自我拥有完全的选择自由，个体处于社会的中心，能够在家庭、政治中自由地支配自己的行为，表达自我，塑造自我。主体问题是福柯晚期伦理学讨论的中心话题，为了弄清楚福柯思想，必须对福柯的主体思想有一个清晰的认识，福柯晚期对主体问题及个人行为问题的论述，以及福柯在考察西方古典伦理学时如何建构主体。福柯晚期关注自我的问题，讨论自我对自身的塑造，阐释说真话、坦白的真理建构问题，探讨处于个体和人口中心的性的问题。福柯将视野投向古希腊、古罗马，他的理论建构是一个建构和解构同时存在的问题，他对古代伦理学考察的意义在于提供现代政治、社会治理中主动的个体的经验性阐释。学界对福柯的前期思想论述很多，但是基本上少有系统论述福柯晚期思想的著作问世，而福柯晚期思想是其思想整体的一环，对其深入阐述是理解福柯思想必须要做的功夫。本书选择把福柯对古代经典的评论作为研究论题，系统梳理福柯晚期思想。

福柯对主体问题的认识在这里需要进一步地澄清，福柯所谓的主体是指个体的生活艺术，而不是先在、绝对的自我，现代的主体概念被福柯摒弃。现代哲学提倡人本主义，反对中世纪的经院哲学，人取代神成为世界的中心，殊不知人类的盲目自信，人对自身能力的无限推崇，导致人对自身的认识和对世界认识的偏颇，主体、存在、真理的观点被歪曲，人失去自我，被奴役、被掩盖。福柯在访谈中强调“我们应该把我们自己从固定形式的主体化中解脱出来，而我们要摆脱的主体化主要是由心理学家建立的心理学的主体化”，福柯并没有否定主体，他不赞同的是主体化的主体，“我们被固定的主体概念束缚着，成为犯人，无法支配自己的行动。我们应该解救自我，重建与自己的关系”。[1]也就是说福柯并没有取消主体，而是重新评价历史构成中的主体，福柯认识到了现代主体被规训而失去个体生命价值。福柯的主体是一个建构的概念，福柯晚期致力于阐述主体问题中所涉及的生命力、主动性。在福柯前期对医疗、精神病院、知识、学校、监狱的研究中，福柯始终认为个体处于不自由的状态，无法自行决定自我的行为。福柯在这里引进了一个重要的概念即治理（government），治理主要立足于自我对自我的作用，自我通过与自我发生关系，进而与社会、他人缠结在一起，但自我是基础性的。正因为受 18 世纪中期以来左派自由主义的影响，个体在社会中成为一个被假定的行为主体，这一主体貌似享受了充分的自由状态，但在内里却是处于被生命政治所规训和束缚的完全被动的状态。德勒兹认为福柯在古代找寻到了不同于知识和权力的自我新维度，而这种维度在作为逻各斯的陈述话语中得以实现。“当‘有可能自治的活动’同时摆脱作为势力的权力和作为道德‘规范’的知识的时候。一方面，存在着‘自我关系’，它开始产生于与其他关系相关的关系；另一方面，同样存在着‘自我构成’，它开始派生于作为知识规则的道德规范。这种派生物与中断关系下，应该在自我关系获得自主的意义上理解它们。”[2]在西方古代，自我和他人的关系存于一个维度之中。个体如果不能很好地关注自我，是无法统治他人的。“统治他人应当合并自我统治。与他人的关系

---

[1] Eric Paras. Foucault two point zero: Beyond power and knowledge[M]. New York：Other Press，2006：107.

[2] [法] 吉尔·德勒兹．福柯 褶子 [M]. 于奇智，杨洁，译．长沙：湖南文艺出版社，2001：105.

应当并合与自己的关系。权力的强制规则应当并合运用权力的自由人的随意规则。”[1]因此个体与自身的关系对个体而言具有中心性的地位，这也是为什么福柯在分析古代的伦理学时以自我的构成为中心。

福柯在建构自我的过程中，有三点需要特别强调。首先，福柯强调关注自我的练习。在论述公元前1、2世纪的性经验时，福柯认为在古希腊、希腊化时期公民个体享受性自由，但是伦理上仍旧提倡性节制，性节制是锻炼自我的重要方式，也是成为城邦统治者重要的道德要求。斯多葛派哲学家，尤其是福柯推崇的斯多葛派晚期哲学家塞涅卡、爱比克泰德、马克·奥勒留，他们受到尊重，并不仅仅是因为他们留下了伟大的作品，更是因为他们贯彻了斯多葛派个人的生存选择。斯多葛派认为能否真正成为斯多葛派的哲学家并不取决于著述了多少作品，而是要看是否践行了斯多葛派的生活方式。斯多葛派要求的是身体力行的认识自我、关注自我、塑造自我。其次，福柯强调塑造自我的目的是把自我建设成为艺术品，当然这里强调艺术品并不是指福柯建构自我的随意性，而更多地指向自我建构自我的自由性，以及随之而来的真实性。自我不再是固定的、统一的、归纳的主体，而是真实的、自由的、历史的个人。福柯以坚定的口吻欢快地宣称“人将被抹去，如同大海边沙地上的一张脸”。[2]在福柯看来人是概念性的，随着19世纪以来主体哲学的兴盛而起，伴随尼采对上帝之死的寓言，人和上帝同时死去。既然主体哲学已经幻灭，普遍的道德理念当然不再有效，个人只能相信自己，而不是具有普遍性的“人”，但是这并不意味着个体应该放弃伦理追求。福柯晚期提倡“自我技术”，“允许个体以自己的方式或通过他人的帮助，对自己的身体、心灵、思想、行为、生存方式施

---

[1] [法] 吉尔·德勒兹．福柯 褶子 [M]．于奇智，杨洁，译．长沙：湖南文艺出版社，2001：107.

[2] [法] 福柯．词与物——人文科学考古学 [M]．莫伟民，译．上海：生活·读书·新知三联书店，2012：506.

加影响，以改变自己，达到快乐、纯洁、智慧、美好、不朽的状态”。[1] 对“自我技术”的追求可以使个体的行为摆脱放纵状态，回归理性的自我约束模式，把自我塑造成审美的“艺术品”，这是福柯晚期对人类自我拯救的深刻思考。福柯强调自己并不关心对“主体”的定义，而是更注重事实。“既然任何一个希腊思想家都从未找到关于主体的定义，也从未寻找主体的定义，我干脆就说那时候没有主体。这并不是说希腊人没有努力给产生经验的条件下定义，不过在这样的条件下出现的不是主体的经验，而是个体的经验，因为个体力求成为自我的主宰。古典主义时期缺少的是把自我构成作为主体问题提出来；相反地从基督教出现时起，反倒用主体的理论控制了道德。我觉得，一种主要集中于主体的道德的经验在今天来说已经不能令人满意了。如果用这种方式，甚至今天向我们提出的若干问题，在古代时也同样可以提出来。追求尽可能彼此不同的生存风格，在我看来，这是诸多方面中之一种……寻求一种能为所有的人接受的道德形式——从这种意义上说，也就是所有的人都要屈从于它——在我看来是一种灾难。”[2] 另外，福柯特别关心说真话和坦白的问题，福柯通过对古希腊戏剧、犬儒学派和柏拉图学说以及基督教的牧领制度的阐释，始终关心的是对真理的阐释、真理机制的建构问题。这一问题非常重要，不仅涉及对知识问题的认知，更重要的是探讨了西方文化如何借助真理的框架阐释对被规训的个体的塑造。个体在追求真理的实践中被不断消解，成为真理试图按照自己的方式和目的塑造的被动的特定的个体。这是因为福柯发现了真理的圈套，他急于建立真正理性的、反思的自我塑造的真理体制。而这一追寻，使福柯深入西方文化的机理之中，真正做到了以谱系化的反抗方式进行批判性思考。

[1] Michel Foucault.Ethics:Subjectivity and Truth[M]. New York：New York New Press，1970：225.

[2] [法] 福柯 . 道德的复归 [M]. 蒲北溟，译 // 杜小真 . 福柯集 . 上海：上海远东出版社，2004：526.

福柯通过对西方古典哲学中主体问题的考察，建立自己对主体问题的认识；通过对“关注自我”的重新认识，否定了统一的主体观点，恢复了自我对自身的建构；通过对自我技术的考察，提供了权力机制下的个人塑造主动性自我的可行性，通过说真话问题的讨论来揭露真理结构的伪善和暴力，宣扬自由和多元的人格塑造。

福柯的主体是历史的，这种想法源于福柯的谱系学思维。福柯谱系学的方法使其一直执着于对历史事件的关注，但是即便如此，福柯的历史学也从未离开他对当代社会的思考视野。福柯把自己的历史描述为“目前的历史”。“福柯后期著作的主题尽管在素材上属于遥远的历史，但在基调上却完全适合当代弥漫的情绪。讨论这些著作目的的数次访谈都围绕这样一个观点：在我们这个社会中，个人生活与关系的领域不再受强制性伦理或抑制性准则的制约，而由此被腾出的空间可以由另一种不同的伦理实践来填充,他称之为‘生存的美学’。”[1] 福柯的前后期思想都是在关注现代主体的处境，这是福柯哲学的连接点。福柯并没有消灭主体，只是福柯的主体更多地具有实践性、多样性、非连续性的特点。主体问题始终是哲学家关注的中心。主体、历史、现在在福柯的思想中是缠绕在一起的。福柯晚期转向关注柏拉图、斯多葛派、犬儒学派哲学，他并不想对以上学说进行重新阐释。福柯阐释西方古典哲学对自我与自身关系的认识，对真实的言说和真理问题的认识，他通过对历史问题的考查来说明自己对主体的认识。“我向自己提出这样的问题：人类主体怎样使自身成为知识之可能的对象，通过哪些合理性形式，通过哪些历史条件，以及最后，付出了什么代价？我的问题是:通过什么代价主体可以说出关于自我的真实？”[2] 对真实主体

[1] [英]柯林·戈登.问题、精神特质、事件：福柯论康德和启蒙[M].赵娜，译//汪民安，陈永国，马海良.福柯的面孔.北京：文化艺术出版社，2001：257.

[2] [法]福柯.结构主义与后结构主义[M].钱翰，译//杜小真.福柯集.上海：上海远东出版社，2004：496.

的追索是福柯思考的核心。本书重点讨论晚期福柯在评论柏拉图、斯多葛派哲学时对关注自我的自我技术的解释，并在此基础上重建福柯的主体谱系学路径，以期发现福柯对历史维度下存在的真实自我的关注。同时，这种关注也渗透着福柯为现代自我寻求出路的尝试。福柯选择从自己的角度进入对西方古代思想的评述，他的阐释是独一无二的，在解读西方经典的同时，福柯构建了自己晚期的思想全景。

福柯的理论中一个非常中心的争议在于福柯在主体问题上的矛盾化叙述。福柯前期的主体完全是被动性的，受制于权力，而后期的系谱化主体则是主动化的、积极的建构。作为个体的人被抛入政治领域，受到权力的宰制而变得面目全非，完全背离了自我。在现代社会，生命或者说身体本身成为政治关系的核心领域。福柯拒斥本体决定论的同时对政治决定论也心存警惕。现代伦理学的发展和对主体问题的探讨是紧密联系在一起的，伦理无法完全抛开文化和政治的因素而独立存在，政治环境不仅是伦理学的旨归，同时也是其存在和发挥作用的土壤。因此，伦理学无法和政治脱离开来。正是在这一背景下，现代伦理学越来越占据哲学舞台的中心位置。后期福柯的主体概念常常被主体化（subjectivation）这个概念所代替。主体化是指自我对自我的建构过程。伦理涉及自我和他者的关系。福柯分析："'关心自己'这一戒律是有悖论的，它对于我们来说，指的是利己主义或自省，在许多世纪中，相对于各种极其严格的道德来说一直是一种正面的原则，一种基本的正面原则。此外，为了说明关心自己这一概念是怎样落入阴影之中的，我们还必须揭示出另一悖论来，即这一源自'关心你自己'原则的严格道德，这些严厉的法则，我们已经重新掌握了它们：因为这些法则实际上又出现或重新出现在基督教的道德中，或现代非基督教的道德中。但是，其氛围已完全不同。我们会发现这些严厉的法则在其信码结构方面是相同的，而且我们让它们适应并移植到一种非利己主义的一般道德的背景中，或者是以要求否弃自身的基督教的方式，或者是以善待其他人（要么是他人，要么是集体，要么是祖国，等等）的‘现代’的方式。因此，所有这些论题，这一严格道德的所有信码，基督教与现代世界都把它们奠定在一种非利己的道德中，而它们却是以关心自己这一要求为显著特点的。”[1] 福柯批评笛卡尔对“认识你自己”的强调是一种对古希腊时期所奠定的关心自己原则的背弃，其根本原因在于笛卡尔把自明性的自我存在作为通达真理的根本途径，进而将主体置于一种形而上的先在位置。

福柯是同性恋者，他吸食麻醉品，追求极限体验，玩性虐恋，曾数度自杀并最终死于艾滋病，他的私人生活不可谓不惊世骇俗。柏拉图哲学讲究认识自我，锻炼自我的灵魂以达到生命的永恒。斯多葛派哲学讲究遵从天命，约束自我，忍受苦难，达到道德的圆满境界。如果不是对福柯的思想进行深度考察，很难把福柯和柏拉图、斯多葛派哲学联系到一起。但事实是福柯关注西方古代哲学，对柏拉图、斯多葛派哲学进行了深刻的论述，言辞之间很是推崇。是什么导致福柯对古希腊、古罗马哲学感兴趣呢？福柯的思想在哪里同古希腊、古罗马哲学有神似之处呢？福柯关注古希腊、古罗马思想的哪些方面呢？通过研究福柯对西方古典学的批评无疑会加深对福柯的理解，但同时福柯对西方古代经典的研究具有重要的启示意义，他对柏拉图、斯多葛派、犬儒学派的批评极大地开阔了西方古典学的研究视阈。尼采曾说过：“有一些古书呢，人们读它们以了解古代；但还有一些古书，人们为了读它们才去研究古代。”[2] 福柯的思想对现代世界的读者有深刻的影响，当福柯重新回到古希腊和古罗马哲学、伦理学的时代，势必会使他的现代读者循着他的思路重回古代。无论读者是批评还是赞同福

[1] ［法］福柯．主体解释学 [M]. 上海：上海人民出版社，2005：12.

[2] ［美］丹豪瑟．尼采眼中的苏格拉底 [M]. 田立，译．北京：华夏出版社，2013：3.

柯的主张，他们重读古希腊、古罗马典籍的事功是必然要做的，这对思想史而言意义重大。

第四节　福柯的研究综述

米歇尔·福柯在思想史上的地位是独一无二的，他的谱系学和考古学的研究方法，他对主体、真理、权力等问题的深入思考，对法国乃至世界思想史产生了深远的影响。社会学、历史学、哲学、政治学、精神病学、心理学、医学、刑法学、语言学、文学、教育学等各学科都宣称自己从福柯那里汲取了丰富的营养。福柯受到存在主义、西方马克思主义、结构主义等学说的深刻影响，但他并没有被任何理论所限制，他在求真思想的指引下，对自己的思想时时刻刻都在批评反思。他晚期独辟蹊径，对西方古典思想进行了批判和解读，影响深刻。当然，福柯作为尼采的信徒，尼采对福柯的影响是根本性的，但福柯与尼采的论述内容并没有重合，福柯活用了尼采的思想和方法。福柯生存的年代本就是个重估一切价值的年代，福柯引领潮流，学者无论是否赞同福柯的观点，都会承认福柯的贡献。

1976 年福柯发表了自己的著作《性经验史》第一卷《认知意志》，直到八年后的 1984 年福柯临死前，《性经验史》第二卷《快感的享用》和第三卷《关注自我》才得以问世。这八年的时间福柯没有公开的作品发表，他似乎陷入沉默，而且《性经验史》的第一卷与后两卷在主题上也大异其趣。实际上福柯在这八年的时间里从未停止思考，福柯在对性从事谱系学研究的过程中，遇到了一系列非常重要的问题：为什么性行为、性快感会成为伦理学研究的对象？为什么在古代文化中对伦理的关注相比于公民的义务、道德问题更重要？福柯发现这其中涉及被称为“关注自我”的话题，他认为有必要进行系统的讨论。近年来，随着福柯在法兰西学院的讲稿、在美国大学的讲演稿以及谈话录的陆续发表，福柯后期的思想引起了欧美学者以及国内学者越来越多的关注。

目前就笔者所掌握的资料来看，由 Lawrence D. Kritzman 编，Alan Sheridan 等翻译的 *Michel Foucault : Politics, philosophy, culture*，收集了福柯 1977 年到 1984 年的重要访谈稿和文章；由 Joseph Pearson 译的 *Michel Foucault: Fearless Speech* 收录了福柯 1983 年秋在美国加州大学伯克利分校的六篇演讲，由 Luther H. Martin、Huck Gutman、Patrick H. Hutton 合编的 *Technologies of the Self : A Seminar with Michel Foucault* 辑录了福柯在关于自我技术的研讨会上的发言稿。1994 年出版的四卷本福柯言论与作品集《言与文：1954—1988》收集了福柯发表的和未发表的大部分论文。*The Hermeneutics of the Subject* 和 *The Government of Self and Others*、*The courage of truth: the Government of Self and Others* 分别收录的是福柯 1981—1982 年、1982—1983 年及 1983—1984 年福柯在法兰西学院的演讲稿。另外，*Essential Works of Foucault, 1954—1984*, Vol. 1, Vol. 2, Vol. 3 于 20 世纪末最后几年陆续发表，按文章发表年代顺序收录了福柯所有文章，是研究福柯晚期思想的重要参照。福柯晚期著作的陆续出版，使人们深入理解福柯的思想全部成为可能。

福柯的思想越来越引起人们的兴趣，例如在谷歌（Google）网站搜索“Michel Foucault”可以得到 23800000 条数据，搜索“福柯”可以得到 20000000 条记录（此为 2023 年 1 月搜索的数据量）。这还只是中英文搜索情况，其他语种以及纸面印刷的数据都尚未计入。自 20 世纪 80 年代福柯为中国学者关注以来，国内已出版关于福柯的专著近 20 本。但是国内学者大多数从权力、知识的角度对福柯进行研究，主要集中于对其前期著作的阐述，对福柯晚期著作做介绍性阐述的居多，真正展开系统性论述的不多。

由汪民安、陈永国、马海良主编的《福柯的面孔》共收录欧美学者的论文 27 篇，从作者来看他们或是当代欧美学界的名流，如：罗兰·巴特、爱德华·赛义德、吉尔·德勒兹、让·鲍德里亚，或者是福柯著名研究专家，如：约翰·拉奇曼、柯林·戈登、保罗·拉宾诺、赫伯特·德雷福斯，强大的作者阵容保证了这本论文集的质量。这些论文涉及福柯不同时期的不同研究领域，从早期的疯癫、临床医学、话语、知识、权力、监狱到晚期的性、伦理。特别值得一提的是一部分论文，如《福柯的审美决定论》《论福柯著作中的性、伦理和政治主题》《福柯之后的伦理学》《福柯的伦理学和政治：适用于女权主义的策略？》《福柯、谱系学、伦理学》等，都是针对福柯晚期的思想进行论述的，论文论述了福柯伦理学以及生存美学的观点。他们认为福柯的伦理学把人从传统哲学化“主体”中解救出来，把人放置于伦理的维度重新思考自我与自身的关系，这对笔者有很深的启发。

黄瑞祺主编的《再见福柯——福柯晚期思想研究》主要收录了台湾学者论述福柯晚期思想的 13 篇文章。其中何乏笔的两篇文章《修养与批判：福柯〈主体解释学〉初探》《自我发现或自我创造：阿道（阿多）与福柯修养论之差异》仔细分析了福柯的修养论，并对福柯与法国古典学专家阿道（又译为阿多，Pierre Hadot）的思想进行了比较。何乏笔强调实践对于福柯的重要性，他认为晚期福柯通过生存美学打通了学术哲学与生活的界限，阿多主要强调的是精神修养的观念，指向的是古代哲学在现代的重建，而福柯的思想具有很强的现代性。何乏笔对福柯晚期思想的论述视角很独特，特别是他通过引入古典学专家的思想来论述福柯，这对我们很有启发。

何乏笔重在讨论福柯的后现代主义思想，他的论述很深入，对总体上把握福柯晚期思想很有帮助。

高宣扬在《福柯的生存美学》中试图通过对福柯生存美学的论述，来勾连福柯思想整体。他认为“生存美学”/“生活艺术”,是福柯晚期（1982 年）在法兰西学院讲授“主体解释学”课程时所生发出的一个核心概念。福柯在法兰西学院所开设的课程中反复阐述生存的艺术、自身的实践、关怀自身的概念。该著从晚期福柯的核心概念（“生存美学”/“生活艺术”）出发，回溯性地深入探讨晚期福柯何以要提出这一“生存美学”/“生活艺术”的概念。

汪民安教授的专著《福柯的界线》主要论述了福柯对规范的逾越，对理性的抗争，对超验性的拒斥，对诗意的渴望，对极端体验的迷恋。作者把全书分为四章，其中第四章主要论述福柯晚期的思想，从性的角度作者讨论了福柯的伦理学，主要是古希腊的伦理学。汪民安教授的著作使福柯晚期的思想在国内受到学者的关注，他系统阐述了福柯晚期思想和早期思想的统一，非常具有建设性意义。本书的重点在于阐述福柯的整体思想，汪民安教授肯定了古希腊、古罗马哲学对福柯的重要性，给本书的写作很多启发。

莫伟民教授的专著《莫伟民讲福柯》主要围绕“主体”问题展开，以“主体”一词作为福柯哲学研究的关键词，侧重阐发福柯主体哲学思想意蕴。该著作将福柯置于漫长的西方哲学思想传统之中，置于人类永恒的生存困惑之下，摹绘福柯“思想面向”从“观念分析”到“话语分析”再到“生存伦理”的“非话语分析”的转换脉络。作者认为，福柯的历史伦理存在论旨在探讨知识主体、权力主体与道德主体三重主体是如何“在真理游戏之中”被构成的，福柯毕生关注的首要问题就是主体问题。作者据此强调福柯前后期思想主旨的一致性及其哲学思想的连续性。后期福柯关切自身的自身本体论及修身伦理学也被作者纳入了自己的研究视野，但仅仅是一笔带过，作者并没有展开论述福柯晚期思想对其整个思想的总结性作用，而这正是本书主要做的工作。

刘北成先生的著作《福柯思想肖像》把福柯的生平事迹和福柯的著作评论结合在一起，系统阐述了福柯的思想印记。刘北成翻译、研究福柯的著作，对福柯的著作评述很有见地。福柯一生如浮士德一样追求极限体验，在著作中也喜欢讨论边缘人的生活境遇，把二者结合在一起讨论易于分析出福柯的思想变化图谱，这本书对于总体把握福柯的思想很有帮助。

刘永谋的著作《福柯的主体解构之旅》从福柯对主体哲学的解构角度切入论述福柯的著作。刘永谋认为主体哲学导致人被奴役，被掩盖，福柯的工作是将人从荒谬的处境中解放出来，他分析了福柯研究的三条主线：知识、权力、伦理。在分析福柯著作的过程中，作者从知识、权力、伦理的角度阐明了福柯对统一性主体的反对和对现代人生存状况的关心。刘永谋认为晚期福柯的生存美学积极地寻求解决主体问题的思路，但是福柯的解决思路也只是他的美好愿望。刘永谋对福柯的主体问题的论述很充分，但遗憾的是他并未对福柯晚期的古代哲学进行详细论述，所得出的结论也并不充分，还有很多值得探讨的细节问题并没有得到解决。

国内学者意识到了西方古典哲学对福柯思想的影响及其在福柯晚期思想中发挥的重要作用，但是鲜有学者结合文献对福柯评论古典文学进行详细的论述。学者大多就福柯的思想进行阐述，并复述福柯对古代哲学的看法，而福柯相比其他西方古典学家而言，他思想的与众不同之处在哪里？福柯为什么会转向古代哲学？古代哲学对福柯思想的整体而言意义何在？学者的论述并不充分，还存有很多值得进一步讨论的地方，而这也是本书选题的价值和意义。

此外，在中国知网找到三篇与本书主题有关的博士论文。赵灿的博士论文《“诚言”与“关心自己”——福柯的古代哲学解释研究》以晚期福柯思想为出点发，采取回溯的方式来理解福柯前期思想。该论文从晚期福柯“对自我和他人的治理”这一论题出发，解读希腊哲学与福柯的关系。作者花了很大篇幅，对福柯晚期涉及的理论术语进行了论述。赵彦芳的博士论文《作为伦理学的美学：从康德到福柯》分析了福柯晚期的文本，认为福柯的伦理学呈现出一种美学化趋势，关注自身与自我的关系。杜玉生的博士论文《哲学修行与品性塑造——福柯的古代哲学研究》，围绕直言和关心自己这两个术语对福柯晚期思想进行了系统的论述。在作者看来，福柯的古代哲学研究最终归结在哲学修行和品性塑造这两方面。文章论点集中、论述详细，福柯对古希腊、犬儒主义哲学、斯多葛派哲学的论述都有涉及，不足的是作者对福柯的古代哲学观点多是叙述，少有评论。以上三篇论文的关注点都在福柯晚期思想，各有千秋，给本书的写作提供了很多借鉴和思考。

相比国内学者，国外学者对福柯晚期思想的把握要更全面，论述也更详细深入。大体上，这些著作可分为三类，第一类是系统论述福柯思想的著作，把福柯晚期对西方古典文学的论述作为福柯思想的一部分，在整体把握福柯思想的基础上对福柯晚期著作进行评论，这方面的代表著作要数美国著名的评论者休伯特·德赖弗斯（Hubert L. Dreyfus）与保罗·拉宾诺（Paul Rabinow）的著作。他们对福柯的评论很有见地，连福柯本人也承认他们的论述对修正自身思想具有启发性。他们的名著《米歇尔·福柯：超越结构主义与解释学》（*Michel Foucault: Beyond Structuralism and Hermeneutics*）将福柯的思想划分为四个时期：早期受海德格尔影响的时期；以《知识考古学》《词与物》《诊所的诞生》为代表的结构主义时期；谱系学时期，主要是以《规训与惩罚》为代表；伦理学时期，主要以《性经验史》

第二部和第三部为代表著作。休伯特和保罗按时间的顺序论述了福柯的著作，对福柯研究影响深远。另外，这本著作的附录中收录了福柯的两篇重要论文，一篇是《权力与主体》，在本篇论文中福柯明确指出其研究重点是主体而不是权力；另一篇是福柯的访谈录《论伦理学的谱系学：研究进展一览》，在这篇访谈录中福柯详细交代了自己的谱系学研究方法，回顾了自己的创作生涯，这两篇文章对研究福柯晚期著作影响巨大。詹姆斯·米勒（James Miller）的著作 *The Passion of Michel Foucault* 于 2002 年被翻译为中文《福柯的生死爱欲》在国内出版，作者把福柯的著作和生平经历结合在一起，评述了福柯的生活与哲学。严格地说这不是一部严谨的学术著作，但是本书掌握了大量的资料，作者富有才气的叙述、自成一家之言，影响深远。G. G. Prado 的著作《福柯的遗产》（*Foucault's Legacy*）是从福柯影响研究的角度论述福柯的，本书系统地研究了福柯对现代学术的影响，详细地分析了福柯对当前的黑格尔研究、尼采研究、海德格尔研究的影响，对新实用主义哲学、分析哲学等学术研究的影响以及对社会学、政治学与宗教学的启发，是一部很好的影响研究专著。

对福柯晚期著作的第二类研究为论文集。福柯研究专家 Christopher Falzon，Timothy O'Leary，Jana Sawicki 主编的著作《福柯指南》（*A Companion to Foucault*）从福柯著作的写作背景、知识、权力、性与性别、伦理等角度选取具有代表性的论文，详细地阐述了福柯的思想，是了解福柯思想的重要论文集，在论文集中福柯所评述的重要概念得到系统的梳理。更为难得的是，该书附录部分整理了福柯生前发表的、未发表的论文的完整目录及索引，法文四卷本《言与文：1954—1988》中的所有英译文章也被一一列出，这为福柯研究提供了系统的资料。美国圣母大学教授加利·古廷（Gary Gutting）编辑出版的《剑桥福柯研究指南》（*The Cambridge Companion to*

Foucault）一书，收集了乔治·康吉扬（Georges Canguilhem）、阿诺德·戴维森（Arnold Davidson）、詹姆斯·伯纳尔（James W. Bemauer）、托马斯·R. 弗林（Flynn，T. R.）等著名学者研究福柯的13篇论文。这些论文从科学主义、古代哲学、现象学、心理分析、女性主义等视角探讨了福柯主要思想。由狄安娜·泰勒（Dianna Taylor）于2011年编辑出版的《福柯：关键概念》（*Michel Foucault: Key Concepts*）一书从权力、自由、主体性三个角度收录了福柯研究领域的多位学者的研究成果。该论文集中的评述虽不系统，但是很深入且有针对性，对福柯研究极有启发性。

以上主要是总体研究成果，专论性著作对福柯晚期哲学研究更深入，也开启了福柯研究的第三种类型。西方的学者对福柯关于“关注自我”问题的论述，主要涉及以下基本著作：Edward McGushin的专著*Foucault's Askesis : an Introduction to the Philosophical Life*全面分析了福柯晚期对修身技术的论述，并且把福柯的论述与其前期思想以及笛卡尔、康德、结构主义的哲学思想进行了比较。James W. Bernauer的著作*Michel Foucault's Force of Flight: Towards an Ethics for Thought*探讨了福柯与康德的关系，并认为福柯的哲学思想本来就是一种伦理学上的自我塑造过程，福柯对主体问题不做假设，他执着于从历史学的角度回答自我的问题。福柯的好友德勒兹的著作《福柯》已经翻译为中文，德勒兹对福柯的思想有很深刻的认识，因为他是最贴近福柯的理论家。《福柯》共分为三个部分，其中第三部分对福柯晚期主体思想进行了解读。德勒兹认为，许多评论家所持的福柯晚期思想重新回归主体的说法并不正确，福柯晚期的思想是对“主体化”的论述而不是对主体的回归。在德勒兹看来，福柯受到尼采的影响，认为生命、审美、伦理都应该摆脱道德规则的束缚，成为一种主动的创作过程。Herman Nilson的著作*Michel Foucault and the Games of Truth*主要从福柯受尼采影响对真理的独特定义的角度阐述福柯晚期思想，作者力图建立现代的个体自我类型。作者认为福柯受到尼采的影响，审美的自我取代了形而上的自我。A. Nehamas 的专著 *The Art of Living: Socratic Reflections from Plato to Foucault* 认为福柯总是想返回苏格拉底时期的生活——把哲学和生活融为一体，让哲学作为一种生活方式，自我像审美的艺术品般存在。专著讲述了苏格拉底的哲学和生活对蒙田、福柯、尼采、德里达的重要影响。Eric Paras（埃里克·帕拉斯）的重要著作 *Foucault Two Point Zero: Beyond Power and Knowledge* 一书，通过对福柯晚期在法兰西学院课程讲座的系统研究，认为福柯前后期思想存在着巨大的分歧——由对微观权力的论述转向对个体生存美学的讨论。Eric Paras 认为，福柯的转变抛弃了他的谱系学研究而转向人道主义的主体概念。他的著作还是很有影响力的，是持福柯晚期与早期思想断裂观点的代表人物。Timothy O'Leary 的著作 *Foucault and the Art of Ethics* 详细讨论了福柯对古代哲学的研究，Timothy 力图从福柯那里找到人应该如何生活的答案。在本书中作者仔细地寻找福柯对古代哲学的研究路径和对审美自我的构建方法。作者在探讨福柯的伦理学过程中突出了自由的地位，并认为这是福柯对现代主体进行拯救的关键性探索。Timothy 的著作对笔者的写作影响深刻，但 Timothy 和阿多一样担心福柯过于偏重个体而忽视对他者的关注，笔者在对福柯的文本进行讨论的基础上得出了不一样的结论。

总体而言，西方学者对福柯晚期的著作更为重视。另外，福柯晚期思想对西方古典学研究也影响深远。中西方的学者都已然认识到福柯晚期思想的意义，并且在这个领域已经做了很多工作，在此基础上深入分析福柯对古代哲学、伦理学的论述，将会是一个很好的论题。

| 第二章 |

福柯伦理思想的谱系学研究方法

考古学和谱系学在福柯的思想中扮演着非常关键的角色，既是福柯展开研究内容的重要参照路径，同时也是福柯的研究内容本身。对福柯而言，二者并不是完全被割裂的、完全无法协调的研究内容和研究方法，相反，二者既有相同点又有不同的研究领域和关注重点。考古学关注话语，属于福柯前期的认识论范畴，而谱系学关照权力和伦理的内容，是福柯后期的研究策略和研究本体。当然前后期之间的分割也并非泾渭分明的，而只是对福柯现有的思想内容做一大致的归纳。也正是因为福柯思想的假定的阶段性和非相关性，我们探讨前后期思想之间的联系和过渡显得非常有必要，而考古学和谱系学为我们全面反思福柯的思想提供了线索和参照。福柯的考古学重点关注话语问题，话语是一系列事件的组合。作为特殊的事件形态，话语是动态的生产过程，话语的运作生成了真理和知识。话语关注知识的形成机制和真理行动的特殊目的，而知识产生的框架、真理产生的机制又与社会结构、权力机制存在着紧密的联系，真理意志被隐藏的理性构序系统所支配。福柯从结构主义的话语分析入手，得出了解构主义的具有社会性和历史性的结论，也使福柯从对知识、话语的分析自然过渡到对权力的谱系学分析轨道上。

《词与物》的副标题即为“人文科学考古学”，考古学作为福柯重要的研究方法和研究主题，对早期福柯而言具有重要的研究价值，也提供给我们对福柯早期研究的重要参考维度。福柯的考古学与现在我们认知的学科意义上的考古学不是一回事，它是建立在话语档案基础上的观念考古学。而话语档案在福柯的概念阐释中是一种功能性的系统，是指人在说、写、思时，建构的潜在的、隐形的系统，而这种系统在被建构的同时也支配着说、写、思的内容和方式。同时话语建构的这种系统也是真理和知识的运作体制和规则，也就是说话语背后的隐形逻辑输出了真理和知识。另外，话语系统的产生也离不开社会存在和政治权力的支配性力量。因此，话语的考古学观察对于福柯建构自己的理论大厦至关重要。福柯既探究持中立态度的知识机制对话语实践或者说话语事件的操控，又探讨了西方自启蒙运动以来对真的追寻过程中所暗含的暴力性价值判断构序。将疯子划归为不正常的疯狂，近代医学对传染病人的应对策略，求真的三种认知形式的划分等，都是福柯考古学的讨论范畴，但是对话语和知识的讨论在福柯的考古学视野中占据中心的位置，因为正是话语的暴力性统摄奠定了资本主义的规训体制。话语消除偶然，以重复的方式建构经典，进而建立同质性的真实观，将有序和连贯塑造为资本主义启蒙话语的言说方式，在对这种真实性的乌托邦建构中隐藏着资本主义社会的科学话语塑形暴力。探讨话语福柯考察的重心在于资本主义社会如何以话语的形式构建起社会中不同的欲望和权力运作系统，进而规训着整个社会的面貌和发展历程。因此，将早期福柯归入结构主义批判家的行列有些武断，福柯的理解更为复杂，远非结构主义所能归纳。

在前期，福柯以一种彻底的反启蒙态度将理性、知识置于批评视角之下，将与之对立的非理性、直觉感受性提升到真理的高度，其实质并没有逃脱结构主义对二元对立的依赖。而后期的谱系学将一切根植于发展之中，那些不可动摇的真理、神圣伟大的起点、必然的逻辑秩序、绝对的不朽的支配权力都被置于连续不断的怀疑的目光之下接受证明或证伪。静止的统一的判断将不复存在，取而代之的是真实的碎片性，一切违背分裂的统一理性都难以摆脱极权的阴影。福柯认为："谱系学研究有三个领域。第一，我们自身的历史本体论与真理有关，通过它，我们将自己建构为知识主体；第二，我们自身的历史本体论与权力有关，通过它，我们将自己建构为作用于他人的行动主体；第三，我们自身的历史本体论与伦理相关，通过它，我们将自己建构为道德代理人。"[1] 如此推断，福柯前期的考古学研究本就从属于他的谱系学范畴，因此，探讨福柯的考古学批判对考察福柯后期的伦理学而言是关键性的展开路径。

第一节　从考古学到谱系学
——福柯的研究路径

福柯在《知识考古学》的最后部分集中讨论了考古学的特点。福柯将对考古学的讨论建立在与思想史的对比和区别的基础上。他将考古学归结为四个方面的特点：

第一，思想史描述连续的思维事件，不间断的系列的整体形态，并在其基础上重建关系的联系和真理的形式。思想史是按照时间的顺序，按照固定的确定标准划分同质和异质，并将同质性的事物统一到一个前后相继、时间相延的系统叙述中，在此基础上建立起思想史的连续性。而在话

[1] [法]福柯．论伦理学的谱系学：研究进展一览[M]. 刘耀辉，译 // 汪民安．福柯文选Ⅲ．北京：北京大学出版社，2016：158.

语的考古学中，福柯认为并不存在同一性和相似性，所谓的统一是被人为规定的话语范围的结果。考古学致力于建立规律性，但是规律性不是与不规律性对立的概念，规律性打破了线性时间的束缚，立足于话语实践的阐述，发掘同质性之间的差异。“考古学可以看到一种通过语言上的相似或者逻辑上的相等的词汇表达而产生出来的话语实践……我们不能再认为一项发明、一种普遍原则的表达，或者一个方案的确定，在话语史上极大地开创新阶段。我们无需再寻找那个绝对的起源或者完全变动的点，以此为基础一切被组合，一切成为可能和必需，并且一切被取消后重新开始。我们面对的是被放在不同的历史境遇中的不同类型和层次的事件。”[1] 同质性、异质性、连续性、断裂和变化交互作用构成话语的常态性表述。福柯强调，这些规律的机制的建立不忽视任何微小的陈述和表达，“这些规律从不被限定在某一种表达之中，它们穿越各种表达并为表达构成一个并存的空间，因此，我不可能发现那种为了表达而将表达连接起来的特殊的陈述”。[2] 考古学重在发现规律，但是福柯对这些规律的归纳拒斥时间上具有连续性的思想史建构秩序，考古学消除共识性的分析逻辑，建立话语在不同层次和等级之上的链接。

第二，思想史强调一致性，在事物内部寻找内聚力原则，并以这种原则组织话语，形成规则。细微的差异、矛盾的阐述方式往往被忽视或者被扭曲，以达到不损坏统一性的目的。而考古学反其道而行之，更强调矛盾性。“在跟踪相似性和象征的线索的同时，发现某个更富于想像而较少话语，更富有感情而较少理性，更接近欲望而远离概念的主题。这种主题的力量使那些最对立的形态活跃起来，但随即便使它们融在一个可以缓慢地转换的单位中。因此，我们看到的是一种可塑的连续性，是某种意义在表

[1] [法] 福柯 . 知识考古学 [M]. 谢强，马月，译 . 北京：生活・读书・新知三联书店，2010：161.
[2] [法] 福柯 . 知识考古学 [M]. 谢强，马月，译 . 北京：生活・读书・新知三联书店，2010：162.

达、形象和多种多样的隐喻中形成的过程。”[1] 矛盾是话语的核心构成原则，话语的产生来源于克服矛盾的欲望，矛盾作为话语的机理随着话语进展而发生作用。考古学分析认为：“矛盾既不是需要克服的表面现象，也不是应该抽出的秘密的原则。它们是需要描述的对象，我们无需寻找它们可能在哪个方面消失，或者在什么样的层次上被强化和从效果变为原因。”[2] 考古学描述矛盾在话语功能中的存在状态和生存空间。

第三，对照的原则是考古学的重要原则。考古学考察话语形成背后的隐性因素，不单纯将考查内容限制在话语本身。而比较对照的原则深入考古学的内里，将话语形成的因素作为一个整体性的因素加以考量，考察不同因素之间的关系。话语形成从属于多种系统和关系之中，“考古学是一项比较分析，它不是用来缩减话语的多样性和勾画那个将话语总体化的一致性，它的目的是将它们的多样性分配在不同的形态中。考古学的比较不具有一致性的效果，而具有增多的效果”。[3] 福柯的考古学观点与谱系学的方法多有重合，将话语与时代的思想联系起来，决定了他的研究主题。福柯的知识型本就与经济、财政、生产等各个部分的内容链接成网络，在同一空间维度展示文化的多面性和话语形成的差异性。但考古学与谱系学也存在着显著的不同，谱系学的结果是解构的，而考古学可以归结为认识论。无论考古学本身展示的角度存在怎样的多元性，最后都会靠向规律和相对单一的结论性结果，而这也是很多评论家将前期福柯归为结构主义者的主要原因。考古学致力于指出在同构性语境下，话语如何形成规律性认识，以及这些规律适用的范围和在此基础上形成的考古学模式。需要指出的是，考古学的规律性模式建立在异质性和相似性同时起作用的实证性规范之

[1] [法]福柯. 知识考古学[M]. 谢强，马月，译. 北京：生活·读书·新知三联书店，2010：166.
[2] [法]福柯. 知识考古学[M]. 谢强，马月，译. 北京：生活·读书·新知三联书店，2010：168.
[3] [法]福柯. 知识考古学[M]. 谢强，马月，译. 北京：生活·读书·新知三联书店，2010：177.

下，话语形成与非话语范围之间存在着紧密的联系，并作为整体的话语叙事，“是在通史的范围内展开的，它力图发现机构的，经济过程的以及话语形成可在其基础上相互连接的社会关系的整个范围……它所要揭示的是这样一个特殊的层次，即历史能产生的某些话语确定的类型，这些类型本身具有自己的历史性的类型，并且同各种历史性的整体保持关系。”[1]话语作为事件，并不只是作为知识本身而存在，话语的产生离不开社会、历史性因素的参与，考古学就是要在对照中揭示导致规律整体性的形成的诸多因素的影响。

第四，传统思想史强调时间和现象的连贯性，描述发展的轨道和脉络。与之相反，考古学不重视时间的线性顺序，去除了共识性的约束形态。考古学认为思想史的变化本就是常态，不存在所谓的稳定性，不规则性、断裂性、瞬时性构成历史描述的常态性表述方式。在考古学中，福柯在面对历史的向度时做出了两种看似矛盾的理论选择：一方面，福柯从不同的时代的陈述中发现有活力的规则，并将这些规则超越时间限制连接在一起。福柯将这些细微的、多样的因素连接在一起，构成一种整体性的规则，并分析在历史中，这些规则所规定的秩序如何影响和决定了话语的形成以及话语的结构规则，“考古学分析话语渗透性的程度和形式：它在一系列连续性事件上制定自己的连接原则，它确定事件借以转移到陈述中去的操作系统”。[2]考古学系统追逐连续性的产生和不同的话语层级上显示的规则，完全打破了时间的连续性原则。“话语的形成不具有与意义的流动或者语言的线性相同的历史性模式……它是一种具有本身的连贯和连续形式的实践。”[3]另一方面，考古学打破了传统历史学家所建构的连续性网络，将话

[1] [法]福柯.知识考古学[M].谢强，马月，译.北京：生活·读书·新知三联书店，2010：183.
[2] [法]福柯.知识考古学[M].谢强，马月，译.北京：生活·读书·新知三联书店，2010：185.
[3] [法]福柯.知识考古学[M].谢强，马月，译.北京：生活·读书·新知三联书店，2010：188.

语的暴力构序展现给读者，例如在《古典时代疯狂史》中福柯展示了疯癫如何被禁闭，被排斥出启蒙理性话语的模式中从而被迫沉默。考古学谈论断裂和偶然，将不连续性视为话语构序的常态，使被忽略的因素重新进入历史视野，考察具有特征的关系事件如何转换，从而在不同的话语层中变化登场，潜移默化地塑造了话语模式。在不断的重复、转换、变化中那些被主流话语和知识层忽视的现象重新被纳入研究视野。这两个方面的内容看似矛盾却很好地统一到福柯的考古学中，一种被割裂的共时性原则在断裂和矛盾处重建了秩序和整体。

探讨了考古学四个方面的特点，可以很清楚地发现福柯的考古学是一种建立在历史性和实践性基础上的知识理论。他的考古学打破了以往思想史分析的固定范畴，不再将明确具有指向性的对象看作决定历史走向的关键性因素。什么可以成为分析对象和目标，取决于严格的实证性考察和广泛的派生性影响的存在，也就是说福柯的考古学要展示的是分散的规律性连接，并要分析隐藏在这种连接背后的支配性因素。正如怀特所言："在话语这个概念下，福柯囊括了一般的文化生活的所有形式和范畴，其中显然也包括他自己批判这种文化生活的努力。"[1] 福柯的批评视野广阔，话语的相关性因素非常丰富，他试图将话语分析的外延扩展到整个社会文化和思想史领域。话语的产生，话语的因素、特点都是福柯阐释的内容。福柯对话语的阐释有什么目的？或者说福柯阐释话语的性质要达到什么样的效果和目标？要回答这个问题我们不得不回到福柯对知识和真理的认识上。福柯直言："在探讨这一新型学科时（指精神病学）我们发现了两种东西：在这个学科出现的时代中，使它成为可能的东西和在经济中决定了概念、分析和论证的巨大变化的东西，这是存在于住院、精神病院、社会排斥的

[1] [英] 约翰·斯特罗克. 结构主义以来：从列维－斯特劳斯到德里达 [M]. 渠东，李康，李猛，译. 沈阳：辽宁教育出版社，1981：84.

条件和程序、法学规则、工业劳动及资产阶级道德的标准之间的各种关系的作用，简言之，这是一个标志着这种话语实践的陈述形成的整体。然而，这个实践不只是表现在某一具有科学性的地位和科学目的的学科中，我们在司法文件中，在文学语言中，在哲学思考中，在政策性的决策中，在日常话题中，在意见中，同样可发现这一实践在起作用。”[1] 考古学不从属于某一具体学科，它涉及的是知识不同的领域，是知识型的具体表述方式。福柯将此定义为“事实上，知识型是指能够在既定的时期把产生认识论形态、产生科学，也许还有形式化系统的话语实践联系起来的关系的整体；是指在每一个话语形成中，向认识论化、科学性、形式化的过渡所处位置和进行这些过渡所依据的方式；指能够存在于属于邻近的但却不同的话语实践的认识论形态或者科学之间的双边关联。知识型，不是知识的形式，或者合理性的类型，这个贯穿着千差万别的科学的合理性类型，体现着某一主体、某种思想、某一时代的至高单位。它是当我们在话语的规律的层次上分析科学时,能在某一既定时代的各种科学之间发现的关系的整体”。[2] 福柯对话语的考古学分析奠定了福柯对知识型的认知基础，他在话语实践中捕捉使话语功能得以发生并产生影响的功能性关系，重建话语产生的生活场景。福柯在话语档案中寻找一种构境即话语如何被组织起来的逻辑构式，寻找未在场的隐喻。在此基础上，话语塑形的事件场景被重塑，对知识型的认知被重塑。“考古学的真正对象是客观发生着的认知……所谓认知，是祛主体之后获得的处于场景状态中的话语实践的塑形系统和科学话语……也是在这个构境意义域中，青年福柯才将自己的考古学直接指认为‘认知考古学’。”[3] 考古学作为区别于传统学科的知识形成了新的真理探究

[1] [法] 福柯. 知识考古学 [M]. 谢强，马月，译. 北京：生活·读书·新知三联书店，2010：199.
[2] [法] 福柯. 知识考古学 [M]. 谢强，马月，译. 北京：生活·读书·新知三联书店，2010：214.
[3] 张一兵. 回到福柯：暴力构序与生命治安的话语构境 [M]. 上海：上海人民出版社，2016：304.

方式，对传统的形而上学中心主义提出了质疑，被哲学家、历史学家、思想家列为中心的逻辑结构被否定，边缘、断裂、缺陷这些被遮蔽的东西重新出现在认知网络的内部。

话语实践具有自己的规律性和持续性的影响力并形成知识。考古学“要指出被限定在行为和策略之中，产生社会的理论并造成彼此干涉和相互转换的话语实践和革命知识是怎样形成的”。[1]换句话说，考古学提供给我们思考知识的新的视角，在考古学的视野下，科学的起源和终结不再成为重点被关注的领域。科学是话语群产生的附属物，话语如何形成科学是考古学关注的重点。知识和科学的内部合理性不被探讨，而如何形成这种合理性，如何取得知识和真理、科学称号的内容是考古学的考查范围。从考古学对起源和真理问题的抵制和对知识、科学的新的认识角度来看，考古学和谱系学是没有根本冲突的，他们之间的转换是很自然的连接，没有破裂或者强烈的冲突产生。阿尔都塞在《意识形态和意识形态国家机器》中已经明确了教育、宗教所具备的作为意识形态的隐性教化功能。阿尔都塞要做的是去除意识形态这个概念中负面的、不合理的因素，重新改造这个概念，使这个概念不再是僵化的而是具有延展性的，能够和多样性的规则相协调。福柯吸收了意识形态的规训教化作用，但是将整个意识形态的社会性占有方式扩散到整个规训体制之内，对意识形态所具有的隐藏的暴力性构序进行了深刻的揭露。福柯否定意识形态的原初构建性，否定其建立在个别代表性人物事件之上的秩序，否定其对历史的片面性归纳以及建立在此基础上的真理体系。但是福柯并没有否定所有的规则本身，有些原则深深隐藏在治理内部并可以自证其本身的合理性，这样的原则是无法被消弭的，而治理体系本身规训着自我和他人。也就是说福柯对规律性的追求还

[1] [法]福柯.知识考古学[M].谢强，马月，译.北京：生活·读书·新知三联书店，2010：218.

是贯穿在考古学的批判始终的，只是福柯否定了传统形而上学哲学的二元对立思维。

福柯曾总结自己考古学工作："十分简要地说，这个工作就是：设法重新发现在科学、认识和人类知识等历史上作为无意识的东西。任你怎么说，我的工作假设大概就是这样的：科学史和认识史并不简单地服从理性进步的一般法则，在某种程度上，人类意识和人类理性并不是其历史法则拥有者。在科学自我认识的下面存在着科学所不能认识的东西；科学的历史、未来、插曲和偶然的时间都服从某些法则和规定性。我设法阐明的正是这些法则和规定性。我设法指出作为知识无意识的自主领域，它拥有自己的规则，如同人类个体的无意识也拥有其规则和规定性。"[1] 考古学对历史、微观、偶然和断裂的重视建立在对形而上学求真意志的批判之上，形而上学寻找起源的行为本身就是一种偏见，形而上学批评家建立在对立价值基础上的信念无疑是可疑的。福柯后期对伦理的重视，建立在对个体的主动性的追求之上，而在前期，福柯所要做的考古学工作是将现有的强加在主体身上的枷锁解释清楚，将社会政策、知识真理体制层面的暴力构序对主体的塑造展现出来。福柯反对这种规训，从而为后期的谱系学方法和伦理学转向做出自然而然的铺垫。福柯在总结其批判理论时曾说："批判在终极上是谱系学的，在其方法上是考古学的。所谓考古学的，意指：这种批判并不设法得出整个知识的或整个可能的道德行为的普遍结构，而设法得出我们所思、所说、所做都作为历史事件来得到陈述的那些话语。而这种批判之所以是谱系学的，是从这个意义上说的：它并不会从我们所是的形式中推断出我们不可能做或不可能认识的东西，而是从使我们成为我们所是的那种偶然性中得出不再是、不再做或不再思我们之所是、我们之

[1] 刘永谋．福柯的主体解构之旅——从知识考古学到"人之死"[M]．南京：江苏人民出版社，2009：83.

所做或我们之所思的那种可能性。”[1]谱系学对福柯考古学完善和发展的阶段，谱系学真正将其批评范围扩大到话语实践背后的权力、社会逻辑层面。如果说考古学重视场景的建构，那么谱系学则重在回归到阐释场景建构的深层逻辑中，谱系学摆脱话语的逻辑组建，考察事物本身的呈现。如果说考古学中的主体是一种被质疑和被建构的矛盾存在状态，那么谱系学阶段的福柯则完全解构了主体的概念，将人彻底抹除。

第二节　什么是谱系学
——福柯对尼采的继承

法国科学史学派对以黑格尔为代表的形而上学的重构和颠覆深深影响了福柯的思想，其研究方法中对断裂性和非连续性的主张对福柯的哲学方法构建也产生了深刻的影响，其注重文化总体视角的应用的形构观点更是被福柯的考古学和谱系学所吸收。从福柯早期受到的影响中我们可以看到福柯考古学和谱系学的渊源性。考古学阶段的福柯虽然被评论界推举为结构主义的代表性人物，因为在《知识考古学》和《词与物》中，福柯难以摆脱结构主义的共识性原则的应用，但是福柯本人一直否定自己是结构主义者，因为解构主义无法去除先验主义的痕迹和影响。福柯转向谱系学，致力于对权力的解构主义的谱系学分析，完全跳出了经验主义和总体性的陷阱，开拓了新的研究范式，对西方当代政治哲学和伦理学的影响非常深远。

福柯的谱系学研究总的宗旨是对总体性暴力的反抗和消解。“与那种把认知纳入与科学相连的权力等级有序的规划形成对照，谱系学应该被看成是一种把历史认知从这种压制中解放出来的努力，谱系学让历史认知能

[1] [法] 福柯．何为启蒙 [M]. 顾嘉琛，译 // 杜小真．福柯集．上海：上海远东出版社，2004：539.

够对抗理论的、统一的、形式的和科学的话语的威胁。它建立在局部认知的反抗之上——如德勒兹所说，是那种微笑的认知——反抗科学的等级，以及认知权力的效应：这就是祛序和片断性的谱系学规划。”[1] 在这里不得不提到萨特与哈贝马斯，福柯进入法国哲学界的时代正是萨特学说风靡一时的时代，但是福柯对萨特的思想却特别警惕，原因无外乎福柯发现了萨特思想中的先验的总体性观点，福柯靠向尼采也正是因为尼采对辩证逻辑的拒斥。海德格尔批评尼采落入了形而上学的陷阱，而福柯不同意海德格尔的观点，他认为：“形而上学的时代由于笛卡尔而结束了。为了总结这些永久的相互指责，应该界定笛卡尔之后的哲学，描述它把自己界定为反形而上学哲学的努力，即它主要致力于主体自律思考的努力。”[2] 哈贝马斯和福柯对启蒙理性的论战很有意义，对比哈贝马斯和福柯对主体和启蒙问题的思考，我们很容易发现，哈贝马斯对总体性的诉求是对启蒙理性的一种回应，这种代表全人类、建构总体性的理论和福柯重视现在、重视个体的观点完全不同。福柯致力于思考主体的“可理性”类型的研究，“他实质上要拒绝的是将此过程同理性等同，他挑战任何在反思、交流、默契中诉诸普遍性的意图……就如他拒不承认在一个基础性主体和理性中存在着普遍性一样——这个普遍性使判断社会机制成为可能，他也不承认突变的普遍性——在这种突变中，理性一劳永逸地被逐离了和坍毁了。”[3] 理性永恒地处于分裂、突围之中，在不断的分化、充实过程中诠释着多样性的主体性。

谱系学首先展现在福柯对微观权力理论的分析中，福柯的权力理论

[1] [法]福柯．权力的眼睛——福柯访谈录[M]．严锋，译．上海：上海人民出版社版，1997：221.

[2] [法]福柯．人死了吗？[M]．马利红，译//杜小真．福柯集．上海：上海远东出版社，2004：86.

[3] [法]吉尔·德勒兹．什么是dispositif？[M]．汪民安，译//汪民安，陈永国，马海良．福柯的面孔．北京：文化艺术出版社，2001：201.

提供了对社会结构的崭新的理解方式。按照保罗·德曼的看法，“福柯的洞见同时衍生出他的盲点。一方面，他能够对现代世界中无所不在的规训权力提供一种非凡而权威的解释，另一方面，他所勾勒的无所不在的统治权图式是如此的浑然一体和令人信服，以至于展示的是一种无可逃逸的情景”。[1]也就是说福柯的权力观点中缺乏自由的空间，现代社会中权力对身体、心理、社会的控制达到了无以复加的严密程度，渗透进每一个毛孔。但是福柯并不认为权力无处不在，就意味着个体自由的缺失。福柯说：“我很少使用权力这个词，偶尔使用的时候，仅仅把它当作我通常使用的权力关系这个词的简略表述方式。不过，确实有一些现存的模式：当我们谈论权力的时候，人们立马想到一种政治结构、一种统治、一个主要的社会阶级以及主人和奴隶，等等。当我谈论权力关系的时候，我考虑的并不是这些东西……我谈论的是不同层面、不同形式的关系；这些权力关系是动态的，我们可以对它们做出更改，它们并不是完全固定不变的……只有主体是自由的，权力关系才可能存在。如果一个主体完全受到他人的宰制，成为后者的物，成为他滥用暴力的对象，那么就不会存在任何权力关系。”[2]他认为权力关系存在于社会的每一个领域，而这恰恰是因为自由无处不在的原因。德曼的忧虑其实正解释了福柯转向伦理学的研究的动机和目的。福柯没有改变他对现代规训社会的认知，但是他努力寻求不一样的个体权力建构机制，希望借助古希腊、古罗马的伦理学研究对现代社会的伦理建构有所增益和改变，而关于伊朗的伊斯兰革命，福柯也因为在其中看到了精神性的生命力而大加赞扬，并对生命权力政治开始了自己的研究。可以说福柯的研究路径与他对规训社会的研究认知有着紧密的联系。考古学还

[1] [法]福柯．论人性：公正与权力的对立[M]. 丛莉，译 // 杜小真．福柯集．上海：上海远东出版社，2004：239.

[2] [法]福柯．自我关注的伦理学是一种自由实践[M]. 刘耀辉，译 // 汪民安．福柯文选Ⅲ．北京：北京大学出版社，2016：267-268.

被限制在知识领域，与话语实践有密切关系的现实社会生活并不是批评的中心，而谱系学则完全转向与现实政治实践紧密相连的领域。福柯关注个体在现实社会中的生存处境，个人陷入被规训的关系网络无法解脱。而福柯的权力的谱系学的分析也与后期福柯转向伦理学领域，分析个体的自我建构技术有着密切的联系。

福柯作为同性恋者，在当时的社会语境中感到了压抑和冲突的无处不在，他的理论很难摆脱对自身的生存体验的感受。也正因为如此，福柯的权力理论和伦理思想有了更多的现实意义，而他的谱系学中所体现的对总体思想、形而上学、先验主义的背弃的立场也更容易被理解。福柯的论文《尼采·谱系学·历史学》对谱系学进行了详细的论述，通过解读福柯的这篇文献，我们对福柯的谱系学会有系统性的理解。可以确定的是，尽管福柯在伦理学方面提出了自己的独特观点，但是尼采的观点和哲学研究方法常常以微妙而突出的方式出现在福柯的道德哲学体系中。

谱系学实质是一种对真理的认知方法，寻找谱系的认知真相，尼采就是在这个构境中重估价值的合理性。谱系学“它反对理想主义和无限目的的元历史展开，它反对有关起源的研究”。[1]起源总是被给予“事物的精确本质、最纯粹的可能性、被精心置于自身之上的同一性、静止并异于一切外在、偶然和连续的东西的形式”。[2]福柯认为这种对起源的形而上认知会忽略差异、偶然，进而扭曲真实的存在。福柯消解了起源的本质性、神圣性和真理性，谱系学“要驻足于细枝末节、驻足于开端的偶然性；要专注于它们微不足道的邪恶；要倾心于观看它们在面具打碎以后以另一副面目的涌现；绝不羞于到它们所在之外寻找它们；通过‘挖掘卑微—基础’，

[1] [法]福柯．尼采、谱系学、历史[M]．王简，译//杜小真．福柯集．上海：上海远东出版社，2004：150.

[2] [法]福柯．尼采、谱系学、历史[M]．王简，译//杜小真．福柯集．上海：上海远东出版社，2004：150.

使它们有机会从迷宫中走出,那儿并没有什么真理将它们置于卵翼之下”。[1]谱系学将与起源联系的形而上辩证哲学彻底推翻。福柯指出“谱系学把目光投向起点时，寻找的是意外事件、偶然、激情、微不足道的邪恶、意外、狂热的煽动、不稳定的胜利和权力”。[2]谱系学研究针对历史的每一次偶然事件、每一次被忽视的意外，而不是以目的论为前提，将事件编织进历史的线性进程中，将不符合目的论意义的真实解蔽进而忽略。福柯的谱系学是一种解构元历史中心主义的研究方法，福柯想达到的目的是个体人更好地在历史中定位自身的存在。正如德勒兹所言：“福柯的哲学通常表现为对具体社会机制（dispositif）的分析，但是，什么是 dispositif？首先，它是一个交织缠绕、线索复杂的组合体。它由线构成，每条线特性各异。社会机制中的这些线并未勾勒出或环绕着那些权力、对象、主体、语言等同质性的体制，而是遵循着某些方向，追溯着一些总是不平衡的平衡。这些线现在正集结起来而后它们又彼此分开。每条线都是断裂的，并服从于方向的变化，它支支叉叉般地分开，而且还是漂流式的……人务必通过这些线本身来定位自己。”[3]被伪饰的真理因为其自身被赋予的合理性的光环而大张旗鼓地改造着真实的历史进程，福柯反对这种状况，在谱系学解构的背后，福柯对真实的历史的追求可见一斑。谱系学关注历史，反对历史的线性叙述模式，“谱系学并不打算回溯历史，不打算在被忘却的散落之处重建连续性；它的任务并不是先给整个历史进程强加一个从一开始就已注定的形式，然后揭示:过去仍在，仍活生生地现在中间，并在冥冥中唤醒它。

[1] [法]福柯．尼采、谱系学、历史[M]. 王简，译 // 杜小真．福柯集．上海：上海远东出版社，2004：150.

[2] [法]福柯．知识分子与权力[M]. 谢静珍，译 // 杜小真．福柯集．上海：上海远东出版社，2004：209.

[3] 吉尔·德勒兹．什么是 dispositif？[M]. 汪民安，译 // 汪民安，陈永国，马海良．福柯的面孔．北京：文化艺术出版社，2001：197.

民族的命运中没有什么类似种的进化的东西。”[1]“要以一种完全摆脱了形而上学和人道主义记忆模式的方式来使用历史，要使历史成为反记忆——从而也就展开了另一种时间的形式。”[2]

需要指出的是，福柯不仅批判了起源的非真性，他同时指出了形而上学推论所依赖的因果逻辑存在着的谬误。“祖先们错把结果当作原因，相信彼岸的真实性，提出永恒的价值，这都会使后代的肉体受到影响。”[3]福柯的这一观点和后来的权力观点对身体的批判有着紧密的联系，但更重要的是，福柯的这一观点隐含着尼采思想的深刻影响，或者说这是福柯对尼采思想的陈述。尼采反对传统的因果逻辑，因为因果逻辑最根本的错误在于理所当然地将结果和原因倒置，在逻辑上存在着根本性的谬误。因果的逻辑，往往无法离开前提的设定，“因为、所以”通常具有的逻辑意义对道德评价而言非常重要。人们通常是由道德的前提出发，进而引入客观事实，最终得出结论。但这种三段式的论证方法的问题就在于前提的合法性是缺失的，因为它建立在一系列的标准之上，但被忽视的因素恰恰出现在这里，每个个体的选择不同，如何得出了绝对性的判断标准，如果自我选择的权威被剥夺，我们有理由相信评价的体系受限于逻辑的单一性和事实的多样性，得出的结论也自然是值得怀疑的，一个相反的逻辑例证就可以证伪好不容易建立起来的形而上学历史框架。福柯认为我们应该对所有的既有评价体系持中立态度，我们所要做的是在历史的长河中捕捉被忽视、被遗漏的历史碎片，让这些事实自己说话。对福柯而言，行动并不能从外部施加于个体之上，我们必须从内部施加于我们自身之上。我们总是假设

[1] [法]福柯．尼采、谱系学、历史[M]．王简，译//杜小真．福柯集．上海：上海远东出版社，2004：151.

[2] [法]福柯．尼采、谱系学、历史[M]．王简，译//杜小真．福柯集．上海：上海远东出版社，2004：162.

[3] [法]福柯．尼采、谱系学、历史[M]．王简，译//杜小真．福柯集．上海：上海远东出版社，2004：152.

所有的现象都能被归结于统一规律中，假设自然和人类社会是有秩序的统一体。而这些认识是如何固化在人们的思想意识深处，并对人类的历史进程起到了深刻的影响，福柯对此展开了深入的讨论。

关注了历史和起源的问题，福柯对主体的解构也多有阐释，或者说福柯对历史和起源问题的谱系学阐释是为了对主体问题的关注。“就在灵魂试图统一自身的地方，就在‘我’自造处同一和一致的地方，谱系学家着手研究开端——无数的开端，它们所留下的暗淡的颜色、隐约的痕迹丝毫逃不过历史的眼睛；来源分析允许解散‘我’，取消‘我’的空洞综合,代之以现已抛却的纷繁事件的聚集。”[1]自我通过自身构建自我的过程本就是个不稳定的多元的过程，充斥着无限的偶然性，很难用本质定义和概括。因此，主体不再是形而上学的出发点，不再享有认识论特权，主体只是作为未完成的具有实践性的物质实体而存在，只是作为话语阐释的内容而存在。福柯在探讨权力的谱系学理论时首先提出了自己对规则的批判，“正是规则允许以暴力对暴力，以另一种统治征服现有的统治。一切规则，其自身是空洞、野蛮、无目的的；它们制作出来服务于一切对象，屈从于某些人的意愿。历史的伟大游戏，属于占有法则的人，属于占据使用法则的未知的人，属于乔装打扮、歪曲规则、颠倒地运用规则、使它们反过来反对规则制定者的人。”[2]福柯的权力理论建立在对规则的认识和消解基础上，福柯发现了隐藏在规律背后的力量的控制和争斗，权力的理论是为了达成对社会规训体制的批判。谱系学关注起点，关注的是推算至起点时产生的偶然意外，而并非初始的统一体以及随之而来的本质、因果、中心。谱系学背后隐藏着真理与社会权力的相互关系，福

[1] [法]福柯．尼采、谱系学、历史[M]．王简，译//杜小真．福柯集．上海：上海远东出版社，2004：151.

[2] [法]福柯．尼采、谱系学、历史[M]．王简，译//杜小真．福柯集．上海：上海远东出版社，2004：155.

柯将真理置于复杂的社会关系中，在政治体制之内思考权力关系以及真理产生的深层逻辑。福柯并不预设政治立场，他批判一切强调绝对正确的政治真理，并将生产政治真理的体制暴露在现代人的面前，他所要达成的政治目标就是建立多元的、尊重个体发展的政治秩序。福柯说："即使我研究权力关系，我也绝不是建立一套关于权力的理论；只不过在我的问题是要了解主体的反思与真理话语之间的联系的范围内，若我的问题是'主体如何能够说出关于自身的真实'，那么，我认为，权力关系是我试图分析的诸联系中的决定性要素。"[1] 福柯并没有抛弃主体，他试图解构主体，主体只是作为一种阐释功能而存在。

可以看到福柯的谱系学中蕴藏的对历史的关注，谱系学对历史的起源、统一性、神圣性的解构，对线性时间、因果逻辑的否定背后隐藏的是对人创造历史所包含的形而上学逻辑的否定，其实际上是福柯对现代主体的解构。权力理论用微观的观点代替了元历史的叙说，对主体的生存状态是一种很好的揭示。权力是一种事件、关系、实践，处于永恒的运动的状态，是生产性的力量，生产的是现代的、无名的、去中心的主体。福柯的谱系学旨在揭示规训的圈套，最终目的是为了还原现代社会中主体生存的状况，进而寻求个体的自由空间。在这种情况下，福柯晚期关注伦理学，关注自我就很容易理解。道德本就关心个体能做什么，应该遵循什么样的规则和限制才能生活得好；在城邦中选择什么样的行为是善的、合理的；个人如何约束自己的行为才能与他人和谐相处，并限制自我的自然属性对人的神圣性的侵害。在社会生活中，探求德性的生活本就是伦理学的起点，我们应该如何生活的问题是伦理学研究的核心问题。福柯没有走入虚无主义的漩涡，他从来没有否认在历史上事实存在的客观的主体。福柯否定的是参

[1] [法]福柯．结构主义与后结构主义 [M]. 钱翰，译 // 杜小真．福柯集．上海：上海远东出版社，2004：506.

与历史构成，并对历史进行解释说明的人为构造性主体，也就是主体的客体化形式。这种主体试图把所有的人类行为都建立在目的合理性的基础之上，将断裂、非连续性、矛盾性的存在排除出传统历史叙事，对社会和个人状态的规范性描述导致的是一种不自由的状态。福柯在伦理学维度探讨的个体是主动的参与性个体，这种个体能够完成伦理学建构所需要的所有因素的自由建构。福柯的伦理学并没有探讨伦理的具体方面，而是对其前提即自由的个体问题进行了谱系学意义的讨论，对陷入现代、后现代主体困境的我们而言，福柯的探讨是极有意义的。

第三节　福柯伦理学的谱系学方法论

重新回到历史，摆脱既有的历史叙述，寻找真相和实践的真实状况是福柯一贯的追求，也是谱系学的核心。回归历史，打捞那些被遗忘的事件，打碎那些恒定的规律和认知，在福柯这里被惯性思维和真理体制、规训社会所承认的永恒真理系统性地被否定。福柯探讨伦理问题，回归到对西方文化的源头古希腊、古罗马文化的关注和重新阐释是福柯谱系学必不可少的一部分。福柯说："我们所知的世界并不是这副模样，简言之，在我们所知的世界里，事件消失殆尽，只有本质特征、最终意义、最初及最后价值慢慢显现出来。但是，世界是无数纠结缠绕的事件。今天，它显现出'惊人花哨的深刻丰富的意义'，这是因为世界是由'成对的错误和幻想产生并秘密地豢养的'……我们在无数的流逝的事件中生活，并无最初的坐标。"[1] 历史学家、形而上学理论家习惯性地把视野投入到崇高的时代，寻找神圣的缘起、因果的逻辑，而福柯在回到古希腊的谱系学思考中给出

[1] [法]福柯．尼采、谱系学、历史[M]．王简，译//杜小真．福柯集．上海：上海远东出版社，2004：158.

了不同的伦理观点。福柯否定历史学家的蛊惑，“历史学家乞灵于客观性、事实的精确性和凝滞的往昔。为了确定非时间性的观念的绝对权力，煽动否弃肉体；为了他人能上前发言，历史学家倾向于消除自身的个性。所以，历史学家极力反对自身：克制自己的好恶，消除自己的观点，代之以具有虚构性的普遍的几何学，去模拟死亡，以便进入死之国门，去获取没有面孔、没有名字的准存在”。[1] 相反，福柯的伦理学保存了生命体的个性和独特性，福柯在后期特别是 1980 年后将他的研究对象转为对主体和伦理问题的关注。福柯的伦理学不是一种普遍的、符合传统的伦理，他将对自我与自身关系的分析称之为伦理学，关注主体自身的自由以及主体和他人的关系。正如赫伯特所言：“人们几乎可以把批评理论当作一个整体，相信一般性和权力不可能是善，因为它们是一般的和有权威的；换言之，现世的善只能在瞬间、在弱者中、在个体冲动中、在例外中、在或然性中——在个体出乎意料的、实际上不明智的善意的动机和行动中才能找到。”[2] 福柯伦理缺少一种唯一的价值判断，个体的主动性和意志的决断性决定了好的行为的标准，这往往使其伦理忽视了对具体内容的评判。福柯对伦理的关注目的并不是企图建立伦理的大厦和体制，他只关心伦理主体对自身的塑造。在西方文化的开端处，福柯发现了自我建构的技术和自我建构的多种可能性。

西方当代最重要的伦理学家罗尔斯在总结古代和现代道德伦理的区别时说：“古代人追问的是一条通往真正幸福和最高善的最合理的道路，他们考察德行和作为性格特征的德性（例如本身就是一种善的勇敢、节制、智慧和正义这些德性）如何与最高的善联系在一起，不管是作为手段，还是作为其中的一部分，还是两者都有；近现代人追问的却主要是（至少首

[1] [法] 福柯．尼采、谱系学、历史 [M]. 王简，译 // 杜小真．福柯集．上海：上海远东出版社，2004：160.

[2] Herbert Schnadellbach.Max Horkheimer and the Moral Philosophy of German Idealism（1985—1986）[J]. Telos，1985（66）：87.

先是），那些在他们看来是正当理性的权威规定，以及这些规定所产生的权利、责任和义务，仅仅是在发出这些追问之后，他们的注意力才转移到这些规定允许我们追求和珍视的那些善上。”[1]而福柯无疑是一位现代传统伦理的反叛者，他所要对伦理进行解构的正是现代人的追问。福柯的伦理学不再关注正当的、权威性的、善的伦理追寻，不再对伦理进行框架式的统一性建构。古希腊人追求最高的善的理念，而这种善是针对个人的。很显然，古希腊伦理学偏向于对个体人的行动的约束和规范，其旨归在个体自我。而现代伦理学则立足于对秩序和规则的建构，其目的在于治理与规训。福柯伦理学致力于沟通古希腊和现代伦理学，在否定中寻找精神性的力量。

福柯《词与物》一书指出：“人们之所以想到要科学地认识人类并不是出于对人的伦理关注，恰恰相反，是因为人们首先把人建构成一门可能的学问的对象，才使得现代人文主义的所有伦理主题得以发展。”[2]人如何建构成为伦理的主体是福柯关注的重点。当然，和福柯探讨知识、权力的阶段一样，福柯对伦理的探讨并没有离开对社会政治的关注，在福柯看来，伦理的规则的制定离不开特定的社会生活以及政体结构，我们在此基础上探究规则的合理性以及适用性。但是问题是，这种规则的合理性无法上升到绝对抽象的层面，因为抽象脱离了具体的地点、时间、人物变成普适性的原则时，就会使个体面临着被遮蔽的风险。道德本身是社会和政治结构的评价机制，它是有一定的选择立场的。而绝对抽象的道德脱离了这种评价机制而变成一种绝对的真理，这种真理如果用于指导生活就会背叛道德的初衷，无视社会的多元性。在古希腊，社会和政治是紧密联系在一起的，

[1] [美]约翰·罗尔斯．道德哲学史讲义 [M]．张国清，译．上海：生活·读书·新知三联书店，2003：4.

[2] [法]福柯．人死了吗？[M]．马利红，译 // 杜小真．福柯集．上海：上海远东出版社，2004：79.

个人在社会中拥有一套确定的描述方式来确立自我的位置，并将自我与他人区分开来。对柏拉图而言，他所占有的社会和政治关系是他建构自己的伦理标准的前提，他无法摆脱自己的贵族精英立场，这是他的出发点和旨归。而当福柯论述柏拉图时，柏拉图反其道而行之，他首先把柏拉图视为一个绝对自由的个体，柏拉图可以摆脱社会秩序的逻辑，因为他的行为以及千千万万古希腊人的个体行为塑造了自身以及当时的社会的伦理。福柯探讨古希腊和古罗马的伦理道德只是探究自由的个体应当如何行动来成就自己的选择，福柯眼中的柏拉图不是作为一个形而上学的哲学家而存在，福柯把柏拉图的生活和哲学实践看成一体的，柏拉图以自己的方式建构了自身的风格化存在。说到这里我们不得不提到风格化，这在福柯的伦理学中占有重要的地位，而风格化实质上是福柯的一种审美的、富于创造性的谱系学研究方法，风格化指向的是创造性和审美性、独特性，风格化彻底背弃了形而上学哲学家所尊奉的统一性，“我确实认为风格问题在古代的经验里是个中心问题，它包括与自我的关系的风格化，行为的风格化，与他人的关系的风格化”。福柯并不认为古代人的风格具有超越一切的优越性。他明确指出：“古代道德的矛盾：他们一方面执着地追求某种生存的风格，另一方面又极力使它成为大家共同的风格。”[1] 也就是说福柯自动地选择了古希腊风格的前者，并将这种风格化纳入了自己的批评系统之中，但是对后者（很显然后者一般上为伦理学家和思想家所重视），福柯没有排斥，但是并没有展开讨论，因为在福柯看来，这是古希腊思想在现代的延续，而这种延续是以忽视和取缔希腊道德的丰富性为前提和结果的。正因如此，福柯的理论总是充满着争议，因为批评家很容易批评他的非系统性的建构方式。但是不可否认的是，正因如此，福柯的理论同时又极具启

[1] ［法］福柯．道德的复归 [M]. 蒲北溟，译 // 杜小真．福柯集．上海：上海远东出版社，2004：516.

发性，深刻探讨了现代社会存在的困境以及可行性的解决方案。如果问正义的中心是什么，艺术的风格化关系着什么，福柯认为这涉及个体本身，因而福柯的伦理学关注的是个体的生存状态和生活本身。“让我印象深刻的是这样一个事实，在我们这个社会，艺术仅仅与物相关而与个人或者生活无关。它是由艺术家一类的专业人士制作的特殊之物。但是个人的生活就不能称为一件艺术品吗？为什么一盏灯、一幢房子可以是艺术品，而我们的生活却不是？”[1] 而为什么艺术对福柯的哲学与政治观点有如此深刻的影响，我们可以引用阿甘本的话作为解释：“艺术不是某种在特定环境中也能获得某种政治含义的美学（意义上）的人类作为 / 活动。艺术天生就是政治的，因为它是一种使人类的感官和习惯的姿势停止活动，对之进行沉思，并在这样做的同时开启它们新的潜在使用（用法）的作为 / 活动性。这就是为什么艺术类似于政治和哲学近乎到了快要成为带有政治和哲学的艺术的程度。诗为说话的力量所做的一切和艺术为感官所做的一切，政治与哲学也必须为生物的、经济的和社会的作为 / 活动性而做——这些作为 / 活动性正表明人类的身体能够作为并使身体向一种新的潜在的使用开放。”[2] 对悖论性的关注和分析充斥于阿甘本政治哲学的始终，而对艺术和哲学的相似性和启发性的论述，福柯和阿甘本是殊途同归的。

福柯对自我的伦理的关注很容易和另一位哲学家萨特联系起来，因为存在主义哲学家对自为的自我的观点、自我选择的观点似乎和福柯的观点有着亲缘性的相似性，但实质上二者存在着根本的差异。福柯自己解释道：“萨特避免将自我看作是某种既定事实，但是通过本真性这个概念，他又重新提倡我们必须成为自我——成为严格意义上的真实的自我。以我看来，萨

[1] [法] 福柯．论伦理学的谱系学：研究进展一览 [M]. 刘耀辉，译 // 汪民安．福柯文选Ⅲ．北京：北京大学出版社，2016：156.

[2] Giorgio Agamben.Art，Inactivity，Politics[M]. New York：Sternberg Press，2008：203.

特观点中唯一可以接受的有实用价值的推论就是把理论洞见与创造性实践结合起来——而与本真性无关。自我不是既定的，这个观点说明只存在一种有实用价值的推论：把自我当作一个艺术作品来创造……萨特把创造行为归因于与自我的某种关系——把作者与他自身联系了起来——这些都是以本真或非本真的形式呈现出来的，对这一点我觉得非常有趣。但是我的观点却恰恰相反：我们不应该把人们的创造性行为归因于他与自我的某种关系，而是应该把人们与自我的关系归因于某种创造性行为。”[1] 福柯反对自为的人的观点，因为这建立在同一与稳定的主体基础之上。福柯认为自我要通过实践创造自己的人生，而这种实践永远是进行时的状态，需要日常生活中的点点滴滴来汇聚成某种风格，这更多的是受到尼采的影响而不是萨特。福柯的谱系学思想受到尼采的深刻影响。福柯认为萨特所代表的辩证文化是人文主义的组成部分，而尼采开启了非辩证文化，人随着上帝之死而消亡。尼采指出，上帝之死并不意味着人的出现而意味着人的消亡；人和上帝有着奇特的亲缘关系，他们是双生兄弟同时又彼此为父子；上帝死了，人不可能不同时消亡，而只有丑陋的侏儒留在世上。福柯认为主体概念是人文主义的产物，并不存在统一的、先在的主体概念，社会实践建构了主体，这也是为什么福柯从根本上反对性解放概念的原因。在《认知意志》中，福柯对性解放概念的拒斥和他的主体观念深刻地联系在一起，福柯认为，不存在需要被深刻挖掘的深度自我，自然就不存在亟待被解放的物质实体。在福柯看来，自我是一个行为过程，并不具有实体性也不具有同一性，这导致了自我发展的多元性，多元能够很好地规避极权的统治。但是这同时也会导致自我与自身行为的偏离，如果自我完全无视对自身的治理和规范，过度地放任自身被赋予的自由会导致审美风格的任意化，逃脱了被权力戕害的自我将会因过度和随意而产

[1] [法]福柯．论伦理学的谱系学：研究进展一览[M]．刘耀辉，译//汪民安．福柯文选Ⅲ．北京：北京大学出版社，2016：157.

生巨大的颠覆和破坏性。但这显然并不是福柯讨论的重点，福柯对现代社会态势的讨论掩盖了他对具体的社会问题的关注。

福柯关注自我的最终目的是为了接近历史的真实，而笛卡尔和现代哲学家在追求客观知识时往往强调学术体系中的真理建构，他们往往忽视真相的多角度和多元思考的关键维度，自我被套上了理论的套子，以自由的方式被绑架、被支配。福柯否定既往的自我被动性建构方式，提出了自我技术的概念，而自我技术构造自我的过程是一种对身份的确认过程。但是问题是，福柯认为定义身份是一种对权威的服从，福柯反对这种服从，在福柯对疯狂、知识、犯罪等问题的解释中，他始终摒弃的就是权力对身份的规训。在规训社会中规则是对个体的命名，社会建立起一种统一的规范，在对规范的服从中个人确立自己的身份，个体同他者的关系也是建立在对规则的共同服从中，个体是一种社会形式的延展。现代规训社会所塑造的自我失去自由，完全处于被动状态之中。福柯在古希腊、古罗马社会寻求打破这种传统认知的解构形式的存在，因此，有了福柯的伦理谱系学模式。福柯的伦理谱系学建构主要集中在三个方面：福柯对性行为的阐释、福柯对自我问题的关注、福柯对自我技术问题特别是说真话的关注。福柯说："我试图提出三大类问题，即真理问题、权力问题和个人行为问题。这三个经验领域只有彼此关联才能理解，如互相割断便不能理解。我感到前几部作品里不足的地方，就是我考虑了前两种经验，却忽略了第三种经验。到第三种经验出现时，我觉得这三种经验方向一致，无需借助什么修辞方法加以解释说明。"[1] 福柯关注的三方面的内容是统一的，谱系学贯穿其中，如果有所偏重，我们可以在考察权力问题和个人行为问题及伦理问题时更深刻地认识到谱系学对福柯的理论建设的关键性作用，福柯释放出了解构

[1] ［法］福柯．道德的复归 [M]. 蒲北溟，译 // 杜小真．福柯集．上海：上海远东出版社，2004：515.

主体和形而上学统一性的全部力量。

性问题的讨论对福柯而言处于一个非常重要的位置，因为对生命权力的控制涉及两方面的内容：一是对身体的控制和规训；二是以人口为中心对国民的健康、生死以及寿命等方面的控制。性作为连接两方面的中心受到福柯的关注。在《性经验史》的第一卷《认知意志》中，福柯延续了对规训权力理论的讨论和发展，将权力理论延伸到性经验的领域。福柯总结："在《词与物》中，我自问：通过什么代价人们才能把说话的主体、工作的主体和生活的主体问题化加以分析？正是为此，我尝试去分析语法、普通语法、自然史和经济的产生。接着，我提出了关于罪犯和刑罚体系的同类型的问题：怎样才能说出关于自我之可以成为犯罪主体的真实？我关于性的问题的研究则追溯得更远：主体怎样说出关于自我作为性快感主体的真实，以及用何种代价来说？"[1] 对福柯来说，不是因为先有个体，然后有性行为以及性行为模式，而是性行为以自己的方式塑造了个体。福柯坦言，放弃描述自 16 世纪—19 世纪的性史研究变化情况，是因为他发现有一个关键性的问题被忽视了，即为什么过去把性的问题变为道德的经验的问题，因此，福柯开始追溯古代和基督教时期的伦理问题，企图追寻性被利用、被感受的谱系学历史。在此基础上福柯探讨了生命权力、人口、治理等众多概念，可以说对性问题的讨论在福柯的后期理论中是非常关键的表述方面，福柯独辟蹊径地对自我和他人的治理观点在现代社会中的状态进行了系统的分析，进而开辟了现代政治哲学崭新的研究路径，而这一路径对探查现代社会治理体系中隐藏的暴力机制而言具有重要的启发意义。

福柯认为柏拉图在《亚西比德篇》（*Alcibiades*）中第一次对"关注自我"这一概念进行了阐述。福柯系统分析了传统哲学所认为的柏拉图认识

[1] [法] 福柯. 结构主义与后结构主义 [M]. 钱翰，译 // 杜小真. 福柯集. 上海：上海远东出版社，2004：497.

自我的概念的谬误，阐述了关注自我所具有的丰富内涵，并且理清了关注自我的概念在历史上如何被认识自我的概念所遮蔽，进而消失在历史的话语体系之中。福柯认为柏拉图极具实践性的理论主张被形而上学的统一性所取代，而个体的自由也迷失在形而上学的主体哲学之中。“在希腊罗马世界，自我关注是一种模式，人们由此把个人自由——在某种程度上，是公民自由——当作伦理来加以思考……自我关注这个主题从头到尾地贯穿着道德思考……对存在八个世纪之久的古代文化而言，对自由的关注是一个本质的、恒久的问题……在古代，作为有意识的自由实践，伦理以一个基本的命令为中心而发展起来,即‘关注你自己’。”[1] 福柯认为具有伦理含义的自我关注是限制和控制权力的一种有效方式。福柯的自我关注理论其实质是阐述自由的观点，关注自我就是通过掌握自我，让自由成为人行动的基本原则。福柯的主体的建构存在于各种各样的关系之中，而这种关系是不稳定的，是动态的，同时也是多元的、自由的。哈贝马斯和福柯在主体自由观点上的分歧很好地证明了谱系学的去中心原则在福柯伦理学思想中的运用。哈贝马斯认为存在着一种交流状态，在这种交流中真理可以自由地被言说，不被任何权力和制度所束缚。而福柯认为不存在这样的交流状态，能够言说真理本身就意味着掌握了权力，权力的关系并不是控制的关系，权力存在本身并没有削弱自由。福柯认为伦理学旨在为个人自由奠定基础，尽可能地减少宰制权力的发挥，以尊重权力和批判性思维的方式，避免宰制问题对个体的束缚。哈贝马斯的自我的交往自由建立在理性主体的共同性想象之上，归根结底，哈贝马斯探讨一种被理性支配的共同的价值体系的建构，并赋予这种价值体系以拯救现代社会的价值，而福柯关注自我的观点从根本上否认了统一主体的理性自由发挥的可能性。福柯的观

[1] [法]福柯．自我关注的伦理学是一种自由实践[M]. 刘耀辉，译 // 汪民安．福柯文选Ⅲ．北京：北京大学出版社，2016：254–255.

点指向了行动和实践，在自由的行动中，主体以自己的行为方式塑造了自身的存在。福柯对斯多葛派理论家大加赞赏，因为对于斯多葛派理论家而言，人继承了来自宇宙的神性，因此不需要外部环境的约束和促进，个体自身能够引领自己，规范自己的行为，靠近自然的神性。因此对自我的关注在斯多葛派思想家身上成为一种自由的行动和实践行为，在这种精神修炼行为中，个体完成了成为自我的过程。福柯对斯多葛派的讨论建立在一种对自由自我的信任的基础上，哈贝马斯则更信任共同的理性规则。

社会的存在离不开语言，而语言在实践中最重要的原则就是说真话。不同的社会状况提供了不同的准则标准，导致个人选择千差万别，说真话立足于不同的个人选择也有了不同的可能性。从这个意义上为说真话提供唯一的标准是不现实的，同时也是将多元引向了绝对。说真话的目标指向行动，指向个体行为。福柯特别论述了犬儒学派对说真话的关注，福柯打破了对犬儒学派传统的虚无主义和无作为的认知和偏见，在犬儒主义的自我选择问题上大做文章，认为犬儒主义以自己的行为践行了自身对自我的塑造。传统理论观点认为：对于犬儒学派而言他们没有国家的观点，宇宙是有德行的人的住所,践行德行就是有道德的。第欧根尼之所以自称“犬”，是希望过着简单的像动物一样的生活。所有的世俗价值和道德操守在犬儒学派看来都是不合理的，都是“挡住阳光”的，犬儒主义者想改变通货的价值，他们认为社会既有的价值已经分崩离析，或者任何已经建构的价值体系都无法体现个体的绝对自由的原则，因而在根本上是不合理的，无法保障自然的价值畅通无阻。社会中的一切都处在偶然和不幸中，人能够做的事只有趋于自足性，不受偶然影响，坚持自我。犬儒主义用宇宙的概念替代了社会和国家的概念，用绝对的自由概念替代了个人对自身的理性思考。但是，有限的和偶然的经验拼凑而成的，是一种武断结构物，这是一种虚幻的自由。犬儒学派接受万物已经被决定的观点，不相信人的感性和理性经验能够对世界的改变做出贡献。正因为如此，他们往往忽视了对社会整体的认识，宇宙是一张大网，那么整体就是其本质，离开本质而只关注于单一的点显然是片面的、脱离整体而想象任何东西都是虚幻和模糊的。犬儒主义作为虚无主义的代表受到了西方传统价值的批评，福柯没有为犬儒主义者正名的理论追求，他本身也并不是一个犬儒主义者，但是福柯看到了犬儒学派学说被忽视的价值。犬儒学派认为道德和社会无关，全依赖于个人的选择，而在这一点上，犬儒学者对真实的追求达到了极致，因此，福柯重新讨论了犬儒学派的伦理思想。理论来自生活，从未从生活中撤离，福柯在被忽视的历史中重新寻找到了自我技术的碎片，在理论界对犬儒学派的持久性的偏执和批评中发现了犬儒主义值得被继承和被挖掘的品性，福柯对犬儒主义的论述不可谓不惊世骇俗，但是福柯的谱系学方法确是非常清晰。

福柯关注自我对自身的塑造是否意味着它放弃了自我与他人及社会之间的联系呢？治理自我可以离开对他人的治理？解构和主体化有没有联系？解构统一主体就意味着对主体化的解构吗？福柯认为这没有必然的联系。福柯认为个体是不可能超越历史和权力而绝对自由的，福柯并没有试图从古希腊、古罗马人那里寻找解决今天问题的答案。他说：“我想研究的是问题和问题框架的谱系。我并不是说：一切都是坏的，而是说，一切都是危险的。而危险并不等于坏。假如一切都是危险的，那么，我们应该总是有事可做。因此，我的立场不是要人们采取无动于衷的态度，而是提倡一种超乎寻常又不无悲观色彩的行动主义。我认为，我们每天必须做出的伦理—政治选择是为了确定主要危险是哪一个。”[1] 福柯在《何为启蒙》

[1] [法] 福柯．论伦理学的谱系学：研究进展一览 [M]. 刘耀辉 // 译．汪民安．福柯文选Ⅲ．北京：北京大学出版社，2016：146.

中明确指出，我们对当今社会规范化权力的抵制，不仅在于构建一个关于我们现实的批判历史，而且要在规范化的支配作用之外构建新的主体性形式。伦理问题主要是考察主体能做什么的问题，意在探寻主动的主体性，而这是福柯伦理学的方法论旨趣与价值取向研究。福柯认为在古代没有主体的概念，但是并不代表不存在主体的经验，而谱系学的方法会让这些经验在建构自我的伦理学中启发身陷规训、虚假真理之中的现代人类。

第三章

福柯论古希腊－罗马性关系中的自我伦理建构

晚期福柯对性行为和自我关系的考察，对其个人伦理学而言具有无法取代的重要性。福柯认为古希腊人对性的态度是其自我伦理建构的重要方面。1976 年福柯出版了《性经验史》的第一卷《认知意志》，《认知意志》仍承袭《规训与惩罚》的研究思路，分析了性的权力机制。八年之后，福柯改变了自己的研究思路，并出版了《性经验史》的第二卷和第三卷《快感的享用》《关注自我》。福柯从性的角度考察对自我的关注，他反对抽象地谈论性，主张要把性放在历史的特殊背景里去考察。福柯认为有三条轴线可以清晰地揭示具有历史经验的性，即“性的知识构成；规范性实践的权力系统；个体主动以及被动地把自己塑造为性经验的主体的形式”[1]。福柯《性经验史》着重讨论第三条轴线。福柯在介绍自己的研究时坦言：“我不想写出一部欲望、色欲或者力比多前后相继的概念史，而是分析个体们如何被引导去关注自身、解释自身、认识自身和承认自身是有欲望的主体的实践。这些实践……使得他们可能从欲望中窥见自己存在的真相。”[2] 可

[1] Michel Faucault. The use of pleasure[M]//Robert Hurley. The history of Sexuality，Vol.2.New York：Vintage Books，1990：4.

[2] Michel Faucault. The use of pleasure[M]//Robert Hurley. The history of Sexuality，Vol.2.New York：Vintage Books，1990：5.

以看出福柯关注性经验的落脚点在于个体自身如何构成自我，发现关于自我的真相。“我的问题不是要确定一个时间，从那时开始便出现类似主体的某种东西，而是要确定全过程，在这个过程中，主体与各种不同的问题和障碍通过远未完成的形式同时存在。因此，这便涉及重新提出主体的问题——而我在最初的形式中或多或少是把主体问题丢在一边了——并且通过其全部历史，试图注意主体问题的逐渐进展或困难。这样说可能有点像是策略的说法，不过，实际上我真正想要做的，就是要表明在性的问题中自始至终都存在着主体的问题，而性尽管多种多样，也不断地遇到主体问题，并使之增长扩大。”[1] 性是关注自我的重要方面，但不是唯一的，福柯意识到这一点，从而更改了自己晚期的写作计划，不单单是关注古希腊的性问题，养生法、婚姻、医学等与自我相关的方面都被福柯纳入伦理视野，并进行了解读。在这里笔者也以对性的分析为代表，阐述福柯的自我伦理学结构。

福柯在与德莱弗斯和拉宾诺的访谈中，总结晚期的研究特别是《性经验史》的研究时说："较之性而言，我对自我技术以及相关方面的问题更有兴趣。”在提到《快感的享用》时，福柯说："写这本书（《快感的享用》）的过程很不顺利，其中一个原因是，我开始是写一本以性为主题的书，写完以后就把它搁在一边。后来，我又把它写成一本有关自我和自我技术的书，性在这里消失了；我不得不第三次重写这本书，尽量在上述两个主题之间保持平衡。”[2] 从福柯的回答中不难理解，就《性经验史》第二卷的写作而言，自我和性是两个研究中心。在古希腊－罗马，不存在规范化的性禁令，性作为伦理道德规范的领域是审美的，是希腊自由男人的个人伦理选择，福柯想探讨的是“古代异教自我技术的方方面面”。福柯一再强调自己的研究目的是“创

[1] ［法］福柯．道德的复归 [M]．蒲北溟，译 // 杜小真．福柯集．上海：上海远东出版社，2004：525.

[2] ［法］福柯．论伦理学的谱系学：研究进展一览 [M]．刘耀辉，译 // 汪民安．福柯文选Ⅲ．北京：北京大学出版社，2016：297-298.

建出一种历史，这种历史有多种不同的模式，通过这些模式，在我们的文化中，人被塑造成各种主体……我试图研究人使自己变为一个主体的方式。这是我目前的工作。比如，我选择了性这个研究领域——男人是如何学会将自己看作是性主体的。我研究的总的主题，不是权力，而是主体”。[1] 福柯对古希腊人的性行为进行讨论也是源于其塑造自我的方式。

在开始对性和性快感进行分析之前，有必要弄清楚福柯提出的一个重要概念，即问题化（problematization）。福柯集中于研究问题化的过程，即考察涉及具体问题时特定的知识模式、论述规则、法规制度、权力运作等的影响。福柯反对任何形式的形而上统一性，问题化思想对具体问题没有绝对的、统一的回答，对问题的回答是多元的，需要返回到历史语境中做具体的分析。杨凯麟总结说：“问题化作用首先就是一种差异化作用；问题架构之所以可能乃来自一种不可或缺的差异性。因此，问题的形构不是知识论上的同，而是福柯透过《快感的享用》与《关注自我》所揭示的美学上的异；它是一种风格学，而不是文法学。”[2] 福柯反对对问题的僵化思考模式，对主体的问题化思考即意味着福柯反对传统的形而上认识论主体，在性活动中主体的单一禁欲形态被解构，主体展现出自我的选择与风格化。在《快感的享用》前言中，福柯说：“在古典时期，性活动和性快感通过自我的实践被问题化，展示出生存美学的标准。”[3] 福柯通过古希腊与基督教时期人们对性行为的态度阐述了自己的问题化主张。基督教在性方面具有严格的规则、禁令，性与堕落、犯罪联系在一起，提倡以生育为目的的一夫一妻制，反对男人之间的性关系。传统观点认为在古希腊－罗马社会中，

[1] [法] 福柯．主体和权力 [M]. 汪民安．福柯文选Ⅲ．北京：北京大学出版社，2016：280-281.

[2] 杨凯麟．自我的去作品化：主体性与问题化场域的福柯难题 [M]. 黄瑞祺．再见福柯：福柯晚期思想研究．杭州：浙江大学出版社，2008：61.

[3] Michel Faucault. The Use of Pleasure[M]//Robert Hurley. The History of Sexuality，Vol.2.New York：Vintage Books，1990：12.

性活动与此完全相反，是不存在任何束缚形式的。但据福柯研究，实际情况并非如此简单。在性快感方面，古希腊的医学已经开始提倡对性活动的节制，年轻人应在恰当的时节享受性快感，性快感的享用不能无节制，要遵从相应的条件，太过频繁的性活动对生命和身体会产生巨大的危害。在夫妻关系中，古希腊人赞扬那些在婚后只与妻子发生性关系的人，认为他们灵魂坚定，是道德高尚的人。在对待同性恋的态度上，古典时期的人们不赞同任何形式的同性之爱，反对男人违反自己的自然本性趋向女性化打扮，娇弱的娘娘腔放弃了男性的魅力，是令人厌恶的。只有善于控制自我、节制的人才能拥有智慧，《会饮篇》中的苏格拉底是典型的代表。但是这并不代表古希腊－罗马社会与基督教社会在性道德方面具有继承性与连续性。基督教世界对全体公民在性活动上具有统一的严格要求，任何人必须尊重戒律。而古希腊社会的性选择完全是个人的行为，当然拥有这种自由选择权的人只是自由的男性公民。古希腊社会对性活动的态度是独特的，并不能简单粗暴地进行归类，而需要具体的分析。基督教和异教在对道德的要求上有相似性，但在具体的执行方式上却有着明显的差别。福柯从四个角度，即性快感、夫妻关系、与男童的关系、性与真理的关系，分析了古希腊性道德的问题化。问题化的研究思路使福柯清晰地表达出古希腊人对主体的塑造是一种风格化的行动选择的观点。

古人对性的态度是严格控制性行为和行为方式，但并不反对有节制地享用性快感。“这项对我们自身进行界定的工作，一方面应该打开历史性调查的领域，另一方面，应当经受现实和现时的考验，这既是为了把握住变化的可能性和方向，也是为了确定这种变化的准确形式。这意味着这种我们自身的历史本体论应当避开所有一切所谓的总体的和彻底的方案。”[1]

[1] [法]福柯．何为启蒙[M]．顾嘉琛，译//杜小真．福柯集．上海：上海远东出版社，2004：540.

福柯讨论以斯多葛派为代表的希腊化－罗马哲学时，没有过多地阐述其宇宙维度，但是在论及社会关系中的自我时，福柯花费了颇多笔墨。在《关注自我》中，福柯从政治和婚姻的角度仔细考察了古希腊－罗马时期的自我与古希腊柏拉图时代的自我的不同，进而突出希腊化时期个体修身的普遍性。斯多葛派晚期代表人物中马克·奥勒留是古罗马皇帝，塞涅卡长期担任重要的政治职务，他们对自我的塑造必然和政治分不开，理清政治在他们的个人行为中的地位和对他们个体塑造的影响是很有必要的，这也是福柯在《关注自我》中详尽阐述希腊化时代政治和个体的关系的原因。在古希腊，婚姻是作为自由而有地位的希腊自由民展现自己风格的领域，自由的男性主导婚姻。而古希腊－罗马时期则有所不同，婚姻双方的地位趋于平等，婚姻对探讨个体的自我塑造来说很关键。婚姻在斯多葛派看来并不属于以名利为代表的外部事物。在塞涅卡看来，追名逐利会上瘾，影响自我建设，而亲情婚姻则有利于自我在道德上的完善。马克·奥勒留认为符合个人理性要求的本就是符合社会的，社会关系是属于理性的，对社会关系的探讨本就在斯多葛派的伦理学中占据重要的地位。在关注自我的过程中会涉及自我与家庭、社会、政治的关系，爱比克泰德认为，应把自我对自我的要求延展到他人，来达到和谐的状态。本章主要是以福柯对婚姻和政治中的自我与他人的论述为关注对象，讨论福柯的主体与社会的关系。

第一节　福柯对伦理的定义：把自我的生活建设成一件艺术品

《快感的享用》主要讨论性在建构自我的过程中涉及的相关的问题，而性的问题在历史上总与伦理道德有千丝万缕的联系，自古至今，性活动总是道德的关注对象。福柯解释古希腊的伦理实体时说："它是性快感，同时它也是行动、欲望和快感。主体化模式是什么？它指我们必须把我们的存在建设成为美好的存在；它是一种美学形式。”[1] 行动在性的三坐标中占据主导地位。古典伦理不存在强迫的规则、禁令，人们为了生存的美好，主动选择具有道德性的性生活，并在选择的过程之中实现自我的风格化。福柯认为希腊伦理更关注现世中自我的修养，宗教以及法律并不适用于古希腊的伦理建设，如何生活才是伦理关注的中心。希腊伦理看中的是自我选择和生存美学。“在古代，这种对自我的操控以及随之产生的禁欲生活并不是通过公民法则或者宗教法则强加到个人头上的，而是个人对于存在的一种选择。人们自己决定是否关注自我。”[2] 对福柯的伦理学而言，它最终指向自我的建构——把自我的生活建设成一件艺术品。福柯谈论性道德最终的目的还是个体自我。福柯对性行为的关注是和福柯对主体的美学伦理建设联系在一起的。福柯的历史谱系化研究方法使其在对古希腊人的性行为研究中发现了主体自我对自身的关注以及个体的美学选择。

为了阐明自己的伦理观点，福柯区别了伦理与道德的观念。福柯认为，道德包括三个方面的内容：首先包括一系列的明确的规则、禁令；其次涉及相关的个体组织对规则的实际执行情况；最后是指在执行规则的过程中，个体与自身的关系，即考察个体如何发展与自我的关系，把自我塑造成主体。福柯把最后的一个方面称为“伦理”。伦理包括一系列的态度、行为、实践，使个体完美地控制自我、建构自我。在《快感的享用》中，福柯提出反思性伦理离不开四个方面的内容：伦理实体（本体论，ontology）、主体化模式（义务论，deontology）、自我的实践态度（修行论，ascetics）、伦理主体的自我实现（目的论，teleology）。四个方面构成一个不可分割的整体，共同构成了福柯的伦理学所关注的内容。《性经验史》第二卷运用

[1] [法] 福柯．论伦理学的谱系学：研究进展一览 [M]. 刘耀辉，译 // 汪民安．福柯文选Ⅲ．北京：北京大学出版社，2016：309.

[2] [法] 福柯．论伦理学的谱系学：研究进展一览 [M]. 刘耀辉，译 // 汪民安．福柯文选Ⅲ．北京：北京大学出版社，2016：173.

谱系学的分析方法对以上四方面的内容进行了考察，以揭示伦理的内涵以及主体的建构过程。

一、福柯的伦理实体：性行为、性快感、性欲缺一不可

所谓的伦理实体，是指我们的文化中与伦理判断相关的部分。福柯的伦理实体具有独特性，他引进了一个新的术语来描述伦理实体——aphrodisia（性活动）。福柯强调古希腊的性活动包括三个方面的内容，即性行为（act）、性快感（pleasure）、性欲（desire）。“在有关性活动的经验中，性行为、性欲、性快感组成了一个整体，其中各个要素当然是彼此不同的，但是互相又紧密地联系在一起。”[1] 性活动以上三方面的运动关系构成了伦理的实体。与基督教强调性欲而忽略性快感的道德观念不同，古希腊伦理学强调三者之间的互动关系，性行为完成的过程中伴随着性快感，而性快感是产生性欲望的原因，三者相互关联，符合人的自然本性。

与基督教认为性欲是罪恶不同，古希腊人认为性活动是自然的种族延续性行为，因为性活动人类才能永恒地生存下去。性活动既然有利于人类，为什么会给人类带来灾难呢？福柯解释说，在古希腊人们已经明白，“性快感并不是罪恶的载体，而是在本体论上或性质上是卑下的东西。这是因为性快感是动物和人类共有的东西（而且，它也不是人类特有的标志），因为它伴有匮乏与痛苦（而且，它与视觉、听觉可能提供的是不同的），因为它依赖于肉体及其需要……当大自然把‘性活动’的快感确定为一种卑下的、从属的与有条件的快感时，就是这种快感的自然冲动及其对于玩的诱惑让性活动逾越了大自然规定的各种界限。”[2] 而这种愉悦能够

[1] Michel Faucault. The Use of Pleasure[M]//Robert Hurley. The History of Sexuality，Vol.2.New York：Vintage Books，1990：42.

[2] Michel Faucault. The Use of Pleasure[M]//Robert Hurley. The History of Sexuality，Vol.2.New York：Vintage Books，1990：48-49.

导致理性、灵魂的地位被取代，肉欲上升至人们的第一追求，本体论的等级制被颠覆。福柯在前期的论述中，身体冲破灵魂的束缚，才能建构自由。在这里，福柯论述古代的伦理思想时，灵魂的理性诉求处于本体结构的上层而不是需要被解构、打破的部分。福柯其实并不矛盾，在谈论古希腊的主体时认为它不是一种单一本源的决定性主体，而是处于被建构状态之中，具有无限的可能性，也就是说主体不是单一的，而是多源的、未完成的状态。“对于古希腊思想来说，这种（性活动）力量本性上就有放纵的潜在性，因此道德问题就是要知道怎样面对这种力量，怎样控制它与怎样确保对它的管理。”[1] 如何把握性活动中的力量，使之成为主体建构的关键？福柯认为，决定性活动是否道德的是两个变量。第一个变量是指性活动的频率以及强度。性活动是人的自然本性，但是超过一定的限度就意味着纵欲了，并不符合伦理的要求。在柏拉图看，来违反生育原则的性行为，比如男童之爱，并不是需要被禁止的反常行为，而只是一种对快感的放纵行为；亚里士多德对人们合理的自然欲望并没有给予批评，但是他反对性行为的过度。第二个变量是指在性活动中扮演的角色。性活动的双方有主动和被动的区分，古希腊认为，异性之间的性活动以及同性之间的性活动都属于享受性快感的正常行为。但是古希腊在性行为过程中的施动者和受动者之间划出了明显的界限，男人具体指享有自由的成年男性，在性行为中应该占据主动，扮演施动者的角色，而女人、男童、奴隶在性行为中是受动者。享有自由的男性如果在性行为中是受动者，他的行为就是不道德的。福柯认为，古希腊提倡自由男性公民在性行为中努力掌握主动权，控制性行为的数量，这样做有利于个人伦理的发展。但是古希腊对性行为没有明确的规定性，个人享有充分的自由，自主决定自己的性行为，福柯取消了标准

[1] Michel Faucault. The use of pleasure[M]//Robert Hurley. The history of sexuality, Vol.2.New York : Vintage Books, 1990 : 50.

的强制性，代之以差异的多样性。

福柯所认为的伦理实体是自我的部分，个人在此基础上规范自己的行为，建构自我，而自我有多种多样的形式。性活动本身是自然的，但极易放纵过度，男人在性活动中应该规范自己的行为，掌握主动性，而不过多地进行性行为，防止过度性行为危害自己的伦理建构。福柯把性活动演变为一种具有行动性的自我建构行为，是动态性的伦理实体。性不是单独的行为，而是与伦理建构联系在一起，决定了自我对自身的关系。性并不是一个抽象的概念，而是包含着一系列的行为与感觉，包含着个体的选择。

二、福柯的主体化模式：道德符码、个体选择的冲突与和解

福柯解释主体化模式："主体化模式，即人们被吁请或者被激励去发现自身的道德义务的方式。比如说，它会不会就是在文本中已经得到揭示的神圣的律法？它会不会就是在任何情况下对任何生命存在都适用的自然法则、宇宙秩序？它是理性法则吗？它是让你的生存可能获得最美丽的形式的尝试吗？"[1] 何乏笔在他的文章《从性史到修养史——论傅柯〈性史〉第二卷中的四元架构》中分析福柯对主体化模式的定义时认为，福柯在这里提到的四个问题揭示了欧洲道德发展的脉络，神圣律法指的是基督教，自然法则、宇宙秩序指的是斯多葛派，理性法则指的是康德的伦理学（福柯自己在文章中也指出，理性指的是康德的普遍性），而美丽的形式补偿指的是古希腊道德。[2] 福柯对斯多葛派的论述集中在苦修与自我锻炼方面，并没有过多涉及自然法则、宇宙秩序方面，虽然在《主体解释学》中，福柯对斯多葛派的自然宇宙方面有所提及。笔者认为，福柯把古希腊、古罗

[1] [法]福柯．论伦理学的谱系学：研究进展一览[M]. 刘耀辉，译//汪民安．福柯文选Ⅲ．北京：北京大学出版社，2016：307.

[2] 何乏笔．从性史到修养史——论傅柯《性经验史》第二卷中的四元架构[J]. 欧美研究，2002（3）：448.

马的道德归结为伦理塑造，认为它是一种美学化的生存选择，与基督教和康德追求普遍性、禁令性不同，是一种与后现代波德莱尔式的浪荡子类似的自由选择。当然，需要在这里进一步指出，福柯欣赏波德莱尔不在于波德莱尔艺术性的追求，而在于波德莱尔对自我的自由塑造。这和福柯晚年从事性虐恋体验一样，看似惊世骇俗，却是福柯对个体自由坚定、执着的守护。在性方面同样如此，福柯坚持性选择的自由是他对个体自由的守护。

性快感的享用是主体化模式的一个最重要的方面。古希腊人与基督教在性快感的追求上完全不同，基督教的性快感享用原则具有普遍性，要求每个个体都必须遵从，而古希腊的性快感享用原则并不要求每个个体都必须遵从，这是一种风格化的个人选择，人们从事性活动没有禁止或允许的倾向，个人根据适度的原则控制自己的性活动，个体性活动决定着个人的道德地位。“为了把个人塑造成伦理主体，个体不是通过把自己的行为准则普遍化，而是通过一种使自己的行为个性化来不断调整个体行为的态度与追求。”[1]福柯认为，在认为性行为合理性的同时，应该反思自己的行为，以防止对自由和合理性的乱用。

福柯认为，性活动的反思需要关注三个方面的内容：第一，需求。在分析伦理实体时，福柯已经指出性欲极易导致低级的肉欲需求，过度的性欲使人只是追求低层次的道德。有一个很重要的原则能避免追求低级欲望，那就是将人类的需求作为享用性快感的界限，放纵性活动是一种不满足需求的性行为，是多余的。第二，时机。在享用性快感时必须选择恰当的时间与地点，古希腊人对从事性活动的季节和年龄是有严格规定的。人可以享受性快感，这是道德的，但在不恰当的时机追求性快感则使人远离了伦理的要求，无法成为一个有修养的人。第三，身份。福柯认为在古希腊，

[1] Michel Faucault. The use of pleasure[M]//Robert Hurley. The history of sexuality，Vol.2.New York：Vintage Books，1990：62.

只有贵族及想从政做出表率的公民才更应该关心自己的性活动。古希腊对享用性快感提出了一些建议，但是是否履行，要看个人的具体情况，这是个人的自由，不必服从普遍的法规，是美学的生存。1983、1984年，福柯在法兰西学院的演讲中着重强调对自我的治理，很显然在涉及性行为时，福柯也认为这是一种对自我的治理行为。主体化模式也被称为一种服从模式，着重强调道德符码与个体自我的冲突与和解，即个体如何在保有自我选择自由的同时，遵循法则。现代人总是利用权力，把不遵循规则的人视为异类，利用公权力对其进行打击、诋毁、规训，而在古希腊，是否遵循道德的偏好，是个人自我的伦理选择，社会不会用规则控制个人的行为选择。福柯无意颠覆所有的法则，他只是不喜欢历史学家总是把偶然事件牵强附会地改写为必然的方式。福柯从未否定“不同的人以及不同的历史阶段可能以不同的方式服从于同样的法则”。[1] 福柯在主体模式中就是要发现这些法则，并对照查看古希腊人的自由选择。福柯的主体化模式指出了古希腊贵族的性行为原则，同时，福柯认为这些原则并不强制个体按照规则去执行，而是遵从个人自愿的原则，把个体建设为审美的风格化个体是福柯的主体化模式最终的追求。

三、福柯的自我实践态度：自我修炼自身

前文已经讨论了福柯伦理实体的内容和要求，那么如何实现伦理实体自身呢？福柯在这里分析了希腊语“enkrateia”这个术语，它表示一种自我控制自我的行为，即在欲望领域中自我作用于自我，把自己建设成节制的行为主体。古希腊人认为，欲望本身是自然的，但是它是人类和动物共享的部分，是主体的低级成分，适当地满足欲望是正当的，但是一旦低级

[1] 阿诺德·戴维森．福柯、谱系学、伦理学[M]．迟庆立，译//汪民安，陈永国，马海良．福柯的面孔．北京：文化艺术出版社，2001：214.

的欲望支配了自我的整体，那就是不道德的行为。基督教认为性欲望是邪恶的，个体只有在弃绝性欲望之后，才能专注于心灵。在《会饮篇》的最后部分，亚西比德的发言中，苏格拉底控制了自我的欲望，拒绝了亚西比德的性诱惑，但这并不代表苏格拉底对亚西比德不存在欲望，苏格拉底是爱亚西比德的，正是在拒绝的过程中，苏格拉底完成了对自我的道德塑造，成为一个道德高尚的人。而在基督教中，苏格拉底对亚西比德存在欲望这件事情本身就是非道德的，是违反戒律的行为。苏格拉底有对自我的控制、选择的自由，而基督教中的个体是不存有这种自由的。控制欲望不仅涉及对外部诱惑的抵制，更指自身内部对性欲望的自我较量。古希腊道德是一种选择性的自我控制，而并不是压抑欲望、忽视欲望。

在《申辩篇》中，特尔斐神谕说苏格拉底是世界上最智慧的人，苏格拉底的朋友卡列丰追问，世界上是否有比苏格拉底更富有智慧的人，神谕说没有比苏格拉底更有智慧的人了。苏格拉底并不明白神谕的意思，他开始在从事各种不同行业的人中探求更有智慧的人。他所接触的人都认为自己懂得一切，而实际上他们一无所知。苏格拉底由此得出结论，正是因为他自己知道自己的无知，所以是世界上最有智慧的人。一无所知的苏格拉底，源于对亚西比德的爱，认为他可以把亚西比德变成一个关注自我的好人。但是苏格拉底并没有说明以何种方式改变亚西比德，以何种方式关注亚西比德的灵魂。在《斐德罗篇》中，苏格拉底认为灵魂中蕴藏着知识，人之所以拥有理性知识。在于对灵魂中以前存在的景象的回忆，回忆是寻求知识的手段。“对于柏拉图来说，源初的、本源的东西是运动，即产生自身和作为自身的运动——就是说——灵魂。”[1] 灵魂是人最高的追求，灵魂的自我必须战胜低层次的肉欲的自我。柏拉图的著作在这方面为后世形

---

[1] [法]皮埃尔·阿多．古代哲学的智慧[M]．张宪，译．上海：上海译文出版社，2012：5.

而上哲学的发展奠定了基础。福柯主动忽视柏拉图哲学探求灵魂、绝对真实的方面，而关注柏拉图著作《申辩篇》《亚西比德篇》等作品中苏格拉底鼓励人们对自我的探求，通过自己的思考发现真理的部分。福柯强调柏拉图哲学行动性的一面，但是相比斯多葛派哲学通过一系列行为如沉思、写作、自我审查、练习死亡来锻炼自己，以期能在生命中平静地面对任何灾难性实践的伦理指向道德，还是有很大差距的。苏格拉底在很多场合奉劝他的爱人亚西比德要关注自己的灵魂，虽然亚西比德被劝服，但是他并没有真正实践，最终导致亚西比德在政治阴谋中被谋杀，亚西比德成就了自己的军事天赋，但是其道德为人诟病。

福柯在伦理学的自我实践中主要强调个体自我的修行和实践，这对福柯的伦理学来说是最重要的部分，福柯通过对自我的讨论关注他人与社会。"在古希腊－罗马世界中，关注自己曾经是一种模式，是个人的自由——或者在一定程度下的公民自由——将自身反应为伦理学所采之模式。"[1] 个体是人的总体的组成部分，福柯通过对个体自由实践的讨论来揭示自我与真理的关系。福柯的个体并不寻求共性的内涵，而是追逐多样性，在对自我异质性的寻求中转变自我，建构自我的生活模式和生存方式，而这种自我对自身的修炼是福柯晚期对主体生存的解救之道。

四、福柯伦理主体的目标：自我实现

伦理主体的自我实现主要是指个体把自己建设成为自我的主体，控制自己的行为，在此基础上实现对自我和他人的治理。在柏拉图的《亚西比德篇》和亚里士多德的《政治学》中，作者均强调，只有自我具有良好的德性，城邦才可能是道德的，个人的行为决定了城邦的繁盛。古希腊政治

[1] 黄冠闵．福柯晚期主体的形构与转化 [M]. 黄瑞祺．再见福柯：福柯晚期思想研究．杭州：浙江大学出版社，2008：86.

往往和公民个人对自我的控制联系起来，政治地位重要的人尤其要节制自己的性行为。道德高尚的人才能有效地统治国家，赢得人民的信服。另外，在古希腊，成为自我建构主体的是城邦中的自由男性，女人、男童、奴隶是性行为的受动者，不能控制自己的性活动。男人应该在性行为中承当主动者的角色，只有这样才有可能成为道德的主体。自由的成年男性可以自由选择、控制自己的性行为。

在古希腊，自我塑造的行为与认识和逻各斯分不开，在《亚西比德篇》中，认识自我和控制自我的关系已经成为关注的焦点，这里不再赘述。福柯认为，在古希腊，人们只有遵循逻各斯的要求，才能克制欲望，控制自我的性行为，这与之前分析的欲望和理性处于主体地位是呼应的，当然福柯此处的理性指的是实践之中的理性，强调理性对行为的指导。逻各斯对主体的主要作用还是在于自我对自身的认识，灵魂因为回忆，目睹了真实的美，只有控制自己的性行为才能发现真理，这种与真理的关系，使自我节制自己的性行为，发展为一种生存美学，这种有节制的生活“以真理为基础，既尊重某种本体论的结构，又显示出美的形象”。[1] 自我的风格化正是伦理实践的目的。福柯说：“我确实认为风格问题在古代经验里是个中心问题，它包括与自我的关系的风格化，行为的风格，与他人关系的风格化。古代的人们不断提出这样一个问题，即是否能确立一种风格，它对各种不同的行为领域都是共通的。若发现这样的风格无疑可以确定主体的特性。到公元二、三世纪罗马帝国时期，才开始考虑‘风格道德’的统一性，而且立即便从规约准则和真理的角度考虑。”[2] 福柯认为，古希腊的伦理主体的目标是把自己建设成为风格化的个体。

---

[1] Michel Faucault. The use of pleasure[M]//Robert Hurley. The history of sexuality，Vol.2.New York：Vintage Books，1990：89.

[2] [法]福柯.道德的复归[M].蒲北溟，译//杜小真.福柯集.上海：上海远东出版社，2004：516.

以上四方面的内容既独立又相互联系，共同构成福柯的伦理学。其实福柯的伦理学与基督教的伦理学在道德符码方面本身没有特别根本性的差异。“福柯坚信，而且许多传统的历史学家也持相同的观点：希腊的道德符码同基督教的道德符码之间不存在大的断裂。”[1] 福柯的独特之处在于他对伦理主体即个人的关注。福柯要写一部古希腊伦理的谱系学专著，关注古希腊的风格化美学选择。“伦理实体是什么呢？它是性快感，同时它也是行动、欲望和快感。主体化模式是什么？它指我们必须把我们的存在建设成美好的存在，它是一种美学形式……古典伦理不会强迫任何人如此作为：如忠于自己的妻子，不与男童进行身体接触，等等。但是，如果他们想拥有美好的存在，获得好的名声，力图去统治他人，他们就必须这样去做。为了存在的美好和荣誉，……它是一种选择，一种个人的选择。”福柯受到阿多的深刻影响，认为哲学是一种生活方式，但很显然，福柯是独特的，阿多强调古希腊哲学的行动性，但行动性最终指向的是自我对自身的超越；福柯强调古希腊哲学的风格化、美学化，行动性最终指向的是自身，而不是对自身的舍弃。阿多并没有对柏拉图或者柏拉图哲学本身给予很多评价，阿多强调，柏拉图建立的学园本身是一个鼓励不同意见对话的场所，而对话在学园中是一种生活形式。这种生活选择，“以一种哲学方式生活，首先意味着转向理智的和灵性的生活，实现一种握住‘整个灵魂’的皈依，及那种完全道德的生活”[2]。在这里，阿多提到的道德和福柯的伦理不是同一意思，阿多这里的道德指向的是美德、纯粹的善，而福柯论述古希腊包括柏拉图的思想时偏重于伦理，福柯的伦理更多的不是指统一性的美好，而是指自我对自我的改造，自我的行动性。阿多说：“在整个古代哲学中，

[1] [法]吉尔·德勒兹.什么是dispositif？[M].汪民安，译//汪民安，陈永国，马海良.福柯的面孔.北京：文化艺术出版社，2001：216.

[2] [法]皮埃尔·阿多.古代哲学的智慧[M].张宪，译.上海：上海译文出版社，2012：64.

哲学在于这样的运动，通过它，个人使自己向着某种在他之外的东西超越。对于柏拉图来说，这某个东西就是逻各斯——隐含对理性和普遍性要求的辩论。”[1]而与此截然相反，福柯反对逻各斯的普遍理性。阿多希望在现代社会复现古代道德的建设，表现出明显的怀旧倾向，而福柯对古代哲学的论述是指向现代哲学的。福柯反对统一性、普遍性、先在等观念，其本质上尊崇的是波德莱尔，而不是苏格拉底。

福柯认为，与自我的关系及伦理有四个方面的内容：伦理实体、主体化模式、形成自我的实践、自由地成为自我主人的目的。福柯从伦理学的四元结构的角度，对伦理学进行了深刻的剖析，对伦理的实体、要求、实现途径和实现目标都一一做了交代。福柯说："依我看，在那个不属于我们时代的阶段（古希腊），并没有什么值得效仿的价值……它也不是什么值得我们重新关注的阶段。但是那个阶段的确存在有关伦理经验的例子，它意味着快感和欲望之间的联系密切。"[2]也就是说对福柯而言，从性的维度考察古希腊伦理是很值得现代社会和个人参考的。但是古希腊的伦理到底是怎样的状况呢？福柯对自己的伦理学内容进行了分析之后，接着在《快感的享用》中从养生、妻子、与男童关系的角度分析了古希腊伦理中自我与自身的关系，这是本章下一节讨论的重点。

第二节　福柯对古希腊生活中风格化自我的考察

古希腊哲学和古希腊人的生活方式密不可分，法国古典研究专家皮埃尔·阿多就认为，在古希腊，哲学是一种生活方式。福柯认为古希腊伦理

[1] [法]皮埃尔·阿多. 古代哲学的智慧[M]. 张宪，译. 上海：上海译文出版社，2012：62.
[2] [法]福柯. 论伦理学的谱系学：研究进展一览[M]. 刘耀辉，译//汪民安. 福柯文选Ⅲ. 北京：北京大学出版社，2016：152.

关注的主要维度是自我与自身的关系。古希腊伦理强调个体的行动性，强调个人对当时生活的参与。当代哲学否定“现在”的观点，如德里达，他否定在场的形而上学，即否定在场的背后有统一的形式支配着在场，“德里达认为，这种超越现在这里的永恒的本质性的东西事实上并不存在。按理，德里达在取消那种貌似永恒在场的形而上学的另一个世界之后，会肯定现在这里的（即真正在场的）这一个世界为唯一的真实存在，但是，他并没有停留在现在这里的存在上，而是走得更远，不仅取消了形而上学所独断的另一个世界的真实性，也取消了现在这里的这一个世界的真实性，而进入了无穷无尽的差异游戏之中。”[1]这种哲学倾向导致哲学远离生活，忽视当下人的存在状态。福柯受到阿多的影响，赋予现在以独特的地位，自我是在现在的时间轴上塑造自我。哲学作为一种生活方式，总是和在场分不开，展现当下的意义，才真正地意味着关心自我。福柯关注古希腊哲学家对生活的风格化选择，突出个人的当下选择自由。

福柯考察“性”这个概念，并发现在古代文献中“性”并不具有今天人们赋予它的观念。福柯考察现今社会“性”观念的建构，对性行为的考察使福柯对如何形成现代社会的性观念极为感兴趣。福柯把视角深入到古代异教社会，追溯古代异教社会的性观念，并在其中发现了其与现代社会性观念的断裂和不同之处。福柯问题化的研究思路，使他重视对具体历史条件下个体差异的寻求，这种研究思路让福柯对性问题化着迷，也构成了福柯《性经验史》第二卷《快感的享用》的研究思路。在对古希腊社会性观念的考察中，福柯发现了性行为对个体风格化形成的重要作用和意义，并在考察过程中围绕着性行为的养生学、家政学、男童之爱，对个体在性行为中的风格塑造的多样化展开阐释。在福柯看来，个体审美性的自由追

[1] 彭锋．重回在场——兼论哲学作为一种生活方式 [J]. 学术月刊，2006（12）：46-52.

寻在古希腊占有重要的地位。性行为是个体延续的基础，是主体问题的重要组成部分，福柯对性的考察使我们意识到在历史具体语境下个体选择的偶然性和差异性。在与基督教性行为的规则对比中，福柯阐述了历史的断裂性和自我行为在古代希腊的审美性和自由性。

福柯在与德莱弗斯和拉宾诺的对话中说："我写完《肉体的忏悔》——这本书与基督教有关——后，不得不重新审查我在《快感的享用》的导论中关于异教伦理的说法，因为那仅仅是从一些二手文本中借来的老套说法。我后来发现这样几点：第一，这种异教伦理表面上显得大度包容，实则不然；第二，与基督教相关的大多数酷刑主体几乎从一开始就得到充分呈现，同样地，在异教文化中，主要问题并非苦行规则，而更多的是自我技术。" [1] 福柯关注性活动，但是福柯并不认为古希腊的性活动是泛滥而不讲究节制的，性活动是福柯谈论古希腊伦理的突破口，涉及养生法、夫妻关系、与男童的关系、与真理的关系四个方面的内容，福柯详细谈论了个人的伦理在古希腊生活中的应用问题。

一、福柯在古希腊养生法中对风格化自我的建构

养生法主要是个体对自我的塑造，福柯从四个方面论述养生法，总结了古希腊人养生法的方方面面的内容。首先，养生法是古代人关注身体的主要方式。人们为自己的行为创建了一系列的准则，主要涉及饮食、性活动、身体锻炼、睡眠等方面的内容。其次，养生法不仅涉及身体方面的内容，还关乎理性与灵魂，只有身体与理性达到和谐的状态，个人才能审美地生活。过度关注身体会损伤灵魂，运动员过度锻炼身体就会使灵魂在身体中沉睡。再次，养生法不存在统一的规则，个人要根据自己所处的环境、

[1] [法] 福柯．论伦理学的谱系学：研究进展一览 [M]. 刘耀辉，译 // 汪民安．福柯文选Ⅲ．北京：北京大学出版社，2010：298.

个人的条件来从事养生活动，养生法是一种生存选择。最后，福柯认为，古希腊的养生法是一种生存技术，所谓的生存技术是指个人的主动选择性。基督教中人们为了靠近上帝，让上帝的意志统一人类，个人不具备主动性。而在古希腊，养生法是一种关于自我与自身关系的实践，自我必须对自己的生活有合理的安排。

在希腊人看来，性活动本身并不是应该被禁止的行为，但是过度的性行为会影响健康。因此，希腊人关心身体与性快感的关系。性活动在养生法中占据重要的地位，福柯对此进行了具体的论述。福柯主要是借助于希波克拉底的著作来分析古希腊社会性活动与养生法的关系与原则。希波克拉底将一年按气候环境的不同进行严格区分，而个人根据自己的体质、年龄，在固定的时间饮食、从事性活动，调整自我的生存状态。性活动本身是合理的，但在享用方面，古希腊人给出了限制条件。过度的性活动会损伤人的器官，性放纵导致器官衰竭。个体要想培养自己的道德，必须限制自己的性活动。繁衍后代是生命延续的手段，通过这种方式人类才能达到永恒,但是为了保障后代的质量,必须控制自己的性活动。为了后代的健康，父母必须在合适的年龄生育，并且要锻炼身体，修炼自己，避免在喝酒的时候受孕。柏拉图和亚里士多德都认为，在严格控制的条件下生育，也是对城邦的责任，这里涉及个体与政治、他人的关系问题，笔者在论述福柯与斯多葛派的关系时还会对此做进一步的阐述，这里就不做赘述。

性活动关系到人的生存和死亡。激烈的性活动消耗精力，在古人看来也是一种疾病，福柯通过列举希波克拉底、柏拉图的观点来证明这一论点，即性活动需要节制。希波克拉底认为性行为意味着一种对抗，但女人在性活动中处于被动地位，性活动有利于女人的健康，但是对男人而言却并非如此。在古希腊人看来，男人的精液异常珍贵，是神与人的结合。在柏拉图的《蒂迈欧》中，柏拉图就认为精液是灵魂与肉体的纽带，性活动虽然能导致人类的永恒延续，但是对个体而言，精液的排泄是生命的消耗，男人过多的性活动导致身体重要部分的缺失，会影响到身体与灵魂的健康，也就是说过度的性活动不仅影响身体，也影响到主体的自我塑造活动。福柯在关注古希腊的性活动时，对比中国古代和基督教对性活动的态度，突出古希腊性活动的合法性、自我选择性与主体性。

福柯在评述古希腊的养生法时突出了个体对自身的自由支配和选择，对福柯而言，这符合伦理的要求。在这里，福柯通过对规范和原则的拒斥来反衬对个体风格化的选择。

二、福柯在古希腊夫妻性关系中对风格化自我的建构

在古希腊，夫妻之间的关系牵扯到合法继承人的问题，是福柯在考察古希腊性活动时一个重要的关注点。福柯引用高罗佩（Van Gulik）的观点，认为在古代，中国妻子的地位和提供性快感的程度有密切的关系。（这个观点存有很多值得思考的争议之处，但是这并不是本书要讨论的重点，暂且不做过多回应。）而在基督教严格的禁欲教条下，和妻子之外的人发生性关系是非法的行为，性活动也应以追求生育为目标，而不是以产生快感为目标。而与此不同，在古希腊，婚姻与生育有关，而性快感是合法的，与婚姻没有必然的联系。在古希腊并不存在要互相忠诚的观点，妻子在婚姻、性活动中处于被动地位，要忠于丈夫，男子在婚姻关系中处于主动的地位，婚姻并不能限制自由男子的性生活，古希腊道德不禁止男子婚姻之外的性行为。但是结过婚的男子关注自我，只与妻子发生性关系，是道德高尚的表现，因为这涉及家政学，与对家庭、城邦的管理有着密切的关系。

男人对家政的管理关系着自身在城邦中的地位，妻子在家政管理中扮演着重要的角色，但是妻子是否能管理好家政却并不是由自己决定的，而

是由丈夫对妻子的教育决定的。妻子如何吸引丈夫，始终成为丈夫的性欲对象呢？这不是由妻子的长相和化妆打扮决定的，因为妻子化妆在古人看来是一种虚假的伪装行为，是应该遭到否定的。在劳动中，妻子是健康的和富有吸引力的，是真正的美丽，这也决定了妻子在家庭中的地位。古希腊社会并没有规定丈夫对妻子的性忠诚，但是家政学中妻子的表现决定了妻子在性活动中的特殊地位——高于丈夫的其他性活动对象，并且诞育合法后代。妻子能否成为好的家政管理者主要取决于丈夫是否照看自己的性行为并努力培养妻子，妻子在家政中处于被支配的地位，妻子的行为是考验丈夫自我照看能力的依据。

节制，对自我的控制一直是福柯在论述古希腊伦理学时的一个必不可少的维度。在家政学中，福柯详细论述了柏拉图的《法律篇》，以及伊索克拉底和亚里士多德学派在《家政学》中对节制的要求。在这里需要特别指出，《家政学》中丈夫的性行为关系着他在城邦中的地位。在《法律篇》中，性行为没有严格的道德、律法要求，但是合格的城邦公民要尽量做到为了城邦的利益、个人的荣誉而规范自己的性行为。柏拉图试图建立自己的理想城邦组织形式，他强调关注自我，规范性行为的落脚点总是建立理想的城邦这一政治理想。伊索克拉底列举了著名的统治者尼古克勒对性快感的控制、对合法后代的关注，以此获得城邦民众的信服，成为合格的榜样的例子。统治者关注与自我的关系，不是因为社会的禁令，而是因为想成为表率、榜样。亚里士多德学派的《家政学》认为，性行为是一种自然的行为，但是人类不同于动物，不仅需要生存还需要认真地生存。在夫妻关系中，丈夫处于统治的地位，但是丈夫不寻求婚外性关系是道德高尚的表现。总之，在古希腊，夫妻之间的性关系直接关系到男子对自我的关注与生活选择，没有统一的普遍法则与标准，但是，规范自己的性行为是道德高尚的表现。福柯认为："在古代，对自我的操控以及随之产生的禁欲生活并不会通过公民法则或者宗教法规强加到个人头上，而是个人对于存在的一种选择。人们决定是否关注自我……我们必须把自我、我们的生命、自我的存在当作艺术的主要工作给予关注，并且把它们视为我们应用美学价值的主要领域。"[1] 在福柯看来，节制是一种美德，是培养自我与自身关系的重要方式。福柯说："禁欲主义是一种对快乐的弃绝行为，名声很坏。但苦行却是另一种东西：它是人自己对自己承担的工作，目的是使自己被改变，或使这一自我显现出来。"[2]

三、福柯在古希腊同性之爱中对风格化自我的建构

福柯自己的同性恋经历使他对古希腊同性恋尤其是成年男子与男童的关系给予了更多的关注。在福柯看来，与男童的关系不仅是古希腊性活动的中心，也是古希腊人社会生活的中心。在古希腊著名的讨论爱情的《会饮篇》中，七位发言人都流露出同性恋爱是高尚的、真正的爱情的观点。

福柯认为，古希腊并不存在异性恋与同性恋的区别，法律并不禁止、惩罚同性之间的性行为，无论是同性还是异性之间的性行为，都应该以追求美与高贵为目标。但同时，古希腊人讨论同性之间的性行为，认为这是一种特殊的性行为，是追求风格化的个人选择行为。福柯认为，古希腊对男童之爱并不存在支持与反对的态度，关键在于是否坚持一种美学化的克制选择。在古希腊，同性关系之中有两种角色，即爱人（be loved）与情人（the lover），爱人通常年轻、貌美，亚西比德就是非常有名的爱人，受到许多年长男性的喜欢，苏格拉底就曾在波提狄亚战役中冒着生命危险救回了自己的爱人亚西比德。情人通常年长，有追求、保护、教育爱人的义务，苏

[1] [法] 福柯．论伦理学的谱系学：研究进展一览 [M]. 上官燕，译 // 汪民安．福柯读本．北京：北京大学出版社，2010：313.

[2] [美] 詹姆斯·米勒．福柯的生死爱欲 [M]. 高毅，译．上海：上海人民出版社，2005：354.

格拉底就是模范爱人的代表，肯为爱人冒险，教育爱人关注自我，同时并不诱惑爱人与之发生性关系。爱人与情人在同性之爱中有不同的行为道德，对情人来说，他必须是主动的一方，应采取行动吸引爱人的注意力。对爱人来说，轻易就被追求上也是不光彩的，他同时也具有选择的自由。在《会饮篇》中，阿里斯托芬认为，人类起先是一个圆团，腰和背都是圆的，有四只脚，四只手，前后两张面孔，孔武有力，由于他们对自己的力量太过自信，以至于想挑战神的权威，于是宙斯就下令把人截成两半，以惩罚他们对神的不忠诚，被截成两半的人在人世间千方百计地寻找他们丢失的另一半，也就是在寻找爱情。而爱情因前世的姻缘分为三种：男女之间的爱情、男人与男人之间的爱情、女人与女人之间的爱情。而第二种人最有男人气质，因为他们勇敢、坚强，因为情人和爱人处于绝对的自由中，相对于夫妻关系来说，男人与男童更加独立，他们之间追问的是爱情本身。

对于男童来说，被很多情人追求是一件值得炫耀的事情，因为这证明男童拥有美丽和爱情。但是男童在爱情关系中把握不好自己，会给他成年后的生活带来负面的影响。情人与奴隶、女人不同，在性活动中不应该是单纯的被动角色，年轻人长大后是自由的公民，需要参加城邦的建设，在性活动中的被动性会让他的声望受到不好的影响，使他无法在城邦中担任领导者的角色。男童应该是自主的，并在性活动中影响追求者，战胜他们，让追求者得到快乐，当然这种快乐并不一定是指性快感。古希腊人关注同性之间的关系，关注的焦点并不在于性行为本身，而在于在这种性行为中情人与爱人的行动，情人与爱人的关系更像一种游戏，而在这种游戏中，双方得到了锻炼。同时也是在控制性快感的行为中，追问自我与真理的问题，使哲学与性有了沟通联系。

四、福柯在古希腊性活动与真理的关系中对风格化自我的建构

福柯认为，与男童的关系涉及真理问题，在《会饮篇》中，已进入老境的苏格拉底并不同意前面的发言者对爱的看法，他认为他们并没有回答爱情是什么的问题。苏格拉底认为，爱情是一种精灵（daemon），介于神圣和世俗之间，因为他的母亲是贫困（poverty），他的父亲是富裕（plenty）。“和人们想象的爱情是文雅和美丽差得很远，他赤着脚，无家可归，和他的母亲一样，他总是在贫乏中生活。但是因为他父亲的缘故，他总是执着地追求美和善，因为智慧是最高的美，爱情总是追求智慧，所以爱对哲学家是必不可少的。”[1] 爱不是一种占有，而是一种缺失，其精髓就在于永不可得，而有心人孜孜不倦以求索。在《申辩篇》中，特尔斐神谕说苏格拉底是世界上最智慧的人，苏格拉底并不明白神谕所暗含的意思，他在政治家、诗人和工匠中长时间探寻，以期发现比他有智慧的人，所有被他询问的人都认为自己懂得一切，而事实上他们一无所知。苏格拉底由此得出结论，最智慧的人明白自己微不足道。基尔凯郭尔认为，自己唯一确定的只有一件事，那就是他自己不是一个基督徒，但是从未有人怀疑基尔凯郭尔对宗教的虔敬。苏格拉底之所以被神谕宣称为最有智慧的人，那是因为苏格拉底知道自己一无所知。爱情总是在人们的孜孜以求中和真理联系在一起，福柯更进一步认为，男童之爱揭示了爱情的真谛，和真理尤其相关。在《会饮篇》中，亚西比德把苏格拉底比作西勒诺斯雕像，外表索然普通，但是肚子里却装的是智慧和神圣。对亚西比德而言，像西勒诺斯的苏格拉底是令人着迷的，他散发着不可思议的诱惑，成为苏格拉底就意味着成为新的智慧自我。亚西比德认为，如果能成功地诱惑苏格拉底，那么他也会成为苏格拉底似的人物。亚西比德对苏格拉底的赞赏意味

[1] David K.O’Connor.Banquet[M]. translated by Percy Bysshe Shelley. Indiana：St Augustine Press，2002：45-46.

着诗人对美的崇尚，对真理的寻求。最厉害的情人能使爱人在性活动中寻求真理。

福柯认为："在我们与我们的性之间，西方放置了对真理的一个永不完结的要求：我们的任务是汲取有关性的真理……而性的任务是向我们讲述我们的真理。"[1]柏拉图把与男童关系的性问题转化为对真理的认识问题。情人与爱人的地位是平等的，最高的追求不是性快感，而是对真实的认识。在这里需要对真理解释一下，所谓的真理更准确的称呼应该是真实。世界上并不存在绝对的、不考虑任何存有条件的、绝对的真理，只是存在相对的、在具体历史条件下的真实，而因个人视角的问题，真实或多或少带有主观性，而要达到尽量客观的真实需要尽量排除个人的视角，在具体的标准之下认识事物。福柯很明白，人无法达到真理，他认为个人在性对象那里要寻找到的是智慧，就如亚西比德要在苏格拉底那里寻求到的，个体只有努力锻炼自我、克制欲望才能通向真实，就如《斐德罗篇》中，要想找到翅膀向天堂飞升，不仅要寻找到爱情，还应该控制自我，追求美德。

关注身体的养生学、关注男人作为家长在家庭生活中的表现的家政学、关注男人与男童关系的爱欲学被福柯认为是古希腊自由男人生活风格化的三个表现领域。福柯并没有否认古希腊人对道德符码的遵从，福柯欣赏的是古希腊人遵从道德符码的风格化方式。他们不是采取司法的强制的手段，而是把自我在三个领域的表现看作是对自我生活方式的自由选择。在基督教世界，道德强调唯一正确，道德规则必须人人遵守，没有选择性。但是，福柯认为，在古希腊性活动中已经出现了节制、控制自我的观点，但性活动不存在普遍的约束性戒律。性活动是一种伦理实践，这里的伦理是强调行动性的道德活动，个体在自我性行为中完成自我的塑造。布朗肖说，福

[1] [法]福柯．论伦理学的谱系学：研究进展一览[M]．上官燕，译//汪民安．福柯读本．北京：北京大学出版社，2010：320.

柯“和尼采一样，从古希腊人那里寻求的不是什么公民的共有的道德规范，而是一种个人道德准则，这种道德准则能容许他将自己的生活创作成一件艺术品(这是他的生活的目的)。”[1] 福柯努力构造生存的美学。在福柯看来，“在我们这个社会，艺术仅仅与物相关而与个人或者生活无关。它是由艺术家一类的专业人士制作的特殊之物。但是个人的生活就不能成为一件艺术品吗？”[2] 福柯认为,古希腊对性活动的思考与态度是古希腊人生活的艺术，是风格化的个性生存美学。生存美学的概念对福柯的自我伦理学而言非常重要，“这一主张涉及在关注和创造自我之间建立一种美学关系，而不是统治和服从的关系。这一主张致力于改变自我，以实现自我的风格化。当然，并不涉及为人们已经意识到的伦理学的辩解，但是的确可以视为个体可能实现的多样的伦理关系的转变。”[3] 福柯的生存美学概念立足于对自我与自身关系多样性的探求。福柯不满意对古代性关系的程式化研究，充分肯定了古代性关系的多种可能性。福柯强调对古希腊性关系的研究是以创建真实的自我为目标，个体是否遵循美学化的生存方式就取决于个体的风格化选择。福柯在自己的一生中极力反对所谓的规范、法制，并不是说福柯取消了所有的价值标准，而是他看到了规则身后隐藏着的暴力和危险，福柯希望现代个体塑造自我的形式多种多样，以逃脱被暴力和规训的危险。

福柯在《性经验史》的第三卷《关注自我》的第一章用大量的篇幅分析了阿尔泰米多尔的释梦著作《梦幻的秘诀》。在古代，梦代表了预兆与真实，对梦中的性行为的解释，预示了古人对婚姻家庭、家政职业、性与乱伦的态度，而这些方面正是福柯关注的焦点。阿尔泰米多尔是从主体参

[1] [法]莫里斯·布朗肖．我想象中的米歇尔·福柯[M]．肖莎，译//汪民安，陈永国，马海良．福柯的面孔．北京：文化艺术出版社，2001：33.

[2] [法]福柯．论伦理学的谱系学：研究进展一览[M]．上官燕，译//汪民安．福柯读本．北京：北京大学出版社，2010：304.

[3] Christopher Falzon，Timothy O'Leary，Jana Sawicki. A Companion to Foucault. MA：Wiley-Blackwell，2013：532.

与的角度释梦，关注梦象在现实生活中的再现，提供人们更好的管理自我生活的机会，关注性活动中主动与被动的角色划分，落脚点还是在于自我对自我的建构。如果一个男人在其性活动中是主动的一面，无论性对象是妻子、奴隶还是男人，都预示着在现实生活中这个男人必然处于支配地位，能够很好地塑造自我。反之，如果男人在性活动中处于被动，被奴隶或者处于相对低的社会地位的他人插入，那么他在现实生活中会失去财产，失去自我。在《梦幻的秘诀》中，阿尔泰米多尔并没有为性行为确定界限，但是性活动有一定的伦理标准，性活动是具备风格品质的。

第三节　福柯论希腊化－罗马时期婚姻中的自我伦理建构

古罗马时期，性活动对自我塑造的影响并未削弱，反而有加强的趋势。福柯认为，在古希腊婚姻中，男子完全占据支配性的统治地位，而希腊化－罗马时期的夫妻关系一定程度上“摆脱了婚姻功能、丈夫的人为权威和家务的合理管理的束缚，从而表现为具有自身力量、问题、困难、责任、利益和快感的一种特殊关系”。[1] 斯多葛派并没有把婚姻纳入固定的法律模式框架之中，但是斯多葛派改变了古典时期婚姻家庭的运作模式，婚姻不再是为了管理好家政事物、养育合法的继承人而建立，婚姻中的个体发挥着趋于平等的作用，夫妻之间的人身关系受到越来越多的重视。斯多葛派著名的理论家穆索尼乌斯·鲁弗斯（Musonius Rufu）就宣称：“对女孩的教育和对男孩的教育不应该存在差别，教授女孩哲学是合适的。”[2] 在古罗马，女人的地位有所提高，尊重配偶、节制自己的性行为也越来越成为婚姻双

[1] ［法］福柯．性经验史 [M]．佘碧平，译．上海：上海人民出版社，2005：358.

[2] A. A. Long. Epictetus: A Stoic and Socratic Guide to Life[M]. New York：Oxford University Press，2002：14.

方的义务，也正是因为如此，性在婚姻中的地位相比于古希腊更具重要性。

与犬儒学派和同时期的伊壁鸠鲁学派不同，斯多葛派支持个体拥有婚姻，他们认为婚姻行为是符合自然要求的。爱比克泰德的老师穆索尼乌斯·鲁弗斯认为，婚姻并不是为了养育后代，因为仅仅如此，人类完全可以像动物一样生育后代而后马上分开，婚姻双方互相呵护、共享生活的同时孕育后代才是符合自然的个体选择。在这里仍然体现出斯多葛派哲学灵魂和肉体结合在一起无法分开的逻辑，因为生育后代涉及肉体的性生活方面，而共同生活则涉及灵魂的提升与进步。婚姻处在肉体和理性（这里的理性是指斯多葛派的理性，在前文已有分析）的交叉点上。

福柯列举了爱比克泰德在《哲学谈话录》中对婚姻的态度。在答复伊壁鸠鲁学派对婚姻的反对时，爱比克泰德为婚姻提出了辩护。首先，如果婚姻不存在，公民无法出生，教育无法保障。其次，在爱比克泰德看来，结婚、生子、尊崇神和照顾父母是社会义务的组成部分。最后，婚姻是遵循自然、顺应人的本性的行为。福柯认为对斯多葛派而言，婚姻把“人和自身联结了起来”[1]。福柯对斯多葛派婚姻的讨论是致力于探寻个体在新的婚姻关系中的地位，即自我如何处理与自身的关系。婚姻对于斯多葛派而言属于个人的伦理学范围，是个人能够掌控的塑造自我的方式。根据阿多的观点，哲学家在古代选择加入某团体就意味着赞同这一团体的生活方式，认为哲学家并不是为了学习理论和教条，而是为了加入到不同哲学团体的具体修身实践之中。福柯吸收阿多的观点，对斯多葛派哲学家的婚姻观念进行了分析，并在分析过程中渗透出自己对自我和他人的关系的理解。

穆索尼乌斯认为：“想成为哲学家必须结婚。他必须这样做，因为哲学的首要作用就是让人可以过一种符合自然的生活，完成自然赋予的一切

[1] [法]福柯.性经验史[M].佘碧平，译.上海：上海人民出版社，2005：411.

义务……他要比其他任何人更应该这样做，因为哲学家的作用不是简单地依循理性而生活，他还应该成为其他人的理性生活的榜样和导师。哲学家不能逊色于他所督促和指导的人们。若是他不结婚，那么他的表现就不如所有遵从理性和自然、关注自我和他人、过着幸福生活的人。这种婚姻生活并不有悖于哲学，对于哲学来说，它构成了一种双重的职责：对于自我，要有赋予自身生存的一种普遍有效的方式的职责，对于其他人，则必须给他们提供一种生活典范。”[1] 而爱比克泰德对哲学家提出了不同的要求。爱比克泰德给予了犬儒学派很高的地位，因为在他看来犬儒主义者过着哲学家的生活，福柯评论道："理想的犬儒主义者必须拒绝结婚的原因，不是只关注自身的意志，而是恰恰相反，因为他的使命就是关心人类，督促他们，去做他们的‘导师’。他就像医生一样，应该‘出外巡诊’，‘替大家搭脉’。一旦为各种家务所累，他就没有闲暇时间完成一种全人类的使命。他对所有私人关系的拒斥只是他作为哲学家维系与人类的联系的结果。他没有家庭，因为他的家庭就是人类。他没有孩子，因为他以某种方式养育了全部男女。因此，必须懂得：正是普通家庭的职责，让犬儒主义者不再忙于个别的家务。”福柯认为，穆索尼乌斯和爱比克泰德对婚姻的态度都是建立在婚姻中自我与自身的关系上。穆索尼乌斯认为，为了遵循自然对婚姻个体的要求，哲学家应该结婚。而爱比克泰德为犬儒主义者不结婚进行辩论，也是建立在犬儒主义者对自我和他人进行治理的基础上。在斯多葛派看来，社会关系比如亲情、婚姻等，并不属于以名利为代表的外部事物，婚姻归属于人可以控制的理性范围，是个体锻炼自我、超越自我的领地。福柯认为，对于斯多葛派来说，婚姻中是把生活、自我、他人联系在一起的。相比于古希腊强调自由男性单方面的自我治理的婚姻，斯多葛派强调夫妻双方共

[1] [法] 福柯 . 性经验史 [M]. 佘碧平，译 . 上海：上海人民出版社，2005：412.

同担当起治理的责任。福柯的论述没有因对个人的强调而忽视希腊化－罗马早期婚姻态度的改变，从这个角度来说，福柯并没有走向极端个人主义的倾向，他强调个人是因为个体能改变自己的行为。

福柯认为，斯多葛派强调性节制、反对非婚内性快感的获得是为了对个人的修炼。对斯多葛派而言，人生存的目的主要是为了追求理性和智慧，而在夫妻双方地位趋于平等的婚姻关系中，个体对智慧的追求得到贯彻。就现有的留存下来的斯多葛派的著作来看，穆索尼乌斯是对婚姻论述最多而最有代表性的斯多葛派学者。穆索尼乌斯反对超出婚姻限定的性关系。在穆索尼乌斯看来，限制性行为并不等于限制婚姻中的爱情，过度的性行为实践是应被理性排斥的行为。因为对穆索尼乌斯而言，过度的性行为是一种激情的表现方式，而激情是违反理智的行为，不符合自然和宇宙的要求。但是并不能就此认为穆索尼乌斯反对婚姻中的爱情，穆索尼乌斯反对过度性行为，但是并不否定夫妻相爱。正是因为人不同于动物，在理性的支配下，夫妻在共同抚育孩子的过程中既满足了社会的要求，也满足了双方个体的需要。福柯认为穆索尼乌斯的观点“预示了后来的基督教的观点，即性快感本身是一种污垢，唯有合法的婚姻形式以及最终的生育才是可以接受的”。[1]福柯在一定程度上误解了穆索尼乌斯，穆索尼乌斯并没有否定爱情和性快感本身，只是认为过度的性快感是激情的一种，而激情是不理智的行为，是斯多葛派坚持排斥在个体行为之外的行为。与基督教对性的原罪性认定不同，斯多葛派是从个人与自然宇宙的关系的角度考虑性关系的，对斯多葛派来说，性关系并不意味着堕落，福柯抓住斯多葛派个体对性行为的控制，来表达自我对自身的塑造性要求。穆索尼乌斯在强调坚持婚姻的重要性的时候，强调的是婚姻对个体理性塑造的重要性。作为斯多

[1] [法]福柯．性经验史[M]．佘碧平，译．上海：上海人民出版社，2005：421.

葛派的代表哲学家，穆索尼乌斯的观点浸透着斯多葛派的智慧。在穆索尼乌斯看来，男女双方同样接受来自上天赐予的理性，本就处于平等的地位，女性同样认同美德，并在此支配下规范自己的行为。福柯没有论及此点内容，福柯在论述穆索尼乌斯的观点时，更偏重于解释斯多葛派个人在婚姻中对自我行为的训练。福柯肯定爱比克泰德对犬儒主义者的赞扬，而对穆索尼乌斯的观点有所保留，对福柯而言，他评论的标准是婚姻能否给予个人自由。

福柯在论述斯多葛派婚姻对自我的影响时，把斯多葛派与柏拉图的观点进行了对比论证。首先，就婚姻的目的而言，斯多葛派指向自我塑造，而柏拉图学派则注重维护城邦的利益。福柯认为，对柏拉图来说，婚姻就是为了城邦生育合法的后代，是政治性的，而斯多葛派认为婚姻应遵循自然的原则，要把夫妻双方塑造成完美的个体。柏拉图把婚姻存续的合理性寄托在婚姻之外的因素上，而斯多葛派则认为婚姻是培养个体理性的场所，婚姻中的男女双方为了自然、理性的需要，都要控制自己的性行为，把性行为与自我的理性结合起来考虑。

其次，斯多葛派哲学家和柏拉图对婚姻中男女双方的地位有不同的规定。柏拉图把妇女归结为身体方面的要素，把其列为生命中应该贬低的低级方面的内容。而斯多葛派则不是如此，因为灵魂和肉体在他们看来同样是物质性的，是结合在一起的，男女双方同样是灵魂和肉体的组合，高尚与否在于自己的行为。在斯多葛派看来，男人和女人都向往道德的善，都在婚姻中修炼自我，从这个方面来说，他们是平等的。福柯很显然意识到了斯多葛派伦理学对婚姻关系中男女双方的态度。斯多葛派晚期著名哲学家塞涅卡和苏格拉底一样死于不公正的命令，他们一个被暴君尼禄要求自杀，一个被不公正的审判判决死刑。在最后的行刑之前，塞涅卡的妻子宝琳娜（Paulina）表现得勇敢而坚强，甚至要求和塞涅卡一起死去（尼禄害怕自己的暴行招致非议，不允许宝琳娜自杀，因此，宝琳娜得以存活）。而苏格拉底的妻子粘西比（Xanthippe）完全不能承担丈夫即将死去的命运，她悲痛不已，苏格拉底让人把她送回家，她错过了见证苏格拉底死亡的时刻。从这个对比可以侧面看出柏拉图和斯多葛派哲学家对待妻子的不同态度。在斯多葛派看来，妻子和丈夫的地位趋于平等，二人是命运共同体，婚姻生活是修炼自我、追求美德的重要方面。而在柏拉图看来，妻子是从属于丈夫的，不具备独立的品质，婚姻和友谊不在同一个层面上。福柯看到了，斯多葛派轻视男童之恋，而更多的是在婚姻里考虑爱情和性的问题。在《性经验史》的第三卷《关注自我》中，福柯认为，希腊化时期和公元前两个世纪的古罗马重视婚姻，并用婚姻关系取代了同性关系，性快感朝着被更加严格地节制与监督的方向发展。自我的文化向前发展，自身与自我的关系得到越来越多的关注。但需要指出的是，福柯认为，虽然这一时期古罗马社会对自我的伦理道德规范的要求越来越趋于严厉，但是与基督教世界存在本质的差异。基督教反对性快感并弃绝自我，认为自我没有自主选择权，而古代异教社会规范自我只是为了更好地塑造自我，并且个人掌握选择的自由，古代异教社会反对性禁忌，性实践最终导向对自我的控制。

福柯通过斯多葛派对性的态度和男女双方在婚姻关系中的地位的论述，阐述并论证了自己的一贯坚持的观点——对斯多葛派而言，转向自我更彻底，自我是伦理学的中心。但福柯同时意识到，社会外部条件对自身的塑造具有客观的影响力。对唯一性的极致追求会导致法西斯主义的盛行，而对婚姻等社会关系的强调能够导致自我本身的多元，从而规避一元化可能产生的问题。个体是独立的，但是个体的存在离不开客观的社会生活，福柯对古罗马婚姻中夫妻双方地位的讨论不仅力争使读者明晰古罗马个体与婚姻的关系，也在规避对自我的强调可能产生的危险和问题。

福柯对斯多葛派的自我与自身的关系进行了深刻的议论和反思，这就出现了一个必须解决的问题，那就是福柯是否过度地关注了个人，把个人封锁在与社会绝缘的区域。福柯是如何关注社会中的自我和他人的呢？斯多葛派哲学家并没有把自己与社会和他人孤立起来，福柯在讨论斯多葛派自我的时候也意识到，自我和城邦、公民有着无法分割的联系，福柯在《性经验史》的第三卷《关注自我》中对此进行了清晰的论述。在涉及自我与他人的关系时，希腊化、罗马早期的婚姻关系和政治形势是福柯关注的中心。相比于古希腊社会来说，这一时期的婚姻不再是一种夫妻双方的家庭协议，婚姻在公共关系领域开始发挥作用。福柯说："婚姻超出了家庭的范围。"[1]婚姻也不再仅限于满足自由男子维持家族种姓、取得合法继承人的需求，婚姻中夫妻之间愈来愈趋向于平等，一种婚姻内部的道德和价值观开始形成并作用于夫妻双方。希腊化、罗马早期的婚姻朝向一种更加符合现代婚姻要求的方向发展，但是并不能以此认为希腊化、罗马的婚姻观念已形成严格的标准、要求。斯多葛派婚姻强调夫妻双方作为个体的行为，"不要把它们（从现存希腊化、罗马早期文献中揭示出的夫妻关系）当成现实的反映，而应看作是阐述了一种要求，从这个意义上说，它才是现实的一部分"。[2]希腊化、罗马早期社会对婚姻双方提出了要求，但是否履行家庭责任，主要取决于自我的抉择。而在论及希腊化和古罗马早期政治和个体的关系时，福柯强调，斯多葛派并没有逃离政治生活而把自己置于自我的象牙塔之中，斯多葛派哲学家参与政治的最终目的还是为了完成自我对自身的塑造。

对性问题的关注在福柯的伦理建构中占有非常重要的地位，处于生命

[1] [法]福柯．性经验史[M]．佘碧平，译．上海：上海人民出版社，2005：353.
[2] [法]福柯．性经验史[M]．佘碧平，译．上海：上海人民出版社，2005：359.

政治批判的连接点。福柯没有提供给我们固定的答案，他认为在古希腊－罗马文化中，自我实践具有更多的自主性，真理和主体的自我塑造紧密联系在一起，而这样的自我形塑实践“就是人们所谓的禁欲实践，这里是指广义上的禁欲主义——换言之，不是指克己的道德，而是自我对自我的训练，人们通过这种活动来发展和改变自我，并且获得某种存在的模式”。[1]无论是古希腊还是希腊化的斯多葛派伦理，都没有提供给我们规范化的行为模式范本，但是其中都蕴藏着可能性、自由和创造性，以及对非超验价值的诉求。

[1] [法]福柯．自我关注的伦理学是一种自由实践[M]. 刘耀辉，译//汪民安．福柯文选Ⅲ．北京：北京大学出版社，2016：250.

| 第四章 |

福柯论古希腊时期“关注自我”的伦理思想

马克斯·韦伯认为，在现代社会中，宗教所代表的彼岸世界和人类所生活的此岸世界壁垒分明，中间存在着不可逾越的鸿沟，宗教成为纯粹的个人信仰而不再和知性领域有任何的联系，科学知识理性主义取代宗教理性主义成为认知世界、解释生活的唯一基础，这意味着世界解除了魔力。科学追求客观中立，宗教理性主义所代表的统一的价值观解体之后，价值领域呈现出无序混乱的状态，纯客观、非人格化的世界禁锢了个体心灵的自由，使人生活在“铁的牢笼”之中。福柯在一定程度上继承了韦伯的观点，他承认在今天“我们大多数人不再相信伦理学是建立在宗教基础之上的，我们也不想用一种法律体系来干预我们的个人的道德私生活……他们需要一种伦理，但是人们对自我、欲望、无意识作了所谓的科学认知，除了以这种科学知识为基础的伦理之外，他们无法获得任何其他伦理”。[1] 福柯返回古希腊伦理正是因为他在伦理学领域否定了对人类本性或基础的预设，更反对以所谓的知识、科学为基础建构起来的伦理学。福柯的伦理学关注自我，关注自我对自身的建构，他所要做的是建构一种多元的伦理需

[1] [法] 福柯．论伦理学的谱系学：研究进展一览 [M]. 刘耀辉，译 // 汪民安．福柯文选Ⅲ．北京：北京大学出版社，2016：145.

求，摆脱本质性对个体的束缚，追求个体的自由状态，而这也是福柯反对运用解放这个概念的原因。因为解放的概念建立在一种预设的、本质性被压抑的前提之下，自我是在与这种压抑进行斗争的过程中建立起新的自我和谐。福柯并不反对殖民地人民进行解放斗争，并认为这种解放斗争是合理的，但是他反对在自我的自由实践领域运用这个概念，因为解放的概念完全忽略了自由实践这个伦理问题。与传统伦理学旨在建立和发现特定的规则和法度，用以评价个体行为的善恶不同，福柯的伦理学转向个体自身的行为方式和自由选择，关注个体的生活方式。

福柯转向古希腊、古罗马，是以自己的谱系学方法论，在被忽视的西方文化起源处提出自己的观点。虽然福柯反对起源被传统哲学所赋予的本质化、神圣化、中心化以及排他性的解释，但他很显然认为，回到起点解构起点会得出不同的看法，事实正是如此，在古希腊思想中，福柯首先关注一直被忽视的柏拉图伦理学中的实践性和生活性。“希腊人普遍关注的问题不是自我艺术，而是生活的艺术，即如何生活的问题……在古代文化的发展过程中，其中一个重要的变化就是这种生活的艺术逐渐演变成为了自我技术……希腊伦理看中的是自我选择和生存美学。我对生命作为审美艺术物质形式的看法很感兴趣，此外，伦理被视为生活的强有力结构，它与法律本身、专制制度以及规训结构无关，这一点对我来说也很有趣。”[1]福柯的阐释态度非常严肃，为此甚至重新学习希腊语和拉丁语。福柯说：“我会些拉丁语，也懂些希腊语，但只是粗通一二。这几年我又重新学了拉丁语和希腊语，为的是能够提出若干问题，一方面这些问题可能得到古希腊研究学者和拉丁语文学者的承认，另一方面，能使这些问题显得像真正的

[1] [法] 福柯．论伦理学的谱系学：研究进展一览 [M]. 刘耀辉，译 // 汪民安．福柯文选Ⅲ．北京：北京大学出版社，2016：153.

哲学问题。”[1] 福柯作为一个杰出的谱系学家，他回到西方文明的源头古希腊和古罗马考察自我的伦理学，福柯尊重一手资料，他阐释的最重要的一个问题就是关注自我的问题。

福柯认为，柏拉图学说包含平行的两方面：一方面是关注自我，这是精神性选择的内容，重在自我对自我的塑造；另一方面是认识自我，这是哲学性的选择，重在获得形而上的纯粹知识。福柯认为，对柏拉图而言认识自我是为关注自我服务的，柏拉图的《亚西比德篇》涉及了柏拉图思想很多方面的内容，对认识自我和关注自我的关系也有所涉及，这是福柯选择由《亚西比德篇》介入柏拉图思想的原因。福柯对柏拉图思想的论述是有所选择的，对柏拉图而言灵魂、理念不是个体人所能掌握的，追求形而上的本质仍是柏拉图思想的核心，福柯忽视了柏拉图思想这方面的内容，或者说福柯为了突出柏拉图对关注自我的重视，而有意识地忽视了柏拉图思想中形而上的内容。福柯是从对《亚西比德篇》中自我的关注开始了晚期对西方古代伦理学的重视。

有一种误解认为福柯关注自我，就会忽视对他人、社会的关注。福柯认为：“自我关注本身就是伦理的；不过，自由的这种气质也是关注他人的方式，就此而言，它意味着与他人的复杂关系……在自我关注的发展过程中，始终存在着与他人的关系问题。”[2] 但是福柯也强调：“我们不能说关注自我的希腊人必须首先关注他人。在我看来这种观点是后来才出现的。我们不得把关注他人置于关注自我之前。自我关注具有伦理上的优先性，因为与自身的关系具有本体论上的优先性。”[3] 因此，福柯在阐释对自我的

[1] [法] 福柯．道德的复归 [M]. 蒲北溟，译 // 杜小真．福柯集．上海：上海远东出版社，2004：524.

[2] [法] 福柯．自我关注的伦理学是一种自由实践 [M]. 刘耀辉，译 // 汪民安．福柯文选Ⅲ．北京：北京大学出版社，2016：259.

[3] [法] 福柯．自我关注的伦理学是一种自由实践 [M]. 刘耀辉，译 // 汪民安．福柯文选Ⅲ．北京：北京大学出版社，2016：260.

关注的时候，并没有忽视他者和社会关系的存在空间，只是将一切权力关系的网络打破，将个体的自由选择和对自身的建构作为中心环节来处理。伦理本就关注人做什么的问题，而福柯集中讨论的问题是古希腊人如何捕获自我，把自己建构为主体化的中心。

福柯在晚期总结自己的研究，“在我们的文化中，人类通过不同的方式发展出关于自身的知识……我们不能按照表面价值来接受这种知识，而应该将这些所谓的科学作为非常独特的‘真理游戏’进行分析，它们都与具体的技术相结合而成为人类了解自身的工具。”[1]福柯认为自己一生的研究都是围绕着四种个体技术展开的，即生产技术、符号系统技术、权力技术、自我技术。福柯晚期对自我的技术兴趣日浓，他着意探讨个体对自我施加影响，关注、留意、完善自我的过程，自我（the self）通过自我技术来建构自我的身份。福柯从对柏拉图“关注自我”问题的讨论中发现了个体的真实与多样，自我是按照自己的认识，通过自身的修炼成就自身的，这也符合现代个体对选择自由的提倡，成为福柯讨论现代自我的重要参照系。福柯在《何为启蒙》中认为，他对启蒙的批判“不是以寻求普遍价值的形式来进行的，而是通过使我们建构我们自身，并承认我们自己是我们所作、所想、所说的主体的各种事件而成为一种历史性的调查”。[2]而柏拉图的“关注自我”正是对自我的此种批判调查，福柯在柏拉图这里重新挖掘到了个体的人。

在探讨自我技术时，福柯回到古希腊，希望从西方文明的源头找寻线索。古希腊的重要原则“关注自我”在历史的发展中被埋没，福柯认为：“关注自我”（epimeleia heautou）是古希腊道德的核心。自笛卡尔以来，哲学家“成功地用作为知识实践创建者的主体代替了通过自我实践创建的主体”。[3]德

[1] ［法］福柯．自我技术 [M]. 吴蕾，译 // 汪民安．福柯读本．北京：北京大学出版社，2010：241.
[2] ［法］福柯．何为启蒙 [M]. 顾嘉琛，译 // 杜小真．福柯集．上海：上海远东出版社，2004：539.
[3] ［法］福柯．论伦理学的谱系学：研究进展一览 [M]. 上官燕，译 // 汪民安．福柯读本．北京：北京大学出版社，2010：319.

尔菲神庙的原则“认识自我”（gnôthi seauton）的概念被曲解了，并且被曲解了的“认识自我”取代了“关注自我”，成为流传保存下来的哲学传统。但实际上，在古希腊－罗马的道德发展的历史上，“认识自我”与“关注自我”从未分离。福柯分析柏拉图的《亚西比德篇》并展开话题。尽管在柏拉图之前已经存在着对自我技术的论述，但是福柯认为，《亚西比德篇》首先系统详尽地阐述了“关注自我”的本质。福柯认为，现代人对柏拉图的研究忽视了柏拉图对实践自我的坚持，忽视了柏拉图关注自我的思考维度，而仅仅抽象、主观地把柏拉图归结为形而上学哲学的宗师和代表人物。福柯把《亚西比德篇》作为重新阐释柏拉图思想的起点，也作为阐释自己晚期伦理学问题的起点。

第一节　古代哲学与现代哲学的选择差异
——关注自我与认识自我

德尔菲神庙的箴言“认识自己”深刻地影响了现代西方哲学关于主体与真理的讨论。福柯并不同意受笛卡尔影响的传统西方哲学观点，即主体“我”是不受历史影响、不应被怀疑的绝对存在，我的存在是人类知识、价值的源泉并构成了哲学的中心。笛卡尔所建构的先验的绝对自我是福柯认为的形而上学思想在近现代西方哲学中的最中心的表现。福柯反对形而上学的玄思，因为其预设了思维主体的存在，并将这种存在视为理性的光芒，进而以这种所谓科学的、知识的唯一理性统摄、评判所有个体的行为，禁锢个体的选择自由。福柯用自己的理性思维来谴责笛卡尔的理性主义，从而建立自己的理性观点和原则。

福柯认为，古代思想的另一原则“关注自我”在哲学的发展史上被忽视了，而被现代人忽视的这一原则才是古代哲学最重要的原则，关注自我中的“自我”不具有历史的超越性,自我是在对自身的锻炼中被逐渐塑造的,它是一个逐渐完善的过程，自我的塑造离不开特定的历史条件。“哲学和政治的关系是永久性的和根本性的。毫无疑问，如果人们观察一下希腊哲学中自我关注的历史，就会发现哲学和历史的这种关系是显而易见的……自我关注似乎是培养优秀统治者的一种教育、伦理以及本体论条件。把自己建构为统治主体,也就意味着人们把自己建构为关注自我的主体。”[1]“关注自我”的原则在今天之所以被淡忘，是与古代哲学传统强调而错误解读德尔菲神庙的箴言“认识自己”紧密相关的。福柯重新阐释了德尔菲神庙的箴言“认识自己”，并重新阐释了“认识自我”与“关注自我”的关系。

“‘认识自己’并不是描述自我的知识，也不是作为伦理的基石，更与神无关……（是指）当人们向阿波罗神提问时，控制自己的行为，不要提出太多要求，抱有太大希望。”[2]很显然，在这里，福柯认为德尔菲神庙的箴言并不是抽象的哲学理念，而是技术性的操作规则，要求人正确地认知自己的身份，控制自己的行为，自我的伦理需要自身以自己的行为实践来建构,而这又与“关注自我”的原则联系在一起。实际上,古代“认识自我”是从属于“关注自我”的范畴的，福柯在论述《亚西比德篇》时有更具体的论述。正是因为需要关注自我，人们才花费时间去认识自我，认识自我是关注自我的从属部分。“关注自我”的原则不仅在古希腊、古罗马成为重要的道德规范，在基督教道德中同样也以不同的方式呈现出重要的作用。福柯认为，关注自我之所以在探讨主体的历史里消逝，是与笛卡尔哲学的影响分不开的。在笛卡尔至胡塞尔的哲学传统之中，古代“关注自我”与“认识自我”的关系发生了倒置。“在古希腊－罗马文化中，关于自己的知

[1] [法]福柯．自我关注的伦理学是一种自由实践[M]．刘耀辉，译 // 汪民安．福柯文选Ⅲ．北京：北京大学出版社，2016：270.

[2] Michel Foucault. The Bermeneutics of the Subject: Lectures at Collège de France（1981–1982）[M]. translated by Graham Burchell.New York：Palgrave Macmillan，2005：4.

识是作为关注你自己的结果呈现的；在现代社会，关于自己的知识成为一种根本准则。"[1] 在古代，"认识自我"的活动是一个动态的、永远不会终止的行为。自我并不具有自明性、普遍性与必然性，在不断地改进与认识自我的活动中，个体完善了对自我的认识。而在现代社会，自我的先验存在是哲学的基础，哲学成为纯理论性的认识活动，与实践性的改造自我的活动脱节，哲学求真的方式也因此发生了根本性的变化。

福柯认为，在哲学的发展史上，哲学求真大体上有两条脉络：第一种是以笛卡尔为代表的认知途径。笛卡尔的《沉思录》中，哲学的起点就是自明的自我，自我作为主体是不容置疑的存在。自我的意识寻求知识，进而认识真理，当然这并不是说人类探究真理不需要任何条件，要得到真理，人类需要遵循两方面的条件，即知识的内部条件和求知的外部条件。但是这些条件不再涉及自我与自我的存在问题。福柯认为，这种求真模式开始于以阿奎那为代表的经院神学领域，在笛卡尔时代达到鼎盛。第二种是"精神性"（spirituality）求真模式。在这里福柯引进了"精神性"这个概念，而"精神性"这个概念也是阿多在论及古典思想时提出的一个重要概念，因为福柯晚期哲学受到阿多思想的深刻影响，因此，参考阿多的概念来解释福柯的说法是很有参考意义的。在阿多看来，"精神性"的锻炼在古代哲学家那里涉及饮食养生、对话静观、阅读写作等方方面面，意味着生活方式的选择。阿多说："哲学作为一种存在方式，每时每刻都需要练习，它的目标是改变个体的整个生活……哲学以锻炼思想、意志、人的存在为形式，其目的是争取到人类不可能企及的智慧。哲学作为精神进步的方式，需要个人存在方式的变换和彻底的对话。"[2] 在阿多看来，哲学作为"精神性"

[1] ［法］福柯．自我技术［M］．吴蕾，译 // 汪民安．福柯读本．北京：北京大学出版社，2010：244.

[2] Pierre Hadot. Philosophy as a Way of Life[M]. translated by Michael Chase.Malden，MA：Blackwell Pubilisher，1995：265.

的行为对人类而言，不仅涉及道德的领域，还具备了存在的价值。精神性的哲学与个人生活方式以及个体存在息息相关，阿多认为："古代哲学之所以是精神修炼，乃是因为它是一种生活的方式，一种生活的形式，一种生活的选择。"[1] 福柯继承了阿多的观点。另外，尼采的观点也对福柯的伦理学思想影响深刻。尼采将求真的意志定位于对意志的价值而不是起源问题的探究，形而上学寻找起源的行为本身就是一种偏见，形而上学家建立在对立价值基础上的信念是可疑的，尼采反对以树立起来的形而上学体制来区分善恶、真假，传统哲学将意识纳入本能的轨道，最终确立了它的标准。福柯认为"精神性"行为就是"主体通过找寻、练习、体验等行为完成自身的必要转变，其目的是认识真理"。[2] 精神性的行为并不是与知识联系在一起的，它与对主体的塑造相关。对福柯而言，古代哲学获得真理与"精神性"实践从未分开，福柯强调，哲学作为一种"精神性"仪式，"不通过实践，人无法获取真理，一系列事件步骤在改变主体的生活方式的同时塑造、创造主体"。[3] 苏格拉底和柏拉图的"关注自我"是从属于"精神性"实践活动的，是寻求真理、改变自我、作用自我、塑造自我的活动，也就是说精神性把自我同时作为目的和实践对象。福柯认为，古代哲学不是抽象的理论，而是一种生活方式，是精神性的，其作用在于改变、创造新的自我。福柯说："我所说的精神性——我不能确定，这种界定是否长期有效——是指主体获得某种存在形式和发生一些转变，主体要想获得这种存在形式，就必须实现自身的转变。我认为，在古代的精神性之中，精神性和

[1] [法]皮埃尔·阿多.作为生活的哲学[M].姜丹丹，译.上海：上海译文出版社，2014：113.

[2] Michel Foucault. The Hermeneutics of the Subject: Lectures at Collège de France（1981–1982）[M]. translated by Graham Burchell.New York：Palgrave Macmillan，2005：15.

[3] Michel Foucault. The Hermeneutics of the Subject: Lectures at Collège de France（1981–1982）[M]. translated by Graham Burchell.New York：Palgrave Macmillan，2005：46.

哲学是同一的,或者几乎是同一的。”[1] 而现代哲学精神性的消逝是和经院哲学的发展分不开的。与现代不同，古希腊－罗马的抽象哲学并没有地位，哲学始终是一种塑造自我的精神活动。通过精神性实践活动，“关注自我”与“认识自我”的活动在古代哲学中发生了联系。“精神性”是古代哲学中“关注自我”的主要内容。福柯转向伦理问题，关注精神性，并不意味着福柯对当代权力社会存在状态的否定，相反，福柯在这种知识与权力的社会语境之下，寻找到精神性的破局力量。主体性在这里是福柯精神性问题的核心内容，精神性不是指形而上学的中心或者先验的主体存在所塑造的主体，而是指向风格化个体，风格化个体在自我关注中所要做的就是主动、自由地约束自我的行为，“伦理如果不是指自由实践，有意识的自由实践，那又会是什么呢……自由是伦理的本体论状态。我们通过反思得知，伦理是自由的深思熟虑的形式……在古代，作为有意识的自由实践，伦理以一个基本的命令为中心而发展起来,即‘关注你自己’……也就是说对福柯而言，在古希腊－罗马世界，关注自我是伦理的基本内容和基本模式，而自由是伦理的本质，关注自我最终指向道德层面的思考，最终指向对自我的认识，即塑造自我、超越自我，以及对可能会吞噬人们的欲望进行控制”。[2] 在西方社会严密的治理体制之下，精神性预示着一种欲望性的个体力量，而这种力量能与逻各斯中心主义的暴力相抗衡，在西方的现代化启蒙历史进程中催发了主动性和反权威的因子。

1981—1982 年，在法兰西学院讲授《主体解释学》时，以及 1982 年在弗蒙特大学的研讨班上，福柯详细分析了苏格拉底在《亚西比德篇》中阐述的“关注自我”的原则。在开始这个问题的讨论前，我们有

[1] [法]福柯．自我关注的伦理学是一种自由实践 [M]. 刘耀辉，译 // 汪民安．福柯文选Ⅲ．北京：北京大学出版社，2016：360.

[2] [法]福柯．自我关注的伦理学是一种自由实践 [M]. 刘耀辉，译 // 汪民安．福柯文选Ⅲ．北京：北京大学出版社，2016：253–255.

必要澄清一下《亚西比德篇》的真伪问题。近代自施莱尔马赫（Friedrich Schleiermacher）起，《亚西比德篇》是否是柏拉图的著作这一问题一直是西方古典学家关注的重点。坚信《亚西比德篇》是伪作的学者提出了很多证据：亚西比德的人物性格缺少激情，相比《会饮篇》中的亚西比德而言毫无个性；对话的展开平淡无味，既没有交代对话展开的地点，也没有交代对话中人物的立场、姿态；对话中的内容提到波斯的教育、财富等方面的内容，在柏拉图其他篇章的对话中鲜少涉及，等等。但是，即使坚信《亚西比德篇》是伪作的学者都相信，《亚西比德篇》和柏拉图的著作是近亲，《亚西比德篇》的写作受到柏拉图的深刻影响。如 Thesleff 认为《亚西比德篇》是柏拉图"学园"派的著作，但是并非出自柏拉图之手；A. E. Taylor 认为《亚西比德篇》出自柏拉图的学徒，成书可能在柏拉图去世的前后；Clark 认为对话的前部分出自柏拉图的门徒，而后面的对话出自柏拉图。[1] 更多的学者持相反的观点，他们认为《亚西比德篇》确实是柏拉图的著作，并给出了相应的证据。最具代表性的是 Nicholas Denyer，他在自己整理翻译的《亚西比德篇》英文版前言中对所有指正《亚西比德篇》为伪书的证据进行了批驳，最终认为这些证据都是站不住脚的。[2] 此外，在古代，《亚西比德篇》的真伪问题从来不是问题，古代研究者普遍认为《亚西比德篇》是柏拉图最重要的作品。甚至自新柏拉图主义者开始，《亚西比德篇》一直是进行柏拉图研究的门径。总体而言，因为《亚西比德篇》在柏拉图著作中的特别地位，它涉及的主题一直是柏拉图著作关心、阐释的主题，《亚西比德篇》是否是柏拉图的著作显得不是那么重要。福柯也正是基于这种观点，并未在《亚西比德篇》的真伪问题上过多纠结，而是

[1] Nicholas D Smith. Did Plato Write the Alcibiades I ? [J].Apeiron，2004（2）：93–108.

[2] Plato Alcibiades.Cambridge Greek and Latin Classics[M].Cambridge：Cambridge University Press，2001：1–28.

把关注的中心放在了千百年来对《亚西比德篇》影响最为深刻的“关注自我”的观点上。

亚西比德的父系和母系均是雅典的大贵族，虽然父亲早逝，但是给他留下了丰厚的遗产，并且雅典最有权势的人物伯利克里是他的监护人，他长相英俊，追求者众多，野心勃勃，非常自信。亚西比德渴望建立比伯利克里更大的功勋：他不仅想统治雅典，还希望让整个欧洲和亚洲的蛮族都在他的控制之下。苏格拉底是亚西比德的爱人，他认为自己可以为亚西比德的生活指明道路，能够帮助他实现政治野心。苏格拉底非常自信地认为，离开自己的帮助，亚西比德是无法实现他的理想的，但是亚西比德很显然对此没有兴趣，他并不想接受苏格拉底的教导，因为在亚西比德自己看来，他已经具备了实现政治理想的一切条件。为了说服亚西比德，苏格拉底开始了与亚西比德的对话，而这正是《亚西比德篇》的内容。在苏格拉底的反复诘问下，亚西比德不得不承认自己的不足，进而接受苏格拉底的建议。苏格拉底首先询问亚西比德，如果他要在雅典的公众面前讲话，他应该给雅典人民什么样的建议？在苏格拉底和亚西比德的一问一答中，他们同意应该就战争与和平、正义与非正义的问题给予希腊人民建议。亚西比德认为自己掌握了判定正义与非正义的秘诀，在这个问题上不需要学习，而实际上亚西比德对此并不了解，他在苏格拉底的诘问下漏洞百出，他并不明白什么是正义、非正义，受人敬佩的、丢脸的，好、坏，有益、有弊之间的区别。产生这种局面的原因，苏格拉底认为是由于人们明明无知却不知道自己无知。苏格拉底认为，雅典的许多参与政治的人都缺少教育，由此，苏格拉底提出了自己的论点，即要关心自己。亚西比德则认为，既然雅典的参政人员都缺少教育，他也并不需要学习，因为他的天赋比别人都高。苏格拉底劝说亚西比德，如果他真的想为城邦和他自己完成令人尊敬的事业，他的对手不是希腊人，而是经常和希腊交战的斯巴达人和波斯人的统治者。斯巴达和波斯人的统治者出身高贵，接受过更好的教育，拥有更多的财富，这些都是亚西比德无法与之相比的。亚西比德引以为豪的资本在波斯与斯巴达的统治者面前显得一无是处。苏格拉底提出要“know thyself”，亚西比德在苏格拉底的引导下终于开始对如何关注自我感兴趣。在《亚西比德篇》的下半部分，苏格拉底和亚西比德就什么是关注自我以及如何关注自我的问题进行了对话。福柯所重点阐释、分析的正是《亚西比德篇》的下半部分，即什么是关注自我以及如何关注自我的问题。

第二节　福柯晚期伦理学研究的起点：《亚西比德篇》与“关注自我”

要弄清“关注自我”的问题，首先要明白什么是必须给予关注的“自我”（the self）。自我的希腊语为“heauton”，是个反身代词，也就是说关注的主体和客体都在于自我（heauton），对自我的解释就显得尤其重要。亚西比德起初认为，自我就是指自己的财产，苏格拉底认为，亚西比德对自我的解释甚至不适用于身体：鞋匠关心提高制作鞋的工艺，但是并不等于制鞋匠就关心脚；制金匠关心制作戒指的工艺，但是不等于关心手；裁缝关心制作衣服的技术，但是并不等于关心整个身体。关心鞋、戒指、衣服这些财产在本质上并不属于关注身体，遑论关注自我。制鞋匠使用割刀制鞋，演奏者利用竖琴演奏，使用者和实用工具总是不一致的。制鞋匠不仅使用割刀，也利用自己的手，演奏者不仅使用竖琴，也利用自己的手，手是身体的一部分。基于以上的论述，苏格拉底认为，人使用身体，但是身体并不是人自身，关心身体并不等于关注自我，只有灵魂使用身体、身体的各部位以及工具，才是真正的自我。福柯详细分析了“使用”（法语 se servir，英语为 use，来自于希腊语 khrēsthai）这个单词的作用，他认为，正是“使用”在这里的特殊作用，使《亚西比德篇》中提及的灵魂拥有了与柏拉图其他作品中的灵魂不一样的质地。“使用”指的是自己与自身以及他人与事的关系，与行为、态度等有关。福柯认为“使用”这个词的运用，使“关注自我”中的“自我”具备了一种超越立场，自我不是指向某种实体，而是指向一种主体或者说个体。福柯并没有就灵魂本身展开分析，他更注重《亚西比德篇》这篇对话的推理步骤。对苏格拉底来说，灵魂使用身体，所以它就是自我。但问题是，灵魂并不是时时刻刻都使用身体，“苏格拉底把统治作为一种使用的方式，苏格拉底描述灵魂与身体之间的关系更确切地说是一种统治关系而并非使用的关系，因为我们无法总是使用我们的身体。并且，对亚西比德而言，统治的行为于他而言是最重要的”。[1]“使用”本身在这里就是一种极为有争议的表达方式，福柯选择对这一概念进行评述，更多的是有选择性地表达自己对自我的看法，而并不是评述《亚西比德篇》中关于灵魂的概念。因为按照一般的推理原则，既然灵魂是自我，那么说清楚灵魂是什么也就回答了什么是自我的问题。福柯没有直面问题，他选择了解释支配灵魂的“使用”一词，而悬置了灵魂这个概念本身。柏拉图最重要的哲学观点之一就是建立起理论上的“自我”，而柏拉图对自我的理解离不开对灵魂的解释。自我的中心即是灵魂，“尽管灵魂和自我是联系在一起的，它属于现实的一个不同的层次，在那里与自我联系在一起。但是，灵魂问题的中心在于它是一个抽象的总体性原则，和个体无关”。[2]苏格拉底最终把自我归结为灵魂，而灵魂在柏拉图那里具有多层次的意义，

[1] David M，Johnson.God as the True Self：Plato's Alcibiades I [J]. Ancient Philosophy，1999（1）：1–19.

[2] Gretchen Redams–Schils. the Roman stoic: Self，responsibility，affection[M]. The university of Chicago Press，2005：22.

但无论如何，总是与形而上的抽象因素联系在一起。福柯很可能意识到了这一点，而有意识地选择了这种推理方式。

福柯在评价《亚西比德篇》时，着重于对主体的建构，但很显然，柏拉图的主体与认识论的主体具有亲缘关系，这是福柯无法否认的。福柯很容易被人打上“后现代”“解构主体”的标签，福柯本人对此很反感，在他自己看来，主体问题始终是他哲学关注的中心。福柯也从未否认过主体的存在，他“拒绝的是从主体理论开始的想法——例如，现象学和存在主义的做法——拒绝在这种理论基础上询问一种既定知识形式是如何可能的”。福柯探究的是“主体如何以这种或那种特定的形式，如何通过特定的实践活动”[1]把自己建构为主体的。福柯拒绝的是关于主体的先验理论，而不是主体本身。福柯把柏拉图的身体、灵魂统一为实践的个体，尽管实际上这和对柏拉图的传统解读观点有差距，但福柯借对柏拉图的解读宣讲了自己的主体观点。《亚西比德篇》中，主体和灵魂问题纠缠在一起，缺少实践活动的动态性，而福柯是带着自己对主体问题的理解来解释《亚西比德篇》中的自我的，他得出了相反的结论。

福柯对《亚西比德篇》感兴趣的另一个话题是关注自我的方式，也就是关于“关注”的问题。“Epimeleia”这一个词，福柯自己曾解释道：“关注自我仍是一种实践形式。Epimeleia 这一词本身指的不仅仅是一种意识状态或是人们对自身的关注形式，它指的是一种规律性的活动、一项工作及其方法和目标……当哲学家和伦理学家奉劝人们关注自我时，我们要知道，他们奉劝的不仅仅是关注自身、避免错误和危险，或者明哲保身，他们所指的是一个复杂而有序的活动领域。可以这样说：在整个古代哲学中，关注自我既被视为一种义务，也被视为一种技术、一项基本责任和一系列精

[1] [法] 福柯. 自我关注的伦理学是一种自由实践 [M]. 刘耀辉，译 // 汪民安. 福柯文选Ⅲ. 北京：北京大学出版社，2016：357.

心构思的方法。”[1] 在古希腊，关注指向的是一种实践性活动。福柯认为，《亚西比德篇》中关注自我的手段是认识自我。“关注自我”并不意味着“认识自我”在古代哲学思想中的消逝，它们是缠绕在一起的。前文已经分析过，灵魂意味着自我，那么如何关注自我的问题就可以转化为如何关注灵魂。正是因为自我是灵魂，认识自我作为关注自我的手段显得尤其重要。苏格拉底利用了镜子的隐喻来说明人如何认识自我。亚西比德认为，眼睛看到镜子反射的自己的形象时能认识自己，眼睛也可以从别人的眼睛中看到自己的形象。苏格拉底提醒亚西比德，眼睛之所以能看到自己得益于自我的本质身份被镜子和眼球反射，并不是眼睛的整体反应了个体形象，而是眼睛中最好的部分——瞳孔在起作用。瞳孔起到视觉的作用，使人在视觉的作用下发现了自我。灵魂反射自我，灵魂之所以能起作用，也需要借助灵魂中好的部分——智慧，而智慧来自于神。灵魂只有关注神的要素，才能认识自我。福柯总结道：“个体必须认识自我以达到关注自我的目的，为了认识自我必须在自身的要素内反观自身，必须明白什么是知识和智慧的源泉。必须在神的关注下认识自我……一旦灵魂接触到了神，灵魂被赋予了知识和智慧，灵魂就可以返回世俗世界。”于福柯而言，《亚西比德篇》对自我的认识最终的落脚点在于，自我通过掌握知识与智慧返还世俗世界。《亚西比德篇》中，苏格拉底告诫亚西比德，只有认识到灵魂中神圣的部分（神），才能真正地认识自我。人在神中认识自我，更有利于人区别灵魂中理智与非理智的部分。如果灵魂中最神圣的部分——神（God）作为镜子，让人从中认识自我的灵魂，那么我们就能看得更清楚。神在这里是和我们普通人类不同的类。柏拉图的作品《斐德罗篇》中也提到了镜子的隐喻，对比之下，更能清晰地了解《亚西比德篇》中的镜子隐喻以及福柯

[1] ［法］福柯．主体解释学 [M]. 杨国政，译 // 杜小真．福柯集．上海：上海远东出版社，2004：473.

的解读。《斐德罗篇》中，被爱者看到他的情人就像在镜子中看到自己的形象，爱人的眼光是独特的、优越的，他在被爱者身上看到的不仅仅是自己的形象，还有他想模仿的神的形象。爱人尊敬神，寻找像神一样的被爱者，塑造被爱者，使他们就像神一样。《斐德罗篇》中，苏格拉底用驭手、好马、烈马来给灵魂分层次，灵魂中不仅含有智慧，还带有欲望的因子。相比《亚西比德篇》而言，《斐德罗篇》中的灵魂学说更为复杂，但二者一致的地方就在于对柏拉图灵魂的抽象理解。灵魂始终与神联系在一起，对于自我，柏拉图理解为类，而非个体。镜子的隐喻与视觉活动相关，视觉活动和后来的认识论哲学有着难以分离的亲缘关系。在此，柏拉图既强调了“关注自我”的重要性，关注自我与城邦政治、个人治理这些具体的世俗目标相连，同时“关注自我”的空间被“认识自我”所补充，“认识自我”又涉及抽象的灵魂问题，为后来的认识论哲学发展埋下了伏笔。

“福柯将雅典城指定为创造主体化的第一个地方，这是因为按照福柯所给出的这个城市的原初定义，正是这个城市才创造了力线，这个力线贯穿了自由人的竞争。就这个自由人能够命令他惹的线而言，有一个十分不同的线与它分叉了，这个线即是，一个命令自由人的人被看作是他自己的控制者，就是这些非强制性的自我控制规则才构成了主体化，而且这是自律的，即使是它被不断地要求激发新的权力。”[1]福柯在古希腊的自由人身上寻找到了非强制性的自我控制，这种自我控制不再受制于真假对错的判断体制和治理方式，而是将哲学作为实践性的精神活动来处理，福柯认为，自我规范自身的行为和认识活动在西方文化的一开始就紧密相连。哲学不仅是一种认识活动，更是一种创造自我的精神性活动，福柯认为自我不断改造、修炼自身是柏拉图哲学的目的。在古代哲学中，“关注自我”和“认

[1] [法]吉尔·德勒兹.什么是dispositif？[M].汪民安，译//汪民安，陈永国，马海良.福柯的面孔.北京：文化艺术出版社，2001：200.

识自我”的原则是紧密联系在一起的,“关注自我”是古代哲学的中心,“认识自我”是为“关注自我”服务的。与古罗马哲学更多地表现为一种对身体的修炼不同,柏拉图哲学更强调对灵魂的认识活动。福柯借评论《亚西比德篇》来表达自己对主体问题的认识。《亚西比德篇》中苏格拉底劝导亚西比德,认识自我的目的是为了实现对城邦的统治,但亚西比德的家庭出身决定了其无论是否关注自我,都会成为城邦的统治者。缺少为自我而自我的目的性,亚西比德尽管在苏格拉底的引导下承认了“关注自我”的重要性,但他自己的经历结局说明,其并没有把“关注自我”真正地作为行为的导向,与后来的哲学皇帝马克·奥勒留对自我的修炼还是有很大的差别的。

福柯在《主体解释学》第四讲的最后总结柏拉图学说“关注自我”的原则时提到了柏拉图的矛盾:“柏拉图主义学说是精神性运动的来源或者说主要来源,因为柏拉图主义只是根据认识自我来认识知识和真理……对柏拉图主义来说,达到真理的条件是自身与自身之间的关系以及自身作为神灵的关系和神灵作为自身的关系……但同时柏拉图主义也为理性主义的发展提供了气候,追求纯知识而忽视精神性。因为柏拉图主义明显的特点就是探究自我如何作用于自我,个体如何关注自我以获得真理……柏拉图主义既要不断地重复提出达到真理所必需的精神条件,也要把精神性活动纳入到认识活动中,认识自我、神灵、本质。”[1] 对柏拉图而言,认识自我的活动是在关注自我的活动内部进行的,但因其追求灵魂、纯粹自我而极易走向纯粹理性主义。柏拉图对纯粹知识和智慧的追求,决定了柏拉图哲学的形而上学性质。对福柯来说,真理并不遵循被发现的原则,在他看来,真理是被创造出来的。也正因此,尼采批评苏格拉底,因为苏格拉底哲学

[1] Michel Foucault. The Hermeneutics of the Subject: Lectures at Collège de France (1981–1982) [M]. translated by Graham Burchell.New York : Palgrave Macmillan, 2005 : 77–78.

缺少审美维度，过度地关注知识和智慧，“尼采认为，审美苏格拉底主义的最高法则断定，美属于可理智理解的东西，这就是从苏格拉底所谓美德即知识的原则引申出来的。”[1]福柯和尼采一样，对柏拉图哲学中对知识的过度强调不满，福柯意识到柏拉图“关注自我”的原则对个体塑造自身的实践价值，但柏拉图哲学缺少精神性内容，因而必然走向形而上学。

福柯在阐释“精神性”的哲学时提到了三方面的内容。首先，真理不是被自然地赋予主体，主体必须通过自我的实践改变、转换以获得真理。其次，主体的转变主要有两种方式，即爱的方式、苦行的方式。最后，主体获得真理，能够使自我澄明、灵魂安宁，并进而改变主体的存在。《亚西比德篇》中，苏格拉底与亚西比德是爱人与被爱者的关系，苏格拉底也是因为这层关系一直关注亚西比德的行为活动，希望通过爱的方式改变亚西比德。苏格拉底希望亚西比德通过改变自我的方式统治自我与城邦，使自我澄明，灵魂平静。但在苏格拉底对亚西比德的劝告中，抽象的灵魂与神决定了“关注自我”能否实现，很显然，苏格拉底把论述引向了抽象的知识层面，而抽象的知识并没有引导亚西比德改变自我，苏格拉底无法在亚西比德身上实现自己的精神性追求。西方的思想源于柏拉图，福柯回归古希腊论述自我的谱系学时，柏拉图的观点必须是起点，福柯对柏拉图的观点进行了改造或者说重新发掘，以期发现其对实践的价值，但是就认识自我与关注自我而言，笔者认为前者是柏拉图哲学的中心。福柯探索的勇气令人钦佩，但是就对柏拉图的《亚西比德篇》而言，其论述值得进一步地讨论和商榷。当然，福柯对古希腊伦理的探讨，对柏拉图的重新阐释并不意味着福柯认为自己就是唯一的真理，可以在现代社会复制这种伦理方式，或者像阿多所提倡的返回古希腊的历史语境中，因为在福柯看来，这

---

[1] [美]丹豪瑟．尼采眼中的苏格拉底[M]．田立，译．北京：华夏出版社，2013：87.

种返回本就不现实。福柯认为：“我们不必在我们的世界和希腊人的世界之间做出选择。但是，既然我们知道我们伦理中的一些重要原则在某些时候已经与生存美学有了联系，那么历史分析就是有用的……必须摒弃……认为伦理和其他社会、经济或政治结构之间存在逻辑上必然联系的观点。”[1]古希腊提供了批判的可能性，福柯的阐释肯定了这种可能性。福柯自己也肯定批判的这种应用，“我们看到批判的核心本质上是由权力、真理和主体相互牵连——或一个牵连到另外两个——的关系构成的。如果治理化的确就是这样的运动，即凭借依附于真理的权力机制在社会实践的现实中对个体进行压制，那么，我要说，批判也是一场运动：主体自己有权质疑真理的权力效果和权力的真理话语。这样，批判将是自愿的反抗的艺术，是充满倔强的反思艺术。批判本质上将确保在我们可以用一个词称之为的‘真理的政治学’的语境中解除主体的屈从状态。”[2]传统对柏拉图的批评模式被福柯所否定，福柯继承了尼采的传统、将古希腊哲学中的逻各斯转变为风格传统、生活方式，这是当代个体所需要继承的。

福柯对《亚西比德篇》中关注自我和认识自我的论述最终还是为了对自我和真实问题进行反思。对于福柯而言，古代人对待真实和自我的态度与现代人完全不同。在古代，关注自我是认识自我的组成部分，个体的修身锻炼形成个人风格。而现代人只关注自我的知识，他们认为知识具有同一性，适合所有存在着的个体，差异性在现代趋于终结。认识自我使智性驾驭了自我，导致了自我的规范性，真正的个体反而丢失。福柯认为笛卡尔的主体观念是这一转变的关键，笛卡尔认为，个体通过自己获得的知识能够认识真实的主体，福柯则认为，真实的获得需要个体对自我的准备和

[1] [法]福柯．论伦理学的谱系学：研究进展一览[M]．刘耀辉，译//汪民安．福柯文选Ⅲ．北京：北京大学出版社，2016：155-156.

[2] [法]福柯．什么是批判[M]．严泽胜，译//汪民安．福柯文选Ⅱ．北京：北京大学出版社，2016：177.

改变，真实的主体无法被发现，只能由个体创造。福柯对关注自我和认识自我的区分最根本的目的是为了追求个体的真实，他认为自笛卡尔以来的认识论使自我对自身的认识失真。但是，需要指出的是，柏拉图的观点本身带有形而上的特点，福柯在论述“关注自我”和“认识自我”时，把“关注自我”作为柏拉图哲学思想的中心，这是有待商榷的，福柯更多的是站在现在的观点之上来论述柏拉图。福柯的谱系学方法决定了福柯在关注历史问题时的独特态度，但是福柯在阐释具体文献资料的基础上对自我真实性的追求是值得尊重和学习的。福柯对《亚西比德篇》的论述是福柯晚期思想的关注起点和中心，涉及精神性、自我技术等核心概念，福柯提出了在古希腊关注自我的重要性之后，也详细地论述了古希腊社会个体在生活中对关注自我的追寻。

在古希腊，关注自我的目的并不是为了关注自我本身，在《亚西比德篇》中，苏格拉底劝告亚西比德，关注自我的目的是为了以后更好地管理城邦的事物。而在斯多葛派哲学中，关注自我的目的最终的指向仍然是自我。福柯在《关注自我》中引用塞涅卡、普鲁塔尔克、马克·奥勒留、爱比克泰德的观点证明，在希腊化、罗马早期，关注自我一直是斯多葛派哲学的中心，而且“这是一个对一切人、一切时间和整个人生都有效的原则”。[1]斯多葛派思想家的一生都要致力于对自我的建构，他们通过反思、写作、生产劳动，通过许多具体的行为锻炼自我、塑造自我。古罗马斯多葛派哲学家努力把生活和哲学的界限抹平，哲学不再是形而上的，脱离生活的，而是与社会生活紧紧贴近的。古罗马斯多葛派哲学家关心的不是你知道什么，而是如何去做。下一章将重点论述福柯对斯多葛派哲学中关注自我的论述。

---

[1] [法] 福柯．性经验史 [M]. 佘碧平，译．上海：上海人民出版社，2005：333.

| 第五章 |

福柯论希腊化－罗马的“关注自我”

福柯按照谱系学的方法论述“关注自我”的问题，而谱系学的方法是离不开对历史的态度的。第四章已经按照时间的顺序论述了古希腊人对自我的关注和对主体问题的看法，本章则主要论述希腊化－罗马早期的自我伦理问题。福柯在《性经验史》的第三卷《关注自我》和1981—1982年在法兰西学院的讲座《主体解释学》中追溯了希腊化－罗马时期关注自我技术的改变和发展。福柯并没有按照传统的古典学家的方法评论希腊化－罗马的自我技术，他的评论是有选择性的，对希腊化－罗马的各个学派并没有进行面面俱到的论述，而是以晚期斯多葛派的伦理学为中心展开讨论，其中涉及伊壁鸠鲁、毕达哥拉斯学派的一些观点，但是这些观点只有和斯多葛派的观点是相符合的，才被福柯引述。为了更清楚地阐述福柯的观点，笔者将集中讨论福柯对斯多葛派的阐述。

福柯强调生活是一件艺术品，Eric Paras认为，生活主要包含四个方面的内容：第一，生活的艺术选择，是一种主动的、自愿的选择，主要取决于行为个体自己。第二，人们能够自行规定、修正自我的行为。第三，把生活变成艺术品，要求人们转换自我、改变自我。第四，把生活当成一件工作来完成。而对工作的评价标准要依赖于美学和形态学。[1]福柯回到古希腊－罗马，强调古代公民个体自己的行为不是服从于固定的规则、行为方式，而是自我管理、控制自己的行为，享有充分的自由，给生命以最美丽的形式。福柯对古希腊的美学陶醉不已，但是他发现，古希腊的个体和政治的牵涉太深，并且只有自由民和贵族有选择个体的形式的自由，而希腊化－罗马哲学家更重视自我的行动性和自我塑造自身的普遍性，这让福柯对西方古代晚期的学说深感兴趣，其中以斯多葛派为代表。福柯对斯多葛派的叙述，导致了斯多葛派哲学思想在当代学术系统中再次受到关注。

福柯对斯多葛派的论述对阐述他自己的观点极重要，因此，对斯多葛派的学说做一介绍就很有必要。斯多葛派的发展分为三个时期：早期斯多葛派是由古希腊人芝诺于公元前 4 世纪创立的哲学流派，他的学生克里希普斯的著作完善了该学派的理论构架，并使该学派在古希腊思想史上取得正统地位，斯多葛派早期理论家注重理性思辨，用自然法则构建宇宙秩序。中期斯多葛派大约兴盛于公元前 2 世纪，代表人物是巴内修斯（Panaetius）、波塞唐纽斯（Posidonius）。晚期斯多葛派哲学家以塞涅卡、爱比克泰德、马克·奥勒留为代表，晚期斯多葛派哲学把哲学作为生活的指导，致力于在生活中实践哲学教条。也正是晚期斯多葛派对生活和自我的实践态度使福柯对其产生了浓厚的兴趣。

福柯推崇斯多葛派晚期哲学家塞涅卡、爱比克泰德、马克·奥勒留，他们受到尊重，并不仅仅是因为他们留下了伟大的作品，更是因为他们贯彻了斯多葛派个人生存选择。斯多葛派认为，要真正成为斯多葛派的哲学家并不取决于著述了多少著作，而是要看是否践行了斯多葛派的生活方式。斯多葛派要求的是身体力行地认识自我，关注自我，塑造自我。塞涅卡是

[1] Eric Paras.Foucault two point zero:Beyond power and knowledge[M]. New York：Other Press，2006：127.

一位演说家的儿子，从小学习哲学，后来他从学术的象牙塔里走出，主动参与到罗马的政治生活中，他冒着生命危险劝勉古罗马皇帝实行仁政，在灰暗、痛苦的流放中，塞涅卡著书立说宣传自己的哲学主张。塞涅卡最终选择以自杀的方式结束自己的生命，他从未屈服于命运，坚强地以主动的方式主导了生活。爱比克泰德这个名字的希腊文原意是“买来的”意思，这严格来说都不算个正式的名字，只说明他是主人的奴隶。爱比克泰德从小就被卖为奴隶，后来因为其过人的哲学天分得到自由，他终身教授学生斯多葛派哲学，并鼓励学生把哲学真正应用到自己的生活中，他自己则像他崇拜的苏格拉底和犬儒学派哲学家第欧根尼一样，在物质生活上极为简朴。马克·奥勒留是西方历史上真正的“哲学皇帝”，他是奥古斯都的继承人，古罗马皇帝，但是他从未放纵享乐，而是主动参加农事劳动，接受哲学教育，在马背战争中也不忘反省自己，时时训练自己克服行为上的恶。在斯多葛派看来，世界万物无所谓好坏，只有道德上的善恶才是人们需要真正关注的，个体只能控制自我道德的善恶。

福柯自己的生活似乎离斯多葛派的自我很远，但是他们都努力关注自己的人生，在本质上具有相似性，福柯和斯多葛派哲学家一样，始终关注个人如何通过各种方法及过程来塑造和改变自我。福柯在明知有患艾滋病危险的情况下，仍流连于旧金山的同性恋澡堂，是放弃生命的表现还是主动地体验生活、把握命运的表现？福柯就像他欣赏的“纨绔子”波德莱尔一样，不管世人如何评价，福柯有福柯的坚持，他从未曾放弃做命运的主人。但福柯反对加利福尼亚的性团体对自我的定义，并不认为极端性活动能找到真的自我。福柯认为，自己在加利福尼亚的性活动是自我选择的具体实践，个体的自由在这一活动中得到尊崇，在他看来，自我是一种美学选择，是一种建设性的工作，不存在所谓的本质，加利福尼亚的性活动是建设自我的方式，而不是寻找所谓的本真自我或者自我本质的方式。福柯反对系统化，并不寄希望于建立主体的历史，他强调单个个体在社会中所处的位置，对自我的塑造。福柯从这个方面关注斯多葛派哲学，福柯晚期对个体的关注主要是探讨个体与自我的关系，更明确地讲是个体对自我的塑造，对自我所做的工作。在这方面斯多葛派的哲学主张和实践为福柯的哲学主张提供了很好的蓝本，因为斯多葛派哲学关注人在面对生活的不幸、考验时如何塑造、锻炼自己，斯多葛派的哲学从来都不是思辨的形而上哲学，而是致力于伦理方面的追求，关注现实社会人的行动。尽管如此，福柯对斯多葛派的理解和批评还是建立在自己的哲学建构基础之上，与传统所认为的斯多葛派哲学相距甚远。

福柯对古代哲学的讨论始终立足于现世的基础之上，他对斯多葛派的讨论带有选择性和独特性——带着对现代伦理自我的关注讨论斯多葛派哲学。福柯在讨论古希腊哲学思想和斯多葛派哲学思想的同与异的对比之中，突出斯多葛派个体对自我选择的重视。在前面的章节中已经论述了古希腊个体对自我的照看，本章将重点论述希腊化－罗马早期以斯多葛派为代表的自我技术、自我对自身的塑造问题。

Eric Paras 认为，对于福柯来说，古代人并不服从统一的规则，而是自己控制自己的生活，转变自我，形成生存的艺术。福柯主要是从三方面来论述古罗马，特别是斯多葛派哲学家的自我艺术的：第一是教学，涉及自我与他人的关系。第二是沉思，涉及自我与真理的关系。自我获得真理必须通过反思、读书、记忆等手段。第三是锻炼，涉及自我与自身的关系。[1] Eric Paras 的总结具有代表性，主要是从三个方面来探讨福柯对斯多葛派伦理学的批评的，即希腊化－罗马时期对自我的定位，在政治与婚姻等社会关系中的自我与他人的关系，以及福柯对斯多葛派和

[1] Eric Paras.Foucault two point zero:Beyond power and knowledge[M]. Other Press：New York, 2006：128.

犬儒学派修身实践的讨论。从斯多葛派哲学对自我与他人、社会、自然的关系的认识，以及斯多葛派对自我的构建的角度来考察福柯的斯多葛派自我技术是本部分的重点。

福柯在评论斯多葛派时过于强调希腊化时期个体创造自我的自由等伦理方面的内容，而忽视斯多葛派极力推崇的自然、逻辑等普遍化的条例。福柯带着自己的视角评价古罗马斯多葛派哲学，关注政治和社会对斯多葛派塑造自我的影响。但婚姻、政治等社会条件只是自我建构自我的条件，并不占据自我建构的中心。福柯反对传统意义规定的主体，因为这种主体是被规定了的，一切的指示意义都取决于被规定了的主体。福柯在斯多葛派那里发现了实践个体的多样性、历史性。在古罗马，政治、法律、道德逐渐加强对性行为和性快感的约束，但是在古罗马刚刚建立的公元前两个世纪中，制度性的约束力还很微弱，公共权力对性行为的干预还未出现，性节制还是一种自我选择性行为。建构个体、关注自我在希腊化和早期罗马社会中还是一种严格的个人行为。希腊化、早期罗马社会既孕育了基督教世界对婚姻、性行为严格的道德禁制，又极力提倡行为个体严格控制自己的行为，远离城邦政治，创建自我的行为准则。这种新的社会环境造成了以斯多葛派为代表的希腊化思想的复杂、多变。斯多葛派既退守到个人，执着于自我的道德建设，同时也不反对个体对公共事务、经济事物的参与，并把这种参与与个体的创建联系起来。与古希腊哲学家的傲然于世、形而上思辨的出世态度不同，斯多葛派哲学积极寻求精神世界与世俗世界的和解，他们始终是入世的。也正因此，福柯对斯多葛派的个体多有赞扬，并在《主体解释学》和《关注自我》中对斯多葛派伦理学进行了详细的阐释和分析。

福柯重视斯多葛派的自我的修炼，在对自我的苦修中，自我完成对自身的塑造，并发现了关于自我的真相。福柯详细地阐述了斯多葛派个体对听说读写的修炼，对节制（sôphrosunê）、考验（Probatio）、沉思（meletan/meletê）的苦修和对死亡的锻炼。斯多葛派强调修身的重要性，是因为对斯多葛派而言，人并不能预测未来会经历什么，因此人必须为了未来承受不幸而做好准备。斐洛就说过："他们并不畏惧命运的打击，因为他们预先已经考虑过命运的各种打击。因为，当我们的思想不再遇到任何在事件中不可预期的、却减弱我们对事件的感知——仿佛它们是久远的、已淡忘的事物——时，那些违背我们意志而出现的、最痛苦的事物，都因被预先考虑过而减轻。"[1] 修身是成就、显示自我的方式，而提到修身实践不得不提到说真话。福柯不仅关注柏拉图对"说真话"的论述，也对斯多葛派和犬儒学派的"说真话"进行了阐述。福柯在法兰西学院最后的十次讲座中以极大的激情讲述了犬儒学派对"说真话"和对个体自由的坚持。究其原因，对于福柯而言，古希腊的伦理过于贵族化，并不能落实到每个个体身上，古希腊的自我塑造离不开个人的政治身份，斯多葛派的道德虽然强调个体的自由选择，但是其中蕴含着趋于统一性与规范性的基督教道德雏形。福柯对犬儒学派道德的赞赏还是应归结于犬儒学派道德对自身与自我关系的关注。福柯总结了古代异教修行的三个方面的内容：第一，修身的最终目的不是基督教的否弃自我，而是为了把自身塑造为自己的生存目的。第二，在修身实践中，个体能发现自身不曾具备的品质，这种高贵品质得到培养，以适应在未来生活之中可能遇到的考验与挑战，也就是准备自我，把自我塑造为能够抵御生活艰险的自我。第三，修身不与统一的法律和宗教条例联系在一起，而是与真实联系起来，个体塑造自我的目的是发现个体和世界的真相。福柯认为，古代异教社会的哲学是实践性的，是对此在时刻的不断关注，是对自我的不断完善。

[1] [法] 皮埃尔·阿多．古代哲学的智慧 [M]. 张宪，译．上海：上海译文出版社，2012：144.

第一节 阿多对福柯“自我技艺学”的批评

法国古典哲学家皮埃尔·阿多（Pierre Hadot）在西方学术界非常具有影响力。阿多认为，西方古代哲学并不是纯理论的体系建构，而是生活方式的选择，哲学和生活紧密相连。阿多的思想深深地影响了古典学术界，开启了古典学术界新的研究思路和方法。阿多之所以受到英语学界的重视也是源于福柯的介绍。皮埃尔·阿多是米歇尔·福柯最为欣赏的哲学家，阿多在申请法兰西学院教习一职时获得了福柯的推荐与坚定支持。福柯晚期哲学受到阿多的深刻影响，最早把皮埃尔·阿多介绍给英语世界的学者阿诺德·戴维森认为："为了充分理解福柯的动机和研究对象，研究者必须重视阿多关于古代精神修炼的思考，因为阿多的精神修炼能够帮助读者理解福柯的整体思想。毫不夸张地讲，福柯关于古代性行为的研究是以阿多的精神修炼概念为指导形成的。福柯的目标是把在性行为领域中展示的控制人存在的自我练习和精神锻炼联系起来。"[1] 阿诺德·戴维森认为，福柯于20世纪80年代末接触到阿多的思想，并认真研读过1977年出版的阿多关于精神修炼的文章，这篇文章后来收录在阿多的著作《作为生活方式的哲学》中。[2] 阿多的论文主要阐述了三方面的内容：古代哲学作为一种艺术、风格、生活方式；现代哲学完全变成理论话语，已经忘记了古代哲学传统；基督教的精神修炼技术在古代哲学中已经存在。以上三方面的内容在福柯的《性经验史》和《主体解释学》中已经有了系统的阐述。1988年1月，在巴黎举办的福柯国际研讨会上，皮埃尔·阿多认为，福柯《性经验史》的第二卷和第三卷的写作是受到他关于精神修炼的文章启发的。而在《性经验史》第二卷的导言中，福柯承认皮埃尔·阿多的著作对

[1] Davidson，Arnold. Foucault and His Interlocutors[M].Chicago：University of Chicago Press，1997：200.
[2] Davidson，Arnold. Foucault and His Interlocutors[M].Chicago：University of Chicago Press，1997：200.

他重新写作《性经验史》有很大的影响。福柯研究专家埃里克·帕拉斯认为，阿多直接给予了福柯主题方面的灵感。[1] 虽然福柯晚期思想受到阿多的影响，但是很显然，福柯的对斯多葛派哲学的阐述与阿多的观点存在本质性的差异。阿多曾以福柯的《关注自我》为文本，就福柯与自己对古代思想特别是斯多葛派的观点的差异进行了具体的论述。本节笔者将从分析阿多对福柯的批评入手，着重阐述福柯的自我的观点。主要回答三个问题，如何理解阿多对福柯的阐述，福柯为什么选择阐述斯多葛派哲学来解释他对主体的理解，如何理解阿多对福柯把自我塑造成浪荡子的批评。

在具体分析斯多葛派和福柯的自我的观点之前，客观地介绍斯多葛派学说是有必要的。了解了斯多葛派的基本观点和术语才能使我们的分析更客观、更准确。斯多葛派哲学内容大体涉及三部分的内容：第一是自然，或被称为宇宙、神、上帝，主要是斯多葛派对物质世界的观点。对于斯多葛派而言，他们的神就是自然，是具有物质性的，并不是形而上的。第二是伦理，主要涉及斯多葛派对人的行为的期待，斯多葛派追求伦理上的善，对于他们而言，善意味着遵照自然，过理性的生活。人和动物的最大不同就在于人具有神圣的理性。第三是逻辑，主要是斯多葛派思考的方式，斯多葛派讲究和谐，他们所谓的逻辑是指个人要坚持自我，而自我又要和宇宙、自然处于和谐的状态之中。斯多葛派以上三方面的内容都和理性[2]、神

[1] Eric Paras. Foucault Two Point Zero:Beyond Power and Knowledge[M]. New York : Other Press, 2006 : 136.

[2] 斯多葛派的理性是个很独特的用法，在这里率先做一解释，在本章后面若涉及理性，主要是针对斯多葛派的理性而言：人类的幼年和动物一样不具备理性，只是遵循本能去解决问题，随着个体年龄的增长，人类慢慢具备理性能力，在斯多葛派思想家看来，具备理性不只是一种智性能力，同时也意味着在伦理上，人趋向于道德高尚，而这一切同时也意味着人选择了一种符合自然的生活。斯多葛派认为，物理世界是客观存在的，人无法改变物理世界的存在规律，所以人不应该过多地关注属于外部世界的那些与人无关而人又无法改变的事物。长久以来，斯多葛派总是被打上宿命论的标签，其实这对斯多葛派并不公平，斯多葛派承认并不能改变自然秩序中已经被确定的事物，但是并不就此认为，人就应该安于天命、不思进取，而是强调人对无法控制的事物不必投入精力。在斯多葛派看来，身体和外部事物是不需要计较的。但是作为个体的人总是希望我们遇到的事物和环境是有利于人的生存和理性发展的。

联系在一起，构成他们思想的整体。在斯多葛派看来，世界上所有的生物以及自然现象都遵循宇宙秩序，这种秩序斯多葛派用很多不同的名称来表示，比如神（god）、宙斯（zeus）、命运（fate），等等。这种秩序是神圣的，但并非超自然的存在，它就是自然本身，宇宙中的一切都无法逃离这一秩序。人作为宇宙的一部分，只有很好地思考了宇宙的整体，才能正确地使用理性，才有能力关注自我。但是人在自然中又是特别的存在，人在自然中生存是有理性的，理性支配人类追求美德，人无法改变外在的自然，但是可以做最好的自我。

阿多认为在《关注自我》中，福柯提出的“自我技艺学”（techniques of the self）“确实是过多地关注了‘自我’，至少是特定概念的自我”。阿多从两个方面批评了福柯。首先，阿多反对福柯对快乐的定义。福柯把古希腊－罗马的伦理学看作是自我在自身中寻找 voluptas（快乐），福柯把快乐看成是 gaudium/laetitia（喜悦）的组成部分。为了给自己的论点提供论证，福柯分析了塞涅卡写给鲁基里乌斯（Lucilius）的第 23 封信，在信中塞涅卡认为，个体能够在自身中尤其是在好的自我部分找寻到 gaudium/laetitia（喜悦）。塞涅卡用的是 gaudium /laetitia（喜悦），而福柯却把其转换成了 voluptas（快乐）。阿多批评福柯的观点，在斯多葛派的观点中 voluptas（快乐）是激情（passion）的组成部分，是无法掌控自己行为的情绪，需要坚决抵制和克服，斯多葛派不仅没有把 voluptas（快乐）引进到自己的伦理学中，而且他们的伦理学坚决要求个体摒弃 voluptas（快乐）。而与快乐 voluptas（快乐）完全不同的是 gaudium/laetitia（喜悦），喜悦是幸福（happiness）的组成部分，而幸福在斯多葛派理论中是与追求美德的要求联系在一起的。“对于他们（斯多葛派）来说，幸福（happiness）并不包括快乐，幸福是美德本身，是对美德的奖赏。”阿多认为，福柯弄混了快乐

voluptas（快乐）和 gaudium/laetitia（喜悦）的定义。其次，也是福柯与阿多更主要的分歧，这一点也与第一点不同。阿多认为，对于塞涅卡而言，最关键的不在于从自我身上寻找快乐，而在于发现更好的自我、理性的自我。gaudium/laetitia（喜悦）可以在完美理性中寻求，而只有在完美理性中，自我才能发现自身中好的部分，自身中好的部分是与神共享的，是对自我的超越。遵照理性行事意味着人要超越自我，把自我上升到人类和宇宙的总体。阿多认为，人无法在自我中寻求幸福，而只能在对自我的超越中寻求到真正的自我。

阿多对福柯的第一点批评来自于《关注自我》中福柯的一段话："最终接近自我的人对于自我来说是一个快感（plaisir）的对象。个体不仅满意自己是什么，接受自己的局限而且使自我感到快乐。塞涅卡一般用'gaudium'或'laetitia'来表示这种快感。它是一种没有任何身心困扰形式的状态。界定它的事实在于，它不会被任何不依赖于我们又溢出我们掌控之外的东西所激发出来。它来自我们之中并且存在于我们之中。同样，这一事实也能说明它的特征，即它既没有不同程度，也没有变化，而是以'一整块'的方式出现的。外在事物从没有机会抢夺它。因此，这种快感可能完全不同于快乐（voluptas）一词表示的意思。后者表示一种源于我们之外和出现在我们无法确定的对象之中的快感。因此，它自己是不稳定的，担心被取消而遭到削弱，而我们在能够或无法自我满足的力量的驱使下却又想接近它。接近自我才能用一种宁静、没有衰退的快感经历自我并代替这种狂热的、不稳定的和暂存的快感。"[1]福柯在这里并没有对 graudium、voluptas 做语义学的区分。福柯对喜悦的态度和对性的态度非常相似，同时囊括肯定和否定两个方面的内容，而关键在于自我对自我的掌控。很显然，阿多的

[1] Michel Foucault. The Care of the Self[M]//Robert Hurley. The History of Sexuality，vol.3. New York：Vintage Books，1986：66.

观点是批评福柯对斯多葛派关键词语的定义的随意性。gaudium 在斯多葛派的观点中是和道德的善联系在一起的，而道德的善又和自然、宇宙秩序结合在一起，共同组成和谐的整体。福柯没有从这个意义上定义词语，而是以自我在行为中是否处于主动地位来区分 graudium、voluptas，阿多借批评福柯扩大 plaisir 的使用范围而放弃对 joie 的使用，来批评福柯过多地坚持转向自我、塑造自我，而忽视对从属于规则的理性、自然的坚持。

阿多对福柯的第二点批评认为，福柯过多地关注现实的自我，而忽视了超越层次的自我。也就是说，在阿多看来，斯多葛派的自我和现代人对自我的理解很不同，现代人认为自我拥有绝对的自由，追求个性，而斯多葛派则认为，个体应该克服自身，与宇宙和自然融合在一起。在《关注自我》中，福柯认为在希腊化－罗马时期，自我教化发展到了顶点，生存的技艺是以关注自我为核心的。福柯不再强调生活是一种艺术，而是强调修身的普遍性。在古希腊，从事修身实践的个体必须在城邦中具备一定的地位，而斯多葛派所谓的普遍性是指所有的个体都有权利锻炼自己。福柯分析了斯多葛派的自我对自身的关注，并强调个体应该积极锻炼自己，审查自我。但福柯对斯多葛派的学说进行了选择性解读（这也正是阿多对福柯的批评之处），他有意识地忽略了斯多葛派强调自我与宇宙统一的观点。对于斯多葛派来说，世界上任何事物的发生都与神的安排无法分开，人无法改变神确定的存在秩序，但是作为有灵魂和理智的人，人可以自由地遵照自然秩序，规范自己的行为。福柯过于强调个体的独特性而忽略了宇宙的统一秩序和神性。在斯多葛派看来，人作为理性的动物，分享了宇宙的理性，应该根据个人所处的具体情况调整自己，按照普遍理性规范自己的行为。福柯过于强调斯多葛派的自我选择的自由性，而忽视了斯多葛派对普遍性秩序的遵循，福柯把斯多葛派遵照理性的要求对自我的塑造变为纯粹的自我选择。福柯对斯多葛派的误读在于其用个性代替了斯多葛派普遍的伦理要求，他把斯多葛派的自然和理性归入个体的主体化过程，很显然是误读了斯多葛派。阿多对福柯的批评就是从这个角度切入的。

当然，以上的批评并不是说福柯在批评斯多葛派哲学时没有提及自然和理性，而是他对自然和理性的认识与正统斯多葛派哲学家之间存在很大的差距。福柯把伊壁鸠鲁学派、犬儒学派和斯多葛派对自然的关注归结为“存在某种批评无用知识的传统，它推崇一切与人的生活可能有关的认识、知识、技术和戒律。人所需要的一切知识都必须是被纳入‘生活艺术’之中的知识……当他们坚持把一切知识都纳入‘生活艺术’之中和关注自己时，他们是把这种转向、反观自身与对世界秩序及其一般内在结构的把握联系在一起的”。[1] 在福柯看来，认识自然是人认识自己、转向自身、控制自我的一种方式和手段，了解自然才能更好地思考自我和自然的关系。对福柯而言，斯多葛派的自然、神赋予了个体理性，宇宙、理性都是为具有理性的个体人服务的，而在斯多葛派看来，人是无法超脱自然而存在的，人的独立性是有限的。马克·奥勒留在《沉思录》中明确指出：“你（人）是由三种东西组成的，一个小小的身体，一点微弱的呼吸（生命），还有理智。前两种东西属于你，是仅照管他们是你的义务而言；而只有第三种东西才真正是你的。”[2] “不论我是什么人，都只是一小小的肉体、呼吸和支配部分。丢开你的书吧；不要再让你分心，分心是不允许的；但仿佛你现在濒临死亡，轻视这肉体吧；那只是血液、骨骼和动脉的结构。也看看呼吸，它是一种什么东西？空气，并不总是同样的空气，而是每一刻都在排出和再吸入的空气。那第三就是支配部分了：这样来考虑它，你是一个老人；不要再让这成为一个奴隶，不要再像拉线木偶一样做反社会的运动，不要再不满意

[1] ［法］福柯．主体解释学 [M]. 佘碧平，译．上海：上海人民出版社，2004：203.

[2] ［古罗马］马克·奥勒留．沉思录 [M]. 何怀宏，译．北京：中央编辑出版社，2008：171.

你现在的命运，或者躲避将来。”[1] 斯多葛派认为，人只能关心自己可以改变的，他们把关注重点转向内部是因为自然、人的肉体是人无法控制的事物，人具备神圣的理智，不应该花费精力在无法改变的事务上。人的一切都是来自神的，人的理性只能关注自己理智范围内的事物，而无法关心外部的事物，个体因自己无法掌控的事物苦恼不堪是不理性的行为。爱比克泰德说过，人能控制的只有自己的意志，因为个体拥有意志，可以支配自己的行为。

西方著名的古典批评专家克里斯多夫·吉尔（Christopher Gill）把斯多葛派的自我定义为“客观—参与者”：“之所以是客观的，是因为它（斯多葛派的自我）把自己的本质作为宇宙本体的一部分，和个人的主观性格及偏好无关；而作为参与者，斯多葛派的自我把自己设置在与周围事物的关系之中。”[2] 在斯多葛派看来，人的行为应该遵循神、宇宙秩序的法则，同时因为人具有理智，可以根据自己所处的具体情况，在与自然和他人的相处中规范自己的行为。斯多葛派的个体首先建立在遵循共同的规律的框架之下，个体在面对具体的环境时，根据个人和环境的具体情况会有不同的选择，但是选择的对与错是有标准去衡量的。个体不是把自我引向绝对的自由，而是把自我引向标准。斯多葛派的个体既存在于个体自身，又存在于理性共同秩序之中的。因此，斯多葛派的自我既承载了共同的理性秩序和原则要求，又包含了个体在面对特殊的境况下所做出的具体选择，斯多葛派的个体沟通了具体与抽象、个别与一般的界限。“自我不只是个哲学概念，它也是一种独特的行动和对话方式。”[3] 虽然个体都具有理性，但是

[1] [古罗马] 马克·奥勒留．沉思录 [M]．何怀宏，译．北京：中央编辑出版社，2008：28.

[2] Christopher Gill. Personality in Greek Epic, Tragedy and Philosophy : The Self in Dialogue[M]. Oxford : Clarendon Press.1996 : 19.

[3] Gretchen J, Redams-Schils. the Roman Stoic : Self, Responsibility, Affection[M]. Chicago : The university of Chicago Press, 2005 : 17-18.

个体理性只有符合宇宙和人类总体对理性的要求才能行得通。“人类理性的完善意味着理性与自然整体合一。”“圣人只有站在人类总体的角度思考才是真正的为自我思考。”[1] 个体理性离不开自然和人类整体对个体的要求，只有总体的才是真正的个体，个体离不开自然和各种社会关系。福柯把自我变成了单向度的参与者，对于福柯而言，斯多葛派的自我没有逃离与社会、自然的关系，但是所有关系都围绕自我建构，自我是主动的、自由的自身塑造者。

阿多认为，福柯的“自我技术”是一种转向自身的运动，“个体把自我从外部事物、自己对外部事物的依赖以及外部事物可能带给他们的快乐（pleasure）中解放出来。个体观察自己，确定自我是否在这些锻炼中取得进步。个体寻求成为自己的主人，支配自我，在自我的自由和内心独立中找寻到快乐（happiness）”。[2] 阿多同意福柯对斯多葛派转向自我内心的批评。但是，阿多认为，斯多葛派转向自身是为了过更理性的生活，遵照宇宙和神的意志行事，是为了成为自然和宇宙理性的一部分。如果能做到这一点，阿多认为：“个体不再生活在普通的、凡俗事物中，而是生活在世界自然之中。”[3] 福柯认为，个体思考、锻炼自我最终的目的是自由地建构自我。很显然，自身是福柯思考自我的起点和终点。而阿多则认为，斯多葛派思想家思考的起点是现实的自我，终点是超越的自我，超越的自我是与宇宙、自然、神融为一体的，是绝对抽象的。

---

[1] Gretchen J，R edams-Schils. the Roman Stoic：Self，Responsibility，Affection[M]. Chicago：The university of Chicago Press，2005：70.

[2] Pierre Hadot.Philosophy as a Way of Life[M]. translated by Michael Chase. Malden，MA：Blackwell pubilisher，1995：211.

[3] Pierre Hadot.Philosophy as a Way of Life[M]. translated by Michael Chase. Malden，MA：Blackwell pubilisher，1995：211.

第二节 福柯对希腊化－罗马早期转向自我的阐释
——以斯多葛派为例

斯多葛派哲学体系本就庞杂，斯多葛派思想家在论述自己的观点时又都是有所偏重的。著名的斯多葛派批评家 A. A. Long 就很客观度地指出："任何对斯多葛派哲学的创造性讨论都需要有一个明显的关注点，但是因为斯多葛派哲学本身的复杂性，人们的评价总冒着因遗漏和偏重而引起的曲解。"[1] 福柯和阿多都强调斯多葛派哲学在行动上、实践上对自我的塑造。福柯虽然肯定了柏拉图"认识自我"在西方古代哲学传统中的意义，但是，福柯对由柏拉图学说的"认识自我"所肇始的西方逻各斯中心主义的倾向有颇多批评。福柯带有选择性地解读斯多葛派哲学，因为对福柯而言，斯多葛派哲学开创了一种新的主体模式，而这种主体模式对于现代人的生存具有借鉴意义。

在《主体解释学》中，福柯认为，斯多葛派发展了一种转向自身的伦理学，福柯把斯多葛派的关注自我和柏拉图的认识自我以及基督教的舍弃自我进行了比较研究。在福柯看来，斯多葛派对自我的塑造不同于柏拉图和基督教的模式。

柏拉图认为关注自我首先要明确自我的无知，进而发现认识自我的必要性，在认识自我中，灵魂通过回忆审视自我，明确自我之所是，进而真正地把握自我。在柏拉图模式之中，抽象的灵魂运动是认识自我、关注自我的关键，灵魂在回忆之中回忆过去目睹过的纯粹形式。在《斐德罗篇》中，柏拉图阐明了灵魂的不朽和回忆的重要性。人的灵魂曾驾驶马车周游过神圣的世界，有幸见识过绝对的正义、美德和真知，但是

[1] A. A. Long. Representation and the Self in Stoicism. Companions to Ancient Thought，volume 2，Psychology [M].Cambridge：Cambridge University Press，1991：118.

由于人的肉体的罪恶，灵魂坠入大地，只有通过回忆，“回忆到灵魂随神周游，凭高俯视我们凡人所认为真实存在的东西，举头望见永恒本体境界那时见到的一切……只有妥善运用这种回忆，一个人才可以探讨奥秘来使自己完善，才可以真正达到完善”。[1] 柏拉图学说中的灵魂和肉体是分裂的，在《斐多篇》中，柏拉图认为，身体是灵魂的桎梏，只有逃脱身体的束缚，灵魂才能真正地飞升，灵魂总是希望摆脱现实世界，仰望世间之外的东西。斯多葛派的灵魂和柏拉图对灵魂的形而上的界定是有本质的区别的。在斯多葛派看来，灵魂是具有物质性的，有高级和低级之分，低级的灵魂包括五感、发言、生育等七方面，而高级的灵魂则是理性（hēgemonikon），灵魂因为具有理性而使人区别于动物。斯多葛派认为，只要人致力于培养灵魂中的理性方面，人就是幸福（happy）的。福柯在讨论塞涅卡的《自然问题》时，区分了塞涅卡和柏拉图对灵魂的不同态度。塞涅卡讨论灵魂问题时认为：“对于灵魂来说，这绝不是纠缠于自身，探寻自身以便从中重新回忆起它过去目睹过的各种纯粹形式。相反，这是要切实地看看世上万物，切实地理解其中的细节和结构。这就是通过这种务实的探究，明白什么是世界的理性，以便同时认识，到主宰世界结构的理性（神的理性）是和让我们有认识能力的理性是同一类的。”[2] 除此之外，与柏拉图的灵魂的不同之处在于，斯多葛派的灵魂不是指向彼岸世界，灵魂的运动在于对现世自我的坚持与审视。对物质世界的认识，不是为了向上迈进的精神运动，而是为了了解世界的秩序，更好地对自己的人生做判断。

斯多葛派的灵魂无法摆脱和身体的联系，身体和灵魂在斯多葛派这里保持着连续性，福柯说：“身体的艺术在柏拉图那里是明显区别于灵魂

---

[1] [古希腊]柏拉图．柏拉图文艺对话集[M]. 朱光潜，译．安徽教育出版社，2007：123.

[2] [法]福柯．主体解释学[M]. 佘碧平，译．上海：上海人民出版社，2004：220.

的艺术的……在《阿尔西比亚德篇》(《亚西比德篇》)中，正是从这一分析或这一区分出发，灵魂才被确定为关心自己的对象……在伊壁鸠鲁主义者那里，在斯多葛主义者（对于他们来说，有关灵魂与身体健康之间的紧张关系的各种问题是深入地联系在一起的）那里，我们会看到身体再次作为担忧的对象出现，以至于关心自己的同时就是关心他的灵魂与他的身体。”[1] 很显然，福柯意识到在柏拉图那里，身体是灵魂飞升应该舍弃的部分，是低下的。而在斯多葛派这里，灵魂和身体结合成一个和谐体，共同规范着人的理性。人具备的理性并不是抽象的，而是包含一个过程：人根据自己对周围世界和自己的感知能力（impression / representation）思考世间事物，对世界和自我的感知是理性做出正确行为的起点；根据自然的要求，人对自己所感知的对象做出判断（assent）。与动物对世界的刺激—反应机制不同，人拥有的理性能力可以使人控制冲动（impulse），做出正确的判断。而只有当人做出判断，并认为这种判断是符合理性、宇宙总体的要求的人才会行动。福柯虽然把斯多葛派对共同秩序的遵循转换成个体为了更好地塑造自我而认识自然，但他还原了斯多葛派对行动的坚持，对自我的塑造，对现世的执着。对于福柯来说，斯多葛派伦理学的目标就是返归自我，重视个体的历史性选择，保护、塑造和捍卫自身。

基督教的主体模式，即“禁欲——僧侣模式”。在这种模式中，来自《圣经》中的圣言和启示录是作为真理而存在的，人所做的一切都是为了使自己的行为符合真理，即圣言的要求。而人为了达到真理就必须遵循一定的技术手段，这种技术手段具有强制性，最重要的一点就是，人必须抵制欲望和性诱惑，净化内心。人净化内心最终的目的是为了把自己

[1] [法]福柯．主体解释学[M]. 佘碧平，译．上海：上海人民出版社，2004：87.

塑造成神所要求的样子，进而舍弃自我，投入神的世界。在《关注自我》中，福柯认为，希腊化和公元前两个世纪的古罗马，医学更加关注性快感的结果，关注婚姻的双方，并用婚姻关系取代与男童的关系，性快感朝着被更加严格地节制与监督的方向发展。自我的文化向前发展，自我与自身的关系得到越来越多的关注。但需要注意的是，福柯认为，虽然这一时期古罗马社会对自我的伦理道德规范的要求越来越趋于严厉，但是与基督教世界存在本质的差异。基督教反对性快感并弃绝自我，认为自我没有自主选择权，而在希腊化的异教社会，规范自我只是为了更好地塑造自我，并且个人掌握选择的自由，古代社会反对性禁忌，性实践最终导向对自我的控制。在论及福柯对基督教的自我的态度时不得不提及尼采，因为尼采的观点在很大程度上影响了福柯。尼采之所以反对上帝，就在于他反对人把无法解释的事情通通归结给上帝的做法，上帝成了第一因，人在上帝面前放弃了自我的探索精神。福柯作为尼采的信徒同样反对个体在基督教文化中放弃自我的主动性追求，而使个体沦为神的控制工具。福柯在《自我技术》中评价斯多葛派哲学时强调，“在斯多葛主义占据主导地位的哲学传统中，自我修炼（askesis）并不意味着舍弃自我，而是渐进的自我思虑，或者逐渐掌握自己的过程。其方法不是舍弃现实，而是获得并吸收真理。其最终目的也不是要为另一种现实的来临做准备，而是为了进入这个世界的现实……它包括一整套的实践活动，人可以借此获取、同化真理，并将真理转化为一种永久性的行动准则。alethia（真理、真实）变成了 ethos（生活习惯、风俗），这是一个越来越主体化的过程”。[1] 福柯在斯多葛派自我与基督教自我的对比中，突出了斯多葛派自我的行动性。

[1] [法]福柯．个体的政治技术 [M]. 李自修，译 // 汪民安．福柯读本．北京：北京大学出版社，2010：274.

福柯认为，在希腊化－罗马早期（公元前2世纪—公元2世纪）出现了一种不同于柏拉图和基督教模式的第三种建构自我的模式。在《亚西比德篇》中，关注自我是有条件的：第一，关注自我的人必须具有一定的政治地位，正是为了将来更好地统治城邦，令城邦的人信服，才需要关注自我，控制自己的行为。雅典自由的贵族青年亚西比德血统高贵，会成为将来城邦的统治者，所以苏格拉底劝他要关注自我。第二，关注自我主要是通过认识自我的方式实行的。而在公元一、二世纪，关注自我，不需要考虑出身，每个人甚至是奴隶都要关注自我。同时关注自我的最终目的不再指向城邦，而是指向自我对自身的塑造。自身成为关注自我的对象和目的。关注自我不再像古希腊那样仅仅通过认识自我的方式，而是强调以锻炼、训练自我的方式进行。“自身是关注自我的确切的和唯一的目标。因此，这种活动，这种关注自我的实践，决不能被认为纯粹是为关心其他人做准备的。这是一种只以自身为中心的活动，而且只在自身中，也即在修身活动中达到自身圆满的活动。认识为了自身而关心自身。”[1]福柯列举了四类关注自我的具体方式：第一，斯多葛派注重对自我的检查、反思，发明了一整套的反思自我的方式；第二，关注自我的活动与人的生存有关，自身是最坚固的避难所，退回自身一定程度上保存了自我；第三，关注自我与修身联系在一起；第四，关心自我涉及个人的身体感受问题，自己要做身体的主人而不是奴隶。在希腊化－罗马早期，关注自我具有普遍性，并且和个体生活紧密联系在一起。在《亚西比德篇》中，苏格拉底劝导亚西比德关注自我要趁早，过了青年时代，个体不再具备关注自我的条件。但是斯多葛派和同时期的伊壁鸠鲁派都不赞成这种观点，在他们看来，任何时候关注自我都不晚。伊壁鸠鲁在《给梅内塞的信》中就说：“年轻时，

[1] [法]福柯．主体解释学[M]．佘碧平，译．上海：上海人民出版社，2004：141.

不要在进行哲学思考上有所好，年老了，也不要对哲学感到厌烦。关注自我的灵魂，绝不会太早，也不会太晚。”[1]而斯多葛派晚期的另一代表人物鲁弗斯（Rufus，他是爱比克泰德的老师）认为“关注自我是一生的事”。[2]人在整个一生都要学习哲学，当然，学习哲学的目的不是为了学习知识，而是为了纠正自己的行为。受阿多影响，福柯认为古代哲学就是一种生活实践，学习哲学的目的是为了更好地生活，完成对自我的创建和塑造。

柏拉图以灵魂为中心的自我没有显示人的自由意志和独特个体，自我掩埋在抽象总体之下。柏拉图认为，灵魂只有离开人的身体才能得到真正的飞升，人的物质性决定了人在活着的时候永远无法触及灵魂，个体的人越是具有高尚的德性，在死后灵魂越是可以迅速离开肉体。基督教的自我主张遵照圣言，追求真理而弃绝自我，投入神的世界。阿多认为，正是随着基督教大学的兴盛，形而上的哲学取代了古代异教世界作为生活方式的哲学，哲学开始走上了形而上学的道路，与生活分道扬镳。斯多葛派试图把自我和身体以及外部事物区分开，“晚期斯多葛派哲学对伦理学的强调要超过他们对逻辑学和物理学的强调，并且，他们把注意力更多地集中在伦理学中的行动方面”。[3]很显然，斯多葛派反对对自我的本质性规定、提倡自我的行动性方面获得了福柯的赞同。福柯对斯多葛派的转向自我有颇多赞赏，并在斯多葛派自我中发现了自我创造的实践，在福柯看来，斯多葛派对自我的创造相比柏拉图和基督教而言具有更多的自主性和多样性。

---

[1] [法]福柯．主体解释学[M]．佘碧平，译．上海：上海人民出版社，2004：86.

[2] [法]福柯．主体解释学[M]．佘碧平，译．上海：上海人民出版社，2004：86.

[3] Gretchen J，R edams–Schils. the Roman Stoic：Self，Responsibility，Affection[M]. Chicago：The university of Chicago Press，2005：3.

第三节 从《何为启蒙》看福柯对希腊化－罗马时期自我的批评

斯多葛派自我的行动性以及对选择自由的坚持得到了福柯的赞赏，但是阿多显然有不同的看法，他认为福柯缺少宇宙整体的视角，从自我返回自我的研究思路太审美了。“过多地关注于教养自我、关注自我和转向自我——更系统地说，把他的伦理模式定义为一种审美的生存——米歇尔·福柯解释教养自我的时候太过于审美化。换句话说，这可能是花花公子的新形式，20 世纪晚期的风格。”[1] 生活在 20 世纪晚期的福柯很明显地被打上了 20 世纪晚期哲学思想的烙印。阿多所说的福柯的“花花公子形式”，涉及福柯的另一篇重要的论文《何为启蒙》，仔细研读福柯的《何为启蒙》，既能进一步阐述古典哲学家阿多对福柯的误解，又能进一步阐述福柯的主体观点。

1784 年 12 月康德为《柏林月刊》写了一篇《何为启蒙》的文章，这篇小文章后来得到福柯的重视，为此他写了同名的《何为启蒙》的文章分析他晚期对主体问题的认识。启蒙的问题是现代哲学无法绕开的问题，康德的文章关注自我的现在，把启蒙看成是人从不成熟状态中解脱出来的过程，而人的不成熟状态是指“我们接受某个他人的权威，以便我们可以走向使用理性的领域……人自身要对所处的未成年状态负责。应该认为，人只有自己对自身进行改变才能摆脱这个状态”。[2] 福柯赞赏康德在《何为启蒙》中把启蒙定义为人类自由地运用理性而反对权威的时刻。福柯并未反对理性本身，而是反对现代理性试图从同一理性出发建构绝对真理的企

[1] Pierre Hadot.Philosophy as a Way of Life[M]. translated by Michael Chase. Malden，MA：Blackwell pubilisher，1995：211.

[2] [法] 福柯．何为启蒙 [M]. 顾嘉琛，译 // 杜小真．福柯集．上海：上海远东出版社，2004：530.

图。刘北成认为福柯在后期探讨主体问题，“在伦理学层面引进谱系学研究，是福柯反对现代理性和人本主义的一个新发展。他表面上回到‘主体论’，但实际上，他反对现代理性和人本主义对所谓主体的发现和规定，因为现代主体性概念是把自我当作客体对象。”[1] 福柯认为，个体对自我的塑造是一个过程，人的本质就在于实践的多样化，福柯反对自文艺复兴以来所创造的人的概念。在《何为启蒙》中，福柯说：“我认为可以赋予康德在思考‘启蒙’时对现实、对我们自身所提出的批判性质询以某种意义……我们自身的批判的本体论，绝不应被视为一种理论、一种学说，也不应被视为积累中的知识的永久载体，它应被看作是态度、‘气质’、哲学生活。在这种生活中，对我们是什么的批判，既是对我们之被确定的界限做历史性分析，也是对超越这一界限的可能性做一种检验。”[2] 福柯反对对现代性的划分，在他看来，现代性是一种态度，“是指对于现实性的一种关系方式：一些人所做的自愿选择，一种思考和感觉的方式，一种行动、行为的方式”。[3] 福柯列举了波德莱尔来说明自己对现代性的态度。

正是在这一背景之下，福柯提到了以波德莱尔为代表的花花公子式的自我塑造方式。福柯认为，波德莱尔重视现代性，关注与现实的关系的同时也关注自我与自身的关系。波德莱尔把自我放置在现代性之中，而处在现代性中的人“把自己看作是一种复杂而艰难的制作过程的对象”。[4] 花花公子波德莱尔反对人文主义对“人”这个概念强加的规定性，把自己的身躯、行为举止、感情、激情以及生存变成艺术品。对于波德莱尔来说，现代人并不是那种去发现自己、发现自己的秘密和隐藏的真理的人；他是那种设法创造他自己的人。福柯充分肯定了波德莱尔对自

[1] 刘北成．福柯思想肖像 [M]. 北京：中国人民大学出版社，2012：279.

[2] [法] 福柯．何为启蒙 [M]. 顾嘉琛，译 // 杜小真．福柯集．上海：上海远东出版社，2004：542.

[3] [法] 福柯．何为启蒙 [M]. 顾嘉琛，译 // 杜小真．福柯集．上海：上海远东出版社，2004：534.

[4] [法] 福柯．何为启蒙 [M]. 顾嘉琛，译 // 杜小真．福柯集．上海：上海远东出版社，2004：536.

我与自身关系的处置。但这并不意味着福柯放弃了任何价值判断，为了避免误解，福柯补充道，波德莱尔式的花花公子并不存在于具体的社会自身和政治团体之中，只存在于波德莱尔称之为艺术的地方。同样，福柯对西方古典道德的探讨，并不是为了阐述柏拉图和以斯多葛派为代表的希腊化各个学派的思想，而是为了关注现在。福柯关注古人对个体的自我塑造以及由此形成的生活风格。福柯的关注自我的确是以自我为目标，但是这并不等于福柯赞同自我塑造自身的任意性，相反，福柯从古人那里看到了其在塑造自我时所秉持的节制、适度、自我约束等伦理追求。福柯把自我塑造成一件艺术品的观点，并不是主张为了追求艺术的美而放弃伦理追求，走向“为艺术而艺术”的唯美主义，而是看中艺术创作中的自由创造能力。从这个角度来看，阿多很显然误解了福柯，花花公子对于福柯而言是发现自我的英雄，因为他们坚持自我不断生成、致力于发现真实的自我。作为古典学家的阿多，希望返回到古希腊、古罗马的历史背景之中，致力于让作为生活方式的哲学在现今社会复兴和重新被认识。福柯对古典文学关注的目的始终是关注现在的自我。福柯并不反对或支持启蒙，只是拒绝以绝对权威的态度对待启蒙：或者赞同启蒙，肯定启蒙所归属的理性主义传统，或者否定启蒙，致力于摆脱启蒙的理性原则。福柯认为，启蒙在一定程度上影响了历史的人的形成，必须在启蒙的框架下分析自身把自我建构成主体的过程。

福柯承认尼采是对他影响最大的哲学家。福柯虽然借鉴了阿多对西方古典文学的评论，但在本质上，福柯对个体自我的认识透着尼采的气息。他自己说：“我只不过是个尼采哲学的信徒，我在可能的范围内借助尼采的著作——而且也借助反对尼采哲学的论点（这些终归是有关尼采哲学的论点！）——试图就若干问题进行讨论，看看在某个领域内能有什么作为。

我并不追求其他别的东西，但在这一点上，我是认真追求的。”[1]尼采在主体问题上的观点深刻影响着福柯对西方古典文学的评价。尼采在《查拉图斯特拉如是说》中说："生命本身把这个秘密告诉我。'瞧，'它说，'我就是总是不得不超越自我的东西……在有生命的地方也有意志：然而不是求生意志，而是——我如是教给你听——强力意志！"[2]在尼采看来，人是不存在先验的本质的，一切都是处在永恒的变化发展之中的，对个体人而言，当你意识到你的存在时，其实你已经不同于你所意识到的自我。而人之所以高于其他生物就在于，人的记忆和思维能够对曾经的自我存在认同感。也就是说，人假设个体为"同一物"，人的生命在向前迈进的过程之中，不断地返回这一同一物，在这种返回中人反思自我，超越自我，发展自我。人具有强力意志，可以不断地超越自我，对自我的不断超越就是尼采的"超人"，超人是个暂时性概念，不具有恒定的本质，而且超人不断回到原点。福柯继承了尼采的观点，在他看来，人并不是一个实体的单位，存在着永不改变的人性，人永远都是在对自我的批判的基础上不断地发展、改变自我。福柯把自身的塑造置于具体的历史语境和实践之中，在不断地越界之中完成自我塑造的过程。

福柯和阿多对斯多葛派哲学的关注立场完全不同。福柯反对传统意义规定的主体，因为这种主体是被规定了的，一切的指示意义都取决于被规定了的主体。对于福柯而言，斯多葛派哲学尤其是其在伦理学上对个体行动的阐述，为他反对笛卡尔统一主体，提倡个体偶然性、自我实践多样性的伦理学提供了论证依据。福柯评价斯多葛派哲学时，并不是不理解，而是带着自己的视角。福柯清晰地感知到，古代异教的道德不可能在当代复

[1] [法]福柯．道德的复归[M]．蒲北溟，译//杜小真．福柯集．上海：上海远东出版社，2004：523.
[2] [德]尼采．查拉图斯特拉如是说[M]．杨恒达，译//尼采全集（第4卷）．北京：中国人民大学出版社，2021：115.

制，他从斯多葛派那里发掘出自我的维度，并为这种自我对自身的修炼赋予了现代的视角。“自我，把自身作为已经完成的工作，这种伦理学不再能够得到传统和理性的支持。而作为艺术家的自我，能够享受自我治理，现代性的建设无法离开自我对自我的建设。”[1]福柯不再关注人与社会的整体的超历史关系，人的本性是来自于社会还是背离社会，这样的问题不再是伦理关注的焦点，伦理开始讨论个体现在的历史性选择，福柯关心历史，但是他更关心的是重新阐释历史对现在的影响。保罗·维尼就说过：“严格说来，福柯的著作是历史著作，特别是对那些认为历史就是阐释的学者来说。但是作为哲学家的福柯是不会写作历史书的，总结福柯的所有著作，历史在他的著作中占据第二位，福柯选择性地写作历史，而选择的根据是历史对我们现在的影响。”[2]福柯对历史的思考是为了更好地讨论哲学，甚至他的历史的谱系学观点本身就是他哲学思想的一部分。与福柯不同，阿多希望的是还原历史的客观性，以促成对现在的影响和启发，他说：“诠释者的全部工作都应只在尽可能地探求把一些客观的事实定位……对阅读古代文本的读者来说，首要的是力求达到客观性，如果可能的话，达到真理……尽可能地努力把作品重新放置在它们撰写的具体情形之中，一方面是精神的状况，即哲学的、修辞学的或诗学的传统；另一方面是物质的状况，即学校的、社会的，环境的，来自书写的物质基础的限制，历史的诸多情形。”[3]作为古典史学家、哲学家的阿多认为，评价古典哲学时首先要做的是还原其客观性，但是对福柯而言，这种还原是不可能的，福柯关注的是个体的选择和自由。对斯多葛派的评价折射出福柯和阿多对历史的不同态度。

[1] Davidson, Arnold. Foucault and His Interlocutors[M]. Chicago : University of Chicago Press, 1997 : 231.

[2] Davidson, Arnold. Foucault and His Interlocutors[M]. Chicago : University of Chicago Press, 1997 : 227.

[3] 皮埃尔·阿多．作为生活方式的哲学 [M]. 姜丹丹，译．上海：上海译文出版社，2014：79–81.

对福柯晚期思想产生了深刻影响的法国古典学家皮埃尔·阿多以福柯的《性经验史》第三卷《关注自我》为批评文本，批评了福柯对斯多葛派哲学的论述。本章试图从阿多对福柯的批评文本《关于〈关注自我〉的反思》着手分析阿多对福柯的批评和福柯的后现代自我建构问题。阿多认为，福柯混淆了斯多葛派快乐和喜悦的概念，并过多地关注了自我，而其实际上误解了福柯。20世纪晚期，思想家福柯带着自己的视角，有选择性地误读斯多葛派哲学，福柯在斯多葛派哲学那里发现了其对个体行动性的坚持，引导人们从不同的视角思考自我。福柯和阿多都是从历史的视角出发阐述斯多葛派自我的，但二人对历史的观点存在很大的差异，这也决定了二人对斯多葛派自我有不同的解释。福柯重视对历史的重新阐释，而阿多重视对历史的再现，二者对历史的不同态度决定了二者在论述斯多葛派哲学时产生了严重的分歧，而阿多对福柯的误解根本上是由于阿多并没有理解福柯的谱系学观点。阿多寄希望于古代哲学在当代的复兴，进而解决当代哲学与生活的分离，他对历史的起点给予了过多的希望。与其相反，福柯认为历史的起点并不崇高，也没有可以在当代复制的本质，福柯在斯多葛派那里发现了个体的多样性和自我技术。阿多相信古代哲学的约束力，而自尼采宣判上帝死后，随着科学技术的发展，法律规则和普遍道德对人的约束力正在消失，阿多的愿望是好的，但是很难实现。马克思·韦伯认为，普遍道德的消失，导致了社会“形成了一个巨大的价值真空或者说价值定义空白，并给个体留下按何种价值取向进行自我塑造和生命价值建构的疑问”。[1] 在这样的时代背景下，重新返回古代特别是斯多葛派哲学，借鉴斯多葛派哲学对个体行动的态度来建构福柯自己的主体观点，是福柯回到古希腊和古罗马的原因。

[1] 马文·克拉达，格尔德·登博夫斯基．福柯的迷宫 [M]. 朱毅，译．北京：商务印书馆，2005：75.

作为后现代哲学家，福柯反对道德的普适性、强制性；坚持个人的伦理学，捍卫个人的选择自由。福柯无意把任何一种选择普世化，福柯的伦理学是一种风格、一种态度，体现了他作为后现代理论家对多元的坚持和对个体价值的遵循。阿多和福柯完全站在不同的维度论述斯多葛派哲学，其中的差异正说明了其不同的伦理建构倾向。阿多致力于西方古典哲学在当代的复兴，希望西方古代哲人把哲学作为生活方式的态度能够解决当代哲学纯理论化与生活脱节的弊病。而福柯则着力于解决普遍的人死亡之后，个体存在的可行性建设问题。这里有一个问题，福柯强调自我，以自我为中心建立自己的伦理学主张，那么是否忽视了社会与自我的关系建设呢？过度强调自我会产生问题，福柯是如何在自己的学说中规避这些问题的呢？福柯谱系学的态度、对历史的重视决定了福柯不可能单独地谈论个体，福柯的个体是和社会语境分不开的，下一章主要讨论福柯如何阐释希腊化－罗马时期的自我与社会的关系。

第六章

福柯伦理学中的自我技术阐释

福柯在探讨伦理学时强调，“你与自身应该保持的那种关系，即自我关系，我称之为伦理学，它决定了个人应该如何把自己构建成为自身的道德主体”。[1] 人通过对自身的探索，建构起关于自身的知识体系，进而完善真理游戏。在生命的晚期，福柯很关注实现自我的手段，福柯在和德莱弗斯和拉宾诺的对话中谈到，自 1976 年后“对自我技术以及相关方面的问题更有兴趣——性令人厌烦”。[2] 福柯将具体的探索自身的实践手段称为技术，并将其分为四类：“(1) 生产技术 (technologie de production)，使我们能够生产、转换或操控事物；(2) 符号系统技术，使我们能够运用符号、意义、象征物，或者意指活动；(3) 权力技术 (technologie du pouvoir)，它决定个体的行为，并使他们屈从于某种特定的目的或支配权，也就是使主体客观化；(4) 自我技术，它使个体能够通过自己的力量，或者他人的帮助，进行一系列对他们自身的身体及灵魂、思想、行为、存在方式的操控，以

[1] [法] 福柯 . 论伦理学的谱系学：研究进展一览 [M]. 刘耀辉，译 // 汪民安 . 福柯文选Ⅲ . 北京：北京大学出版社，2016：159.

[2] [法] 福柯 . 论伦理学的谱系学：研究进展一览 [M]. 刘耀辉，译 // 汪民安 . 福柯文选Ⅲ . 北京：北京大学出版社，2016：141.

此达成自我的转变，以求获得某种幸福、纯洁、智慧、完美或不朽的状态。”[1] 这四种实践技术中，生产技术和符号系统技术出现在福柯探讨科学和知识的早期作品中，而权力技术显然是《规训与惩罚》和《性经验史》第一卷《认知意志》中着重讨论的内容，而自我技术则是福柯后期伦理学研究的中心。这四种技术“都包含着针对个体的某种类型的训练及调整模式”，它们之间的关系不是对抗和互相排斥，而是相互合作，最终落脚点都在于构建个体的完整性。福柯的自我伦理创建中自我技术对自我的建构有着重要的意义，这是实现自我的个体化风格的手段和方式，福柯在论述希腊化－罗马时期的自我的时候特别强调自我技术的运用。

福柯认为，希腊化－罗马时期对自我的强调并没有把自我引向抽象的认识论自我，而是关注自我的精神性特征（spiritual modality），斯多葛派哲学就是典型的把关注自我和哲学实践联系在一起的哲学派别。“我们很难在斯多葛伦理学中找到任何规范化。原因在于，这种伦理学的主要目的是审美意义上的。首先，它是个人的选择；其次，它仅限于少数人，而不是作为行为规范强加给所有人。它只是少数精英的个人选择。选择的动机就是希望过上一种美的生活，并将这种美好生存的记忆留给他人。我认为完全可以说，这种伦理不是为了对民众进行规范化。”[2] 福柯分析了斯多葛派的修身实践和犬儒学派说真话对自我的塑造。对于斯多葛派而言，“关注自我”“转向自身”“绝不是一种构成人类知识、灵魂、内心的方式，也并不是与世界知识相对立的部分”。[3] 斯多葛派的个体是物质性的、不连续的瞬间，彼此不同，但是个体遵循自我的理性的要求，构成宇宙世界的整体。

[1] [法] 福柯．自我技术 [M]. 吴燕，译 // 汪民安．福柯文选Ⅲ．北京：北京大学出版社，2016：54.

[2] [法] 福柯．论伦理学的谱系学：研究进展一览 [M]. 刘耀辉，译 // 汪民安．福柯文选Ⅲ．北京：北京大学出版社，2016：142.

[3] Michel Foucault. The Bermeneutics of the Subject: Lectures at Collège de France（1981–1982）[M]. translated by Graham Burchell.New York：Palgrave Macmillan，2005：308.

福柯认为斯多葛派对自我的知识包含四个方面的内容："第一，个体改变自我，要么他攀上宇宙的巅峰查看其整体，要么他努力向下直达事物的内核（在福柯看来，塞涅卡采取的是第一种方式，马克·奥勒留采纳的是第二种方式）。总之，个体不能通过维持现状来认识自身，这就是精神知识的第一个方面的内容。第二，基于个体的这种转向，同时把握事物的实际和价值是有可能的。这里的价值是指位置、关系、事物在世界的独特性以及和自由的人类个体的关系、重要性、影响力等。第三，在这种精神知识中，对于个体来说就是要反省自我，把握自己的实际情况。这涉及一种反身—透视，个体必须根据自己生存的实际情况来反省自己。第四，这种精神性知识对个体的影响也是确实的，因为个体不仅在自身中发现了他的自由，而且在他的自由中发现了一种能够让他自己获得幸福和完善的方式。"[1]福柯的论述改变了读者对惯性的遵循，引导人们从不同的视角思考自我。福柯强调斯多葛派对自我的重视，个体观察事物只是为了客观认识事物本身，而不是对事物的认识上升到其背后的起源问题，斯多葛派的自我对自身的修炼是为了在宇宙整体中认识自我本身。个体通过实践的方式而不是认识的方式来转向自身，对形而上连续性的追求在斯多葛派这里并不存在，而自我对自身的锻炼受到重视。弗雷德里克·格霍在总结福柯《主体解释学》的《授课情况报告》中对这一点有专门的解释，他说："在福柯看来，自笛卡尔以将，哲学就把主体确立为一种本身能够获得真理的人：主体先天就能够获得真理，其次才是一个为人正直的伦理主体……相反，古代却在要求主体对自己的生活进行伦理颠覆的转变过程中把他的真理通道悬置起来。在古代精神中，主体只能从改变他的生活出发追求真理，而对于现

[1] Michel Foucault. The Hermeneutics of the Subject: Lectures at Collège de France（1981–1982）[M]. translated by Graham Burchell. New York：Palgrave Macmillan，2005：308.

代哲学来说，主体总是因为受到真理的启发才能够寻求改变他的行为的方式。”[1]也就是说在西方古代，哲学和生活、真理是联系在一起的。福柯沿用阿多对古代哲学精神性的强调，其实质上是为了区分自笛卡尔以来对绝对主体的定义。

阿多在《作为生活方式的哲学》中说：“我对古代的精神修炼的存在给予很大的重视，也就是说古代的一些实践可以属于身体的层面，正如饮食的制度；或者话语的层面，正如对话与冥思；或者直觉的层面，比如静观；但都致力于促使实践这些活动的主体发生一种改变或者转变。此外，哲学大师的话语可以采取一种精神修炼的形式，弟子们一边倾听，一边参与对话，可以用精神的方式进步，在内心发生转变。”[2]阿多着力于研究古代精神修炼对个体的改变，福柯同样认为精神修炼是对个体自由和行动性的坚持。福柯认为，对公元一、二世纪的古罗马人而言，修身是一种对真理的实践，通过对真理与自我的关系的追寻，古罗马人希望把自我塑造成自身的目的。福柯认为，与基督教修身是为了放弃自我、满足神的要求不同，希腊化－罗马的修身实践是为了个体获得自身的幸福。Edward McGushin认为，福柯的观念中，修身时意味着在培训、练习、发展中得到锻炼。更重要的是，福柯指出，“在古代的背景中，苦行总是有积极的和创造性的意义——锻炼意味着使自我趋于完美，锻炼能力，成为我们自己”。[3]福柯强调修身对古代异教文化中的个体自身的重要作用。本章中最主要的内容就是探讨福柯对希腊化－罗马时期修身手段的论述，并在此基础上回应以上提及的三方面的内容。

[1] [法]福柯．性经验史[M]．佘碧平，译．上海：上海人民出版社，2005：405.

[2] [法]皮埃尔·阿多．作为生活方式的哲学[M]．姜丹丹，译．上海：上海译文出版社，2014：45.

[3] Edward McGushin. Foucault's Askesis：An Introduction to the Philosophical Life[M]. Evanston，IL：Northwestern University Press，2006：14.

第一节　福柯论听、说、读、写与自我塑造

福柯晚期将视线转向古希腊、古罗马文化，关注自我技术。福柯的伦理学指向自我与自身的关系，把自我看成是建构的过程从而否认自我的先在性本质。福柯的理论思考永远都是面向现实的，关注个体人的。福柯的认为权力学说极具争议，其中最重要的问题就在于其取消了个体主动性的可能，认为权力撒播在社会的各个角落，作为传统哲学理论建构的基础的个体只是作为权力存在的附庸而存在，个体被权力规范和制造，而权力的诞生离不开现代规训社会。福柯对古代自我技术的关注很好地反映了福柯的伦理学关注，同时其研究方法受到谱系学的深刻影响。谱系学意在追溯知识和权力产生的组织形式，这种组织形式深深地影响着个体人现在的存在。而这种个体存在方式开启了一种新的对抗权力的方式，个体化的过程总是充满转变和改造，这无疑为介入权力和知识体系提供了无限的可能性。福柯认为听、说、读、写是把“真话主体化”的方式。“作为真话主体化的修行的原初时刻和阶段，也是其永恒的支柱，就是听、读、写和说的所有技术。听就是知道以恰当的方式去听；以恰当的方式去读和写；说话也是如此，它作为说真话的技术，将成为修行的永恒支柱和不可剥离的要素。”[1] 福柯认为，在古代异教世界，对自我的关注和苦行（askêsis）是分不开的，听、说、读、写是自我苦修的重要方式，也是说真话的方式和塑造自我的方式。

听力具有被动性，但是听力的作用却是无法忽视的，听力是逻各斯能够为人所吸收的重要手段。被动的听力如何对听者产生正面的效果，这涉及聆听的技术。聆听技术的习得需要一系列的训练。福柯提炼了三种手段，

---

[1] [法] 福柯. 主体解释学 [M]. 佘碧平，译. 上海：上海人民出版社，2005：258.

第一：要学会缄默。在缄默中可以很好地聆听和吸收逻各斯。第二，自我要有主动的、积极的心态。为了听清楚别人的话语，身体既要保持不动，确保灵魂的安宁，又要在恰当的时候做出反应，让说话者明了个体已经接受他传达的逻各斯，从而激发说话者的说话兴趣。第三，对注意力的训练。聆听者必须有能力去除话语中的修辞、形式成分，抓住关键的逻各斯，听真话。在听之后，个体要根据听到的内容考察自己，完善自己。“聆听者的灵魂必须自我监视。它通过恰当的方式关注它所听到的有意义的话。而且，它还应注意到它自己，以便这个真实的东西通过它的聆听和记忆逐渐成为它自身拥有的话语。”[1]聆听最终还是为了能够改善自我。

福柯对书写问题提出了独到的见解，并在此基础上建构其伦理学的大厦。书写作为福柯探讨的重要自我技术手段之一，是精神修炼、塑造自我的重要方式。福柯认为，书写是古希腊以及希腊化时期哲人塑造自我的重要方式之一，是个体转向自身的重要实践方式，西方古代哲人对书写的阐述并没有把自我引向抽象的认识论自我，而是关注自我的精神性特征。因而，从书写的角度理解福柯追溯古代问题对理解福柯晚期思想极其关键，福柯追溯到古代是为了思考当今世界迫切需要求索的问题，其独有的生存美学和诗意生活追求让他在论述古代书写技术时独辟蹊径。福柯秉持哲学家的严谨态度，在对西方古代典籍的注释中创造了自己独特的自我伦理学，为现代规训体制中存在的人的自由选择的发展提供了参考价值和意义。

福柯晚期关注西方古典学，书写是他考察的重要论题。与早期特别是知识考古学时期的福柯对语言、话语问题的论述截然不同，语言不再是福柯僭越、逃离、批判的形而上学，书写作为精神修炼的重要方法之一，是自我技术的重要方式之一，其指向自我与自身关系的建构。

[1] [法] 福柯. 主体解释学 [M]. 佘碧平，译. 上海：上海人民出版社，2005：271.

福柯认为，斯多葛派个体要通过阅读，把自己置身于具体的情境之中，在具体情境之中思考。而要进行这种思考，离不开写作。在爱比克泰德看来，书写、阅读都是为了更好地思考，为未来做好准备。书写是思想训练的重要组成部分。福柯认为，书写和思想训练的联系主要有两种："一种是采取线性'系列'的方式：它从沉思发展到书写这一行为，再过渡到赤身训练（gumnazein），即在真实情境中进行训练和磨炼——一种思想劳动，一种经由书写的劳动，一种现实中的劳动。另一种是循环的方式：先是沉思，后是笔记，笔记促成了重读，而重读反过来再一次地发起沉思。无论如何，不管练习过程以何种方式进行，在整个练习所引发的过程中，书写构成了一个基本阶段：也就是说，将那些公认的、被认为是真实的话语塑造为理性的行为准则。"[1]很显然，塞涅卡是采取第一种方式的代表，他把自己写的东西寄给朋友和亲人，在这一书写过程中，塞涅卡不仅和他的朋友对话，也在和自己对话，让自己接受命运的安排，修炼自己，为未来做好准备。而采取第二种方式的代表则是马克·奥勒留和他的《沉思录》。初读《沉思录》，感觉马克·奥勒留就像是一位"修辞学家"在竭力宣讲自己的主张。但实际上，马克·奥勒留的《沉思录》写作于他离开罗马四处征战的战争间隙，并不是为了劝导别人和发表的，而是马克·奥勒留自己对自身的思考，是为了警醒自己更好地思考，以便过上一种符合斯多葛派哲学要求的生活。也就是说，《沉思录》的作者和读者在马克·奥勒留的本意中都只有自己。他反复提醒自己要过有意义的善的生活，克服作为个体的人的弱点和局限性。马克·奥勒留的《沉思录》不是为了传诸世人，让自己标榜史册，而是他的独白，督促自己修身养性，以自己的行为建构自我。法国古典学家阿多在谈到古代哲学家的精神修炼时说："哲学作为一种存在方式，每时

---

[1] [法]福柯．自我书写[M]．张勇，译//汪民安．福柯读本．北京：北京大学出版社，2010：337.

每刻都需要练习，它的目标是……哲学以锻炼思想、意志、人的存在为形式，其目的是争取到人类不可能企及的智慧。哲学作为精神进步的方式需要个人存在方式的变换和彻底的对话。"[1] 哲学不是一种思考方式，而是一种练习方式，阿多对古代哲学的理解深刻地影响了福柯。对于福柯而言，书写是斯多葛派精神修炼的重要方式之一，精神修炼作为关注自我的方式能够规范人的生活和存在方式，能够使人以更正确的言行生活，而这深深地影响了古希腊、古罗马时代人的主体性。福柯认为，书写为精神修炼提供了行动性，其建构了自身和自我的关系。

柏拉图并不赞成写作，他对写作存在着极大的不信任，在他的《第七封信》和《斐德罗篇》中，他很直接地表达了自己对写作的态度，但是，他对写作不信任的观点也是通过他的写作得来的，在这里，柏拉图式的吊诡淋漓尽致地显示出来。对于柏拉图来说，书写的内容意味着僵化和一成不变，它们不具备为自己辩护的能力，容易导致误解。但是，福柯认为，柏拉图的写作并不是传统意义上的写作，柏拉图的书写形式是对话体，而主人公也不是他自己，而是他的老师苏格拉底，这样，柏拉图最大程度地保存了说话的形式。施特劳斯对柏拉图的对话模式给予了解释，他说："在讲到任何写作的本质缺陷时，柏拉图的苏格拉底还给了我们一个最重要的暗示。与智慧的言说不同，写作对所有的人讲着同样的东西，写作的本质缺陷是呆板、无弹性。既然柏拉图与苏格拉底相反，那就有权假设，柏拉图对话企图成为摆脱写作本质缺陷的写作。这些对话是这样一些写作，如果读法恰当，它们就会表明自己拥有言说的灵活与弹性……柏拉图对话确实（而且其意图就是）对不同的人说不同的东西。"[2] 柏拉图的对话中有很

[1] Pierre Hadot.Philosophy as a way of life[M]. translated by Michael Chase. Malden，MA：Blackwell pubilisher，1995：265.

[2] 列维·施特劳斯．苏格拉底问题（第五讲）[M]. 丁耘，译．华夏出版社，2005：58.

多自相矛盾、前后不一致的地方，苏格拉底在不同的情境下，面对不同的谈话人时，往往做出不一样的陈述。柏拉图写作对话是为了最大程度地发挥对话的逻各斯作用。阿多认为，在柏拉图的学园中，“人们一起探究、交流观点，这个过程也是一种对话。此外，柏拉图把思想本身看成是一种对话：‘思想与论辩是同一回事，除非它是我们已经叫作思想的那种灵魂与自己的内在的、缄默的对话’（《智者篇》）”。[1] 在这里可以看到，斯多葛派的书写其实和柏拉图意义上的书写，或者福柯的对话息息相通。在与自我、与他人以及已经死去的圣贤的对话中，哲学家完善了自我。

在西方思想体系中，柏拉图一直被认为是逻各斯中心主义的始作俑者。但是福柯有不同的看法，他认为主体欲望的建构是伴随着基督教的到来而出现的，在古希腊和古罗马世界中并不存在现在意义上先在性的主体。福柯并不把柏拉图作为形而上学的代表，而是认为柏拉图通过书写，展开与他人和自我的对话，最终目的是为了规范自己的行为，真正地关注自我，进而建构自我。福柯拒绝承认主体的超越性，对他而言，主体是具有功能性的，总是随着认识的构成、转换而有所不同，古希腊和古罗马以自己的独特方式建构自我，这是一种和欲望、快乐相联系的体验，完全脱离了知识和权力对它们的掌控。福柯认为在古希腊、古罗马，主体性是一种形式，一种自我与自身之间的关系建构形式。

福柯提供了两种书写方式：个人笔记本、通信。个人笔记本需要被置于具体的“张力语境”中，“形成人们对片段逻各斯的回忆，并通过教学、聆听或阅读的手段进行传播，这种手段在自己与自己之间建立关系”。[2] 通信，主要是对收信者和写信人本人产生影响，通过书写训练自我。写信和回信本身就是一种对话的延续。福柯说：“书写是‘展现自己’，把自己投

[1] [法] 皮埃尔·阿多. 古代哲学的智慧 [M]. 张宪，译. 上海：上海译文出版社，2012：62.

[2] [法] 福柯. 自我书写 [M]. 张勇，译 // 汪民安. 福柯读本. 北京：北京大学出版社，2010：338.

射到目光中，使自己的脸出现在别人面前。就此，我们会明白，书信是一种凝视，它将目光对准收信者（收信者一收到信，就感觉到被注视）;同时，写信者将自己的情况告诉收信者，从而被凝视。在这个意义上，书信建立了一种面对面的会见。”[1] 在福柯看来，笔记本形成于自我的对话，而通信则是一种与他人的对话，写作本身并不是封闭的系统，并不指向逻各斯中心主义的抽象本质，而是形塑自我的技艺和手段。书写转向对自我与他人关系的探讨，书写行为本身并不是为了沉淀记录逻各斯中心主义的影响，而是为了修炼自我和他人，以自己的行为本身塑造主体，建构生命本身。

德里达对柏拉图开启的以话语为中心的逻各斯中心主义传统提出了自己的批评，肯定了文字的作用。德里达在《柏拉图的药》中批评了西方自柏拉图以来建立的以话语为中心的逻各斯中心主义传统。德里达分析了《斐德罗篇》,他认为在《斐德罗篇》中,苏格拉底认为文字具有药（pharmakon）的作用，而药既可以治病救人又可以致人于死地——苏格拉底就死于药，死因是他的言行对青年有毒害，也就是说苏格拉底的死和言语有关系。德里达由药继续衍生出另一个词 pharmakors（替罪羊），德里达认为，苏格拉底服药死去就成了替罪羊，而这又与文字是言语的替罪羊构成隐喻关系。柏拉图因为文字的不在场性，认为文字受制于在场的言语。德里达从药的观点解构柏拉图对文字的不信任，在柏拉图看来，文字是药，与治疗联系在一起，违背了自然本真的状态。塞乌斯向埃及国王献出文字是为了有益于人类的记忆，而国王则回答说："多才多艺的塞乌斯，能发明技艺的是一个人，能权衡这种技艺有什么利弊的是另一个人。现在你是文字的父亲，由于溺爱儿子的缘故，你把它的功用完全弄反了！如果有人学了这种技艺，就会在他们的灵魂中播下遗忘，因为这样一来他们就会依赖写下

[1] [法]福柯．自我书写 [M]. 张勇，译 // 汪民安．福柯读本．北京：北京大学出版社，2010：338.

来的东西，不再去努力记忆。他们不再用心回忆，而是借助外在的符号来回想。所以你所发明的这帖药，只能起提醒的作用，不能医治健忘。你给学生们提供的东西不是真正的智慧，因为这样一来，他们借助于文字的帮助，可以无师自通地知道许多事情，但在大部分情况下，他们实际上一无所知。他们的心是装满了，但装的不是智慧，而是智慧的赝品。这些人会给他们的同胞带来麻烦。”[1] 很显然，在柏拉图看来，文字带给人的是遗忘而不是记忆。德里达认为，记忆是需要符号去唤醒的，“记忆因而被它的第一次替补之物记忆减退（hypomnēsis）污染，但柏拉图梦想的是没有符号的记忆，这就是说没有替补的记忆。没有记忆减退的内在记忆，也就是没有药（pharmakon）的记忆”。[2] 柏拉图之所以幻想没有替补的记忆是因为，如果文字承担了这种功用，就会导致对本初记忆的舍弃，对文字这一替代物的解释会成为中心。柏拉图认为，这种现象的出现会导致在场的逻各斯中心主义的丧失，而德里达则认为这反映了文字本身的特性，它永远是指向自身的，它的意义只存在于自身之中。福柯肯定柏拉图话语的价值和意义，并在话语和书写之间建立起联系，话语和书写之间并不存在壁垒，二者是可以相互转化的。书写本身就是为了更好地对话，不是指向逻各斯中心主义，而是指向对自我技术的关注。德里达则认为，柏拉图的话语充斥着与西方形而上学的暧昧和渊源，只有文字及对话语的记录因为本身并不受到话语的信任反而赢得了自身，指向自身，逃离了逻各斯中心主义的掌控。

福柯和德里达都对逻各斯中心主义提出了批评。福柯的论述重点在于阐释书写作为自我技术对修养自身的作用，他的立足点在于伦理建构；而

[1] 柏拉图．斐德罗篇[M]．朱光潜，译 // 柏拉图文艺对话集．北京：人民文学出版社，1963：169.
[2] Barbara Johnson. Dissemination，Translation，Annotation，and Introduction[M]. Chicago：University of Chicago Press，1981：109.

德里达的论述重点在于重新调整文字和言语的关系，瓦解西方的形而上学体系。他们的观点不存在本质性的差异，只是论述的角度不同而已。福柯认为，古代人的书写并不是如我们今天的书写，当代人的写作加入了很多的修饰成分，追求艺术而不是真实，而古代人的书写是为了真实地面对自我。塞涅卡说："生活的话语和共同生活，将比书写的论述，更有利于你们。这正是你们必须面对的当下现实，首先是因为你们相信自己的眼睛而不是耳朵，其次是因为训导的时间长，而榜样则立竿见影。如果（斯多葛派的）克莱安西斯不过是芝诺的旁听者的话，就不可能仿效自己的大师；但是，他与他的生活密切相连，他洞察他的秘密想法，他能够直接观察他是否与自己的生活规则相一致。柏拉图、亚里士多德和所有不再走相反方向的哲贤——全都来自苏格拉底的道德行为，而不是从他的话语中获得好处。造就出伟大人物梅特罗多洛、赫尔玛库和波吕亚努斯的并非伊壁鸠鲁的学派，而是陪伴他身边的那些人。"[1] 对福柯来说，关键不在于我们是否固守固定的学派的传统——苏格拉底、斯多葛派还是伊壁鸠鲁派，而是让我们从古代的哲学传统中去体察古人如何遵循传统去练习、思考事物，去见证个体的改变，不必参考任何所谓的权威就可以和哲学传统相联系。古代西方哲学家从未远离生活，他们练习自我是为了更好地生活；哲学并未脱离生活，追求抽象概念，而是哲学家对生活的总结、反思和实践。因为每个个体的不同，所以个体生活是多样的，正是因为古代哲学家对生活的多样性和真实性的追求，他们成就了个体的自由选择和实践。

福柯的思想体系中充斥着变化与矛盾，他的研究对象跳跃性也极大。福柯视角多变，但是他所有的研究却有着内在的一致性，即福柯反对对自我和其工作下单一的定义的所有企图。他反对统一性，一直申明变化的重

[1] [法] 皮埃尔·阿多. 古代哲学的智慧 [M]. 张宪，译. 上海：上海译文出版社，2012：55.

要性。福柯早期的作品《事物的秩序》发表时，评论界认为其有比较明显的结构主义倾向，福柯认为，所谓的思想性主体是不存在的，人这个概念是由文化构建的，其本身是一个历史性概念——人产生于19世纪，在当前正在消失。然而晚期福柯却把注意力转向古希腊、古罗马人对自我的创造上来，福柯宣称，即使不存在创造性的自我、掌握思想的主体，人也可以通过主体化的方式创造自我。当然，对福柯而言，人并不是古典哲学中的掌握命运的主体，而是包括身体、感觉、思想的创造性自我。在福柯晚期思想中，人的问题成为其思考和关注的核心问题，精神修炼成为一种新的伦理思考方式，这种思考方式关注的中心在自我和自我的转变，而对他者甚少投出眼光。书写作为精神修炼最重要的方式，福柯从古代书写中找到了对话的方式，无论是自我与自身还是与他者的对话，都能够消弭逻各斯中心主义的影响，让自我技术成为塑造主体的方式。福柯认为："所有的西方文明已被征服，哲学家们将一切思想和真理指向意识、自我和主体的做法，证明的也只是这个事实。如今，在摇撼我们的隆隆声中，或许我们不得不承认一个新的世界的诞生。在其中主体不是完整的，而是分裂的；不是自主的，而是依靠性的；不是一个绝对起源，而是一种不断被修正的功能。"[1]福柯关注现代人的生存现状，无意在当今世界重建古代伦理，福柯对古代哲学书写问题的研究带有原创性和独特性，他期待在对自我与自身关系的讨论中，重建书写的价值和作用。福柯晚期开创的自我的伦理学转向一种关心自身的实践。

福柯说："修行——在'askêsis'的意义上，也即在希腊和罗马哲学家赋予该术语的意义上——的作用和功能就是在主体与真理之间确立尽可能牢系……修行的作用是把主体塑造成诚实的主体。"[2]"说"（parrhēsia）作

[1] Michel Foucault. Live[M].translated by John Johnston. New York：Semiotext（e），1989：63.

[2] [法]福柯.主体解释学[M].佘碧平，译.上海：上海人民出版社，2005：288.

为修身的最重要的方法之一也和真实紧密地联系在一起。希腊语 parrhēsia 是指“说真话”，要求说话人要坦白，自由、不受拘束地发言。福柯为了清楚地对 parrhēsia 加以说明，分析了与它相对的奉承和修辞的概念。对斯多葛派而言，奉承是一种激情的权力乱用，主要是下级对上级所使用的手段，因为缺少坦白，导致上级无法正确地认识到自己的情况，进而无法做到关注自我。而与此相反，如果说话人“说真话”（parrhēsia），那么听者就可以不依赖说话人，通过听到的真话，对自己的行为做出正确的判断。在古罗马时期，君主和私人顾问老师之间形成了明显的上下级关系，避免奉承、“说真话”就显得尤其重要，因为这不仅涉及双方，还涉及人民的福祉，涉及政治。修辞，在古代是一门有关说服他人的谈话艺术。而“说真话”是一种实践，必须直接、坦率；修辞是为了使说话人谋取到最大的利益，而“说真话”不涉及利益。爱比克泰德就很反对修辞，反对伪饰，力主寻找真实的自己。他在自己的《谈话录》中对学修辞的男孩的批评正反映了他对“说真话”的追求。“说真话”代表着说话人对自己的修炼和准备，必须杜绝虚假和利益。坦白可以激发听话人对善的追求。“坦白的好处，其最终的目的必须是：人听到的，人不满足于通过回忆它是多么美来记住它。必须把它刻在心中，以至于当他遇上需要它的情况时，可以举止恰当。”[1] 福柯“说真话”的最终落脚点在于使用，即自我对真实的追求和对自身的关注。真实的言说与自我的关系始终是福柯关注的焦点问题。

福柯否定自我的本质，把自我看成是建构的过程，他后期关注伦理学的研究，但他的伦理学特指自我与自身的关系。福柯对斯多葛派的听说读写的分析离不开总的哲学结构架设。斯多葛派并没有把疾病、死亡、自然灾害看作是恶，对于他们来说，已经发生的事情无所谓好与坏，这些遭遇

[1] [法] 福柯. 主体解释学 [M]. 佘碧平，译. 上海：上海人民出版社，2005：313.

都只是宇宙自然运行的必然结果，人无法改变自然、宇宙的规律，能主宰的只有自己的理性、态度。在斯多葛派看来，善恶并不取决于事情本身，而是取决于个体面对事情发生的态度，人赋予宇宙事物好与坏的价值。而人对建立宇宙、自我、他人三者之间的和谐关系的追求，要求人对自己有清晰的掌握。个体通过对自我的改造，通过听说读写的训练能够把握真实的自我，这是福柯探讨斯多葛派的听说读写训练的旨归和目的。

福柯评价希腊化－罗马哲学时，并不是不理解，而是带着自己的视角，作为浪荡子的他反对笛卡尔哲学的先在自我。福柯从未天真地认为古代的伦理能在现代复兴，但他认为强调自我与自身的关系、并注重个体的选择自由的古代伦理态度是积极的，值得今天借鉴。福柯认为“主体作为一种阐释的功能而非某种享有特权的认识论或形而上学的出发点”。[1] 福柯在评价以斯多葛派为代表的希腊化－罗马早期的主体观点时，仍以现代为标准。福柯强调，不同的时代人们所面临的问题差别很大，人们的阐释也不可能完全客观，主体对自身的关系是现代人对自我的追问导向。

在斯多葛派那里，福柯发现了他们对自我的塑造和追问，这引起了福柯对斯多葛派哲学的兴趣。批评家对福柯批评斯多葛派哲学的历史准确性多有怀疑，皮埃尔·阿多认为，福柯在斯多葛派的自我中加入了过多的自由成分，而忽视了斯多葛派对理性的解释，极易导致缺乏伦理维度，走向为艺术而艺术的唯美主义。但福柯并没有忽视斯多葛派在家庭、社会关系中建构自我伦理的维度，福柯在性史的第三卷《关注自我》中，花费了大量的笔墨分析希腊化、罗马帝国时代斯多葛派、伊壁鸠鲁派在家庭、政治网络中对自我与自身关系的塑造。在对塞涅卡的《自然问题》的评论中，福柯也并没有忽视斯多葛派对自然、宇宙问题的认识。

[1] 艾伦·D·施里福特．福柯、德里达论尼采和“人”的终结 [M]．汪民安，陈永国，马海良．福柯的面孔．北京：文化艺术出版社，2001：493.

阿多认为，斯多葛派“个体通过精神锻炼把自己提升为绝对精神，也就是说，个体用宇宙总体的视角取代了自我”。[1] 在阿多看来，个体最终的归宿是绝对精神和宇宙整体，这显然和福柯的观点有根本性的分歧。福柯对古代哲学的批评最终指向的是他对当代社会、个体的态度和批评。阿多批评福柯的观点过于个人化，而福柯在《何为启蒙》中指出了其对个体的态度，“启蒙意味着对我们的现在进行永不停息的批判性分析——也就是对现实意义提出质疑，对历史性的存在方式、对人的自我工作进行永不停息的批判性分析。因此福柯否认存在着确定的、永远不变的人性，否认人是一个实体单位”。[2] 斯多葛派个体既是自由的，同时也是受约束的，必须服从普遍的伦理，而在福柯的哲学看来，并不存在正确的、指定的理性，他强调个体对自我永不停息的创造。阿多对斯多葛派的自我的阐述，对超越自我和神性的宇宙的描述因更接近柏拉图和以普罗提诺为代表的新柏拉图学说，忽视斯多葛派的物质性因素而受到质疑。阿多希望西方古典哲学对超越自我的追求能改变当代社会因价值混乱而引起的自我无所适从的状况。福柯看到了自笛卡尔以来人对“理性”的盲目自信。人并不是万物的尺度，但是人却自以为是，人是无法完全克服自身的局限性的，人只有不断地超越自我，才可以扩大视野，扩展思考的领域，才会从多个视角看问题，福柯对自我塑造的坚持就是为了恢复个体的多样性。

福柯的伦理学不仅涉及自我与他人的关系，更关注的是自我对自身的治理。古代异教的道德不可能在当代复制，福柯从古希腊、古罗马哲学那里发掘出自我的维度，并为这种自我对自身的修炼赋予了现代的视角。“自我，把自身作为已经完成的工作，这种伦理学不再能够得到传统和理性的

[1] Pierre Hadot.Philosophy as a Way of Life[M]. translated by Michael Chase. Blackwell Pubilisher, 1995：82.

[2] 马文·克拉达，格尔德·登博夫斯基．福柯的迷宫 [M]. 朱毅，译．北京：商务印书馆，2005：69.

支持。而作为艺术家的自我，能够享受自我治理，现代性的建设无法离开自我对自我的建设。”[1] 福柯认为,斯多葛派修身的目的始终是为了创造自我、完善自我，而现代自我强调自我创造形式的多样性和斯多葛派达成了共识。福柯对斯多葛派的自我对自身的塑造技术，即斯多葛派自我如何成为自我的过程深为迷恋，这也是本章最后一节重点讨论的内容。福柯把古典哲学和现代哲学对听说读写，对节制、考验、沉思，对死亡的思考融会贯通，以自我对自身的塑造为核心展开批评。福柯在这样的塑造中力图发现自我的真实性。福柯对犬儒主义者说真话的艺术也进行了系统的分析，本节也重点评述了福柯的讨论。福柯认为，自我的创造是和历史分不开的，就如艺术无法逃离艺术传统的影响。福柯对斯多葛派自我塑造的批评和斯多葛派的历史是分不开的,在历史中,福柯寻求真实。福柯坦言,“通过一个过程，最后得以构成一个主体，或者更确切地说，构成一种主体性，我把这样的过程称为主体化，这个过程显然只是自我意识结构提供的可能性中的一种”。

第二节　福柯论苦修（askêsis）的手段：节制、考验、沉思

生活是对人生的考验，这是古希腊就有的观念。对古希腊人而言，考验是神赋予的，通过考验才能达成与神的和解。基督教的考验是为了人类的不朽以及拯救人类。而对斯多葛派而言：“必须突出自身的纯洁，人要对自身警惕、监督、保护和控制。” [2] 在斯多葛派看来，人能支配的只有自己的判断和欲望，即使对于自己的身体，人本身也没有支配权。同样，人类意志和思想之外的事物不应该影响人的决定，外部事物不应该对人类的经历负有责任，人不能决定环境，但是能主宰接受环境时的心态。神的存

[1] Davidson，Arnold. Foucault and His Interlocutors[M].Chicago：University of Chicago Press，1997：231.

[2] [法] 福柯．主体解释学 [M]. 佘碧平，译．上海：上海人民出版社，2005：348.

在使世界得以构建，但是人类是理智的存在，对于不依赖于自己判断的外部事物，个体不应该关注，个体遭受来自外部的灾难，但是这种灾难不应影响个体本身的自信和安宁。人类的自然生存和宇宙的秩序是和谐一致的，在个体是婴孩的时候，人和动物一样，遵从身体的基本需要来决定自己的行为，但是随着个体长大成熟，理智的种子开始生长，人开始意识到，不能仅仅遵从身体的需要来行动，人应该开发智力，遵循理性的需要和神取得一致。这种发展使斯多葛派更进一步意识到伦理对于人类生存的重要意义，为了锻炼自己的理智，斯多葛派对自我的考验很重视，个体在面对无法掌握、规定的宇宙时无能为力，只能锻炼自我以应对可能遭遇的不幸。“阅读塞涅卡和普鲁塔克等所有这些人的作品，我发现存在着大量的与自我、自我的伦理和自我的技术相关的主题和问题。”[1]福柯意识到斯多葛派对自我修炼的重要意义，并重点讨论了斯多葛派的修身手段：节制、考验和沉思。

斯多葛派认为，人必须从事身心训练以“抵制外在事件，能够毫无痛苦地承受它们，不会被压倒，不会被它们打败”。而身心训练的目的是培养勇气和节制。节制“让人能够衡量、调节和控制所有内心活动和自身活动”。[2]西方古典学著名的学者 A. A. Long 说：“爱比克泰德同时代的许多人专注于释梦、魔法、在神庙中孕育以及其他神秘练习，爱比克泰德虽然总是提到神（或者说宙斯）来表达个人信仰、经历以及斯多葛派和苏格拉底的虔诚，但是他的精神是理性的，并以现世为导向的。爱比克泰德坚信，人类生而具有他们所需要的基本能力去了解世界，阻碍人们更好地生活的障碍是可以被纠正或者被正确的学说和不懈的自我约束所改善的。”[3]塞涅

[1] [法] 福柯 . 论伦理学的谱系学：研究进展一览 [M]. 刘耀辉，译 // 汪民安 . 福柯文选Ⅲ . 北京：北京大学出版社，2016：143.

[2] [法] 福柯 . 主体解释学 [M]. 佘碧平，译 . 上海：上海人民出版社，2005：330.

[3] A. A. Long. Epictetus: A Stoic and Socratic Guide to Life[M].New York：Oxford University Press，2002：17.

卡也经常提到要进行节制训练，以应对未来的不幸。“他在给鲁西里乌斯的信中说，因为生活其实并不可笑！我周围的所有人都在准备神农节，每年到了这个时期，官方是允许人们放肆的。随后，他向鲁西里乌斯提出了如下问题：是必须参加这种节庆呢，还是拒绝它呢？如果这样，人就可能会显得与众不同，表现出一种哲学式的清高，甚至有点傲慢。我的想法吧，就是尽可能小心地参加一下，过过场而已。但是，他说，总之，有一件事要做，就是当大家正在准备农神节，开始大吃大喝时，我们必须用另一种方式做准备。我们必须做些训练，即各种穷酸训练（装得跟真的一样）。”[1] 塞涅卡一直很富有，但是他却在旁人狂欢的时候节制自我，以应付未来可能到来的任何严酷形式。福柯认为塞涅卡的节制训练是为了培养一种生活的风格。需要对这里的风格做进一步解释，皮特·布朗首先提出 Style（风格）的概念，他考察了公元前二、三世纪的苦修者，并认为他们创造了一种新的宗教式的生活方式。福柯自己的 Style 来自于布朗。他自己承认：“我所使用的‘style’概念很大程度上来自于布朗。”[2] 这里的风格主要是指自己对自我的控制。对无法控制自己的个人，福柯并不欣赏，并不是因为他们享受行为本身的行为是罪恶的，而是因为他们无法控制自我。

对考验的实践也是修身的一个重要方面。福柯说：“哲学就是进入一种机制之中，把整个人生看成一种考验。而且，可供我们使用的修行、一整套的训练，其意义就在于让我们可以永远为这种自始至终都只是一种考验的人生做好准备，即人生将是一场考验。”[3] 对福柯而言，古代哲学是一种生活方式，哲学和生活都需要锻炼“考验”。考验“主要是了解人能够

[1] [法] 福柯 . 主体解释学 [M]. 佘碧平，译 . 上海：上海人民出版社，2005：332.

[2] Eric Paras. Foucault Two Point Zero:Beyond Power and Knowledge[M]. New York：Other Press，2006：134.

[3] [法] 福柯 . 主体解释学 [M]. 佘碧平，译 . 上海：上海人民出版社，2005：376.

做什么，人是否能够做这件事，并坚持到底”。[1] 对斯多葛派而言，人的整个一生应该在众多的表象之上不断地做出判断，而要做出正确的判断，需要经受考验，仔细思考自我与宇宙的关系。斯多葛派对表象的分析不是为了将表象引入基督教的主旨，而是要弄清表象在自然世界中的地位。福柯把关注自我和考验联系在一起进行考察，把整个一生当作一种考验来关注自我（epimeleia heautou）。福柯的哲学总是围绕着人的生存展开：我是谁？我处在什么样的历史背景下？我此在的状态是怎样的？福柯在古代哲学对自己的考验中看到了对自我的道德约束。“古代道德（古希腊）是针对极少数人而言的，它并不要求所有的人都服从同一种行为模式。它只是涉及很少的一部分人，而且是自由民中的一部分人……随后，这种道德扩展开来。到塞涅卡时代，尤其是马克·奥勒留时代，道德可能对所有的人都是适用的，但是从来没有把道德变成人人都得履行的义务。”[2] 对福柯而言，选择接受考验是一种自我的生活选择，不具有强制性。但需要指出的是，考验并不是为了给予人不幸。爱比克泰德强调：“如果一个人能够按照他应该做的那样，一心一意地赞成如下这个学说的话，我想他绝不会认为自己出生卑贱或者低微。这个学说是：我们在最当初都是由天神所生的，天神既是诸神的父亲，也是人的父亲。就算收养你的人可能是凯撒，也没有谁会忍受你的傲慢自负；但是如果你知道你自己是宙斯的儿子，难道你不会因此而兴高采烈？然而，事实是我们不能，因为从我们一诞生，在我们身上就混合了这样两种因素：一方面是和动物一样的肉体，另一方面则是和众神一样的理性（logos）和理解力（intelligence）。我们中的有些人倾向于前一种联系，这是一种不为命运所祝福的、有死的联系；只有少数人倾向于后一种联系，这是一种神圣的、并为命运所祝福的联系。既然每个

[1] ［法］福柯．主体解释学 [M]. 佘碧平，译．上海：上海人民出版社，2005：333.

[2] ［法］福柯．道德的复归 [M]. 蒲北溟，译 // 杜小真．福柯集．上海：上海远东出版社，2004：517.

人，无论他是谁，都不可避免地要依据他对每个事物所形成的观念去处理这个事物，那么，凡是认为自己生来就被要求忠诚、自尊和在运用外部表象时能够进行正确判断的人，都不会抱有出生低微或者卑贱的判断；然而，绝大多数人却恰恰与此相反。”[1] 考验对人而言是为了做出重要的人生选择，“必须突出自身的纯洁，人要对自身警惕、监督、保护和控制。” [2]

沉思（meletan/meletê ）是另一种重要的关注自我的手段。在柏拉图看来，沉思的目的是发现灵魂的本质，而这种本质处于人自身之外。对斯多葛派而言，个体人具有神的理性，人反思自己经历的事情及与宇宙的关系，在反思中得到与神一样的智慧。对斯多葛派来说，反思事物是为了得到事物本身的真相，以利于认识表象，做出正确的判断。马克·奥勒留每天早上都要努力思考新的一天中可能要经历的事情，以做出正确的判断；塞涅卡在《论愤怒》中详细地讲述了自己每天睡觉之前都要对自己一天的行为做出反思和自我检查。

而提到自我反省和沉思不得不提到对死亡的沉思。对死亡的沉思（meletê ）不只是罗马帝国和希腊化时期的修身实践，在柏拉图和毕达哥拉斯学派那里也存在对死亡的沉思，但是福柯认为斯多葛派对死亡的沉思尤具独特性。斯多葛派主张要驱逐过度的激情，按照理性原则生活，斯多葛派鼓励人们要勇敢地面对死亡，主要是指要弃绝自我的激情，在宇宙自然的视野里观察事物，塑造自我。在斯多葛派看来，人能支配的只有自己的判断和欲望，即使对自己的身体本身也没有支配权。同样，人类意志和思想之外的事物不应该影响人的决定，外部事物不应该对人类的经历负有责任，人不能决定环境，但是能主宰接受环境时的心态。死亡属于人无法控制而又必然会到来的事件，个体必须修炼自己，为终会到来的死亡做准备

[1] Robert Dobbin. Epictetus：Discourses，Book 1[M]. New York：Oxford University Press，2008：10.
[2] [法] 福柯 . 主体解释学 [M]. 佘碧平，译 . 上海：上海人民出版社，2005：348.

(paraskeuazô)。因此，斯多葛派伦理学家认为必须去除对死亡的恐惧（激情的一种），以从容的心态面对随时可能到来的死亡。斯多葛派把死亡作为一种将来必须要经历的生活，锻炼自我的目的不是为了死亡本身，而是为死亡做准备，以更珍惜现在。马克·奥勒留就要求人们把每一天当作生命中的最后一天来度过，把每一次的行动都当作生命中的最后一次行动来看待，他说："获得一种方法来沉思事物是如何相互转化的。观察每一个事物，想象它正处于溶解和转化的过程之中，正处于腐败和被摧毁的过程之中。"[1] 人注定是要死的，面对死亡的训练是为了让人更珍惜生命的瞬时性。福柯很显然对斯多葛派对死亡的态度是尊重的。

福柯列举了塞涅卡在他的第 12 封信里劝告鲁西里乌斯勇敢地对待死亡和生活的话："度过他的一天，好像不仅是一个月、一年，而且整个一生都是这样度过的。必须认识到，我们正度过的一天的每个小时都如同一生中的一个年龄，以至于当人到了一天里的夜晚时，他可以说是到了一生的夜晚，也是将死的时候。"[2] 对死亡的重视能使人更好地把握当下，死亡意味着完结，只有死亡才能使个体完成对自我的塑造，这也是福柯看重死亡的双重原因。福柯重视自我对自身的塑造，他在斯多葛派对死亡问题的态度中再次发现了古希腊、古罗马文化中自我与自身关系以及充满生命力的伦理视阈。斯多葛派对死亡的态度和死于艾滋病的福柯对死亡的态度表面差异很大，但精神内涵却很相似，福柯也是把死亡和生命联系在一起。生命离死亡如此之远，但是在福柯这里死亡成了生命的核心。布朗肖认为："我的死亡必须总是成为我最内在之物：它就如同我不可见的形式，我的手势，我最隐秘的沉默无语。我必须做一些事以完成我的死亡，我有所有的事必须从事，死亡必然是我的作品，只是这个作品是在我之外，它是在

[1] 皮埃尔·阿多．伊西斯的面纱 [M]. 张卜天，译．上海：华东师范出版社，2014：18.

[2] [法] 福柯．主体解释学 [M]. 佘碧平，译．上海：上海人民出版社，2005：371.

我之中我所无法阐明、我所无法抵达与我不再是主人的那一部分。我们必须成为我自己死亡的演员即诗人。”[1]死亡即使内在于自身也是个体无法掌控的，个体却因死亡的铭刻而真正地成为独立的形式。死亡对于斯多葛派和福柯来说都充满着矛盾和魅力。

福柯认为，“被哲学家们规定为技艺的生活，并不遵从一种规则：它遵从的是一种形式。这就是一种生活风格，一种人必须赋予其生活的形式”。[2]死亡作为生命的完成也从属于生活的风格与艺术。福柯以自己的生命实践了自己的哲学，也因他的死亡而广受争议。福柯的死是一种变相的自杀或者是一种自由的生命实践形式。福柯的行为看起来惊世骇俗，但隐藏在这惊世骇俗背后的动机却是福柯对真实自我的执着。福柯在加利福尼亚的性体验是创造自我的旅程，自我不断生成、发现真实的自我。

福柯晚期在旧金山的同性恋聚集区活动，参与极限体验（性虐恋），并最终死于艾滋病。福柯认为：“‘受虐—快感’，一种必生的自杀准备，同用‘完全不同的眼光’看世界的能力联系起来了。借助心醉神迷、奇想联翩，借助艺术家的狂达放纵，借助这种最折磨人的苦行、这种放荡不羁的施虐、受虐淫性行为的探索，人们似乎有可能突破（尽管为时很短）意识与无意识之间、理性与非理性之间、快感与痛苦之间，最后还有生与死之间的界限。”[3]福柯的体验和他的创作实践有着深刻的联系。[4]福柯的极限体验始终是为了探究一个哲学家对自我生命的关注。福柯的行为并不是因为福柯厌倦生命，而是因为福柯在这种行为中体验到个体选择的自由和生命的创造性，福柯的行为体现了福柯对真实自我的追求，

[1] 杨凯麟．自我的去作品化：主体性与问题化场域的福柯难题 [M]．黄瑞祺．再见福柯：福柯晚期思想研究．杭州：浙江大学出版社，2008：71.

[2] [法]福柯．主体解释学 [M]．佘碧平，译．上海：上海人民出版社，2005：328.

[3] [美]詹姆斯·米勒．福柯的生死爱欲 [M]．高毅，译．上海：上海人民出版社，2005：28.

[4] 米勒在他的著作《福柯的生死爱欲》中援引 1978 年福柯同意大利记者杜齐奥·特萨巴多里的谈话，详细列举了福柯著作对他自身创作的影响。

自杀是个体对自我生命选择的权力，福柯对此推崇备至。甚至在1983年的一次访谈中，福柯说假如自己买彩票中奖，一定会设立一个自杀的场所，为有自杀想法的人提供实现生命愿望的机会，福柯认为只有在自杀中，个体才真正地选择了自我。因为福柯对自杀行为的赞美就断言福柯是背弃生命的悲观主义者，这样的论断是不符合福柯“关注自我”的哲学观点的。福柯自己的生活体验对他的哲学实践具有重要的作用，成就了“哲学作为一种生活方式”。狄奥尼索斯的狂欢是因死亡而达到巅峰的，死亡是自然赐予的人的本性。福柯之所以礼赞死亡，也是因为死亡表现了生命的本真形式，记载了生命的真实表象，正如德勒兹所指出的，“生命只在于在‘有人死’的行列中占据它的位置……与此同时，确定生死同外延，指出源于局部而特殊的死亡多样性”。

1978年7月的一天，福柯在大街上被一辆汽车撞倒，他在很短的时间里感觉到灵魂离开肉体，后来他回忆说：“那种在我看来是独一无二真正的快乐，大概会极其深刻、极其强烈、极其迅猛，以至于我可能因受用不了而死去。我可以给你举一个比较浅显的例子，有一次我在街上被车撞倒了，但是我正在走路，大约有两秒钟的时间，我感到了自己在死去——而那真是一种非常非常强烈的快乐。天气好极了，那是夏天的傍晚7点钟，太阳正在吸尘。天空漂亮极了，蓝极了，等等。它曾是，而且至今依然是我最美好的回忆之一。”[1] 福柯平静地回忆自己的死亡经验，平静地对待自己的死亡。福柯的伴侣德菲尔在和米勒的谈话中解释道：“艾滋病的威胁在决定福柯对希腊罗马思想的探讨方式方面，产生过关键性的作用。很有可能，他对自己即将来临的死亡是十分清楚的。他没有去将这种死亡演成一种戏剧，而是努力去和其他人建立一种（新型的）关系（实际上他每天

[1] ［美］詹姆斯·米勒．福柯的生死爱欲[M]．高毅，译．上海：上海人民出版社，2005：419.

都在这样做）……即使他并不确知他自己的状况，艾滋病的威胁仍是他一块缠绵不去的心病。他非常看重艾滋病；在最后一次去旧金山的时候，他是很明确地将此行看作一次‘极限体验’的。”[1] 福柯在预感自己死亡即将来临的时候，日以继夜地充分利用他所剩无几的时间整理出版《性经验史》的第二、三卷，仍旧对可能给他带来死亡的旧金山充满着向往，吉尔·德勒兹认为，福柯以他自己构思的死亡方式死亡。A. A. Long 评价爱比克泰德的著作时说："爱比克泰德不认为幸福是一个奖项，需要在和其他人的竞争中获得。幸福的存在取决于自我，我们在关键时刻运用我们自己的能力，充分利用环境把不适宜的形式转变为好的有利的结果。不利的形式被爱比克泰德解释为机遇，通过这种机遇，幸福取得优势。”[2] 斯多葛派认为，理性的人（幼儿不具备理性）可以支配自己对待整个生命的态度，当然包括死亡。而福柯在对死亡的态度上表现了自己的主动性，以哲学的态度实践这生活。

福柯在对待死亡的观点上看似有些矛盾：他赞美自杀，但是在自己即将面临死亡时仍旧用心写作；他珍惜生命，但是却明知道在可能患上艾滋病的风险下参与极限体验，但实际上，福柯面对死亡的态度正体现了福柯自我形式的创作的多样性。福柯说："我认为实际上有一种理性的自我创造，正因为如此，我一直致力于分析的是合理性的形式，即各种各样的建立，各种各样的创造，各种各样的变革。正是通过它们才产生了这样那样的合理性，而它们之间则是互相对立、互相驱逐的。”[3] 和尼采一样，福柯尊重生命的直觉体验，厌恶所谓的统一性，他宣称："我们和我们自己的关系，

[1] [美] 詹姆斯·米勒. 福柯的生死爱欲 [M]. 高毅，译. 上海：上海人民出版社，2005：526.

[2] A. A. Long.Epictetus: A Stoic and Socratic Guide to Life[M]. New York：Oxford University Press，2002：196

[3] [法] 福柯. 结构主义与后结构主义 [M]. 钱翰，译 // 杜小真. 福柯集. 上海：上海远东出版社，2004：495.

不是认同的关系，而应该是变异的关系、创造的关系、革新的关系。保持同一，实在令人腻烦。”[1] 福柯对死亡的态度看似矛盾，却体现了他对自由和合理性的探讨，在死亡背后隐藏的是福柯真正希望探讨的对象——生命的样式。福柯哲学对死亡的探讨目的是改变、塑造自我。Timothy 就认为：“在福柯的伦理学视角看来，最关键的因素在于对自我的态度；这种态度促进自我的连续转换，并且显示出实践的多样性，像性虐恋或者谱系学批评是这种实践的一部分。”[2] 像对性虐恋的态度一样，福柯对死亡、对自杀问题的迷恋也是源于福柯对个体自我塑造的主动性追求。

福柯沉思死亡，在自己的生命中把握死亡。个体为了追求哲学的生活，塑造自我，应努力修炼自己，以应对未来可能出现的挑战，当然死亡是人类必然要经历的，对死亡的修炼对福柯和希腊化 – 罗马哲学家而言都很重要。

第三节 福柯论政治与社会关系中的自我技术

福柯认为，自我既非知识和真理，也非权力和规则，它是一个个人化过程，这个过程无法摆脱与同群体、同民众的关系，同时，它应该从作为知识建构形式的权力关系中被剪除。个体化的过程，也即自我实现自身的过程，无法离开他者和社会。福柯在论述自我技术的时候就强调自我的塑造过程中与他者无法割舍的重要关系，“自我与他者之间的互动关系问题，对个体进行支配的技术问题，以及个体如何对自我施加影响的历史，也就是所谓的自我技术问题。”[3] 伦理学关注人能做什么，在历史中的人在当时的社会语境中能做什么，如何做。“虽然我现在对主体如何通过自我

[1] [美] 詹姆斯·米勒. 福柯的生死爱欲 [M]. 高毅，译. 上海：上海人民出版社，2005：352.
[2] Timothy O'Leary. Foucault：the Art of Ethics[M]. New York：Continuum，2002：114.
[3] [法] 福柯. 自我技术 [M]. 吴燕，译 // 汪民安. 福柯文选Ⅲ. 北京：北京大学出版社，2016：55.

实践活动这种积极的方式建构自我感兴趣，不过，这些实践并不是个体自己创造的。这些实践是他在当时的文化中所发现的范式，并且是当时的文化、社会和社会群体向他推荐并且强加给他的。”[1] 因此，福柯认为希腊化、罗马时期的伦理无法脱离权力和政治的视角，他关注在争执中的个人如何成就自我，同时也探讨在政治中的自我如何塑造自身，总而言之，希腊化的自由个体本就无法脱离和政治的紧密联系。在法兰西学院讲授《主体与真相》时福柯坦言：“统辖人类行为的规则不仅仅来自城邦国家；同样的，而且更为本原的，规则应该来自世界的秩序，人类和个体首先来自这种秩序，之后才来自本身城邦的法规。”“我们与自身的关系不仅仅意味着我们与自己本人个体的关系，这种关系还是我们与他人的关系——他人此时也是作为我们自身出现的。”[2] 希腊化时期以晚期的斯多葛派哲学家为代表的思想家以强烈的自我行动性以及自身与政治、社会、他人的紧密关系成为探讨这一话题的重要路径，而福柯对此给予了充分的重视和阐释。

在谈到晚期斯多葛派与政治的关系时，福柯认为：“希腊化时代的专制体制和罗马帝国的体制不能简单地根据有关公民生活的衰落和权力被日益遥远的国家机构所控制的否定术语来分析。”福柯的观点是对传统历史观点的否定和反思。传统观点认为，希腊城邦民主制度使公民享受更多的权利，个体对公共事物的参与要比古罗马多很多，但根据福柯的研究，情况恰恰相反，由于罗马帝国在空间上的扩大，希腊化和罗马时期的君主相比希腊城邦时期更依赖于地方政权（在这里姑且不论福柯的提法是否恰当，福柯提供了一种新的研究思路，这一点值得肯定），因此，古罗马个体对政治生活中的参与并没有消失。但是与古希腊民主制度不同，古罗马个体

[1] [法] 福柯．自我关注的伦理学是一种自由实践 [M]. 刘耀辉，译 // 汪民安．福柯文选Ⅲ．北京：北京大学出版社，2016：266.

[2] [法] 福柯．主体与真相 [M]. 上海：上海人民出版社，2018：13.

对政治活动的参与不由自己的出身规定。“从事政治活动就是一种‘生活’，包含着个人的持久承诺；但是其基础、自我与政治活动之间的联系、把个人塑造成政治活动者的东西不是——或者不只是——他的地位，而是在由他的出身和地位所规定的一般范围内的个人活动。”[1] 个人自愿地参与政治实践，并把政治活动看成自我塑造自身的手段是希腊化时期政治与个人的新关系。同样，统治者也应该在行使政治权利时，控制自我的行为，“控制自我的艺术似乎成了一个决定性的政治因素”。[2] 很有意思的是，古罗马斯多葛派出了一位真正的哲学皇帝——马克·奥勒留，他在自己的《沉思录》中告诫自己不要幻想成为柏拉图的“哲学王”，征战半生的他告诉自己要勇敢地面对现实世界的不完美，严格要求自己，时时刻刻注意自己的行为，做力所能及的改变。换句话说，作为奥古斯都的继承人，马克 · 奥勒留拥有无限多的权力，但是他却一再强调斯多葛派的观点，即人应该关注理性范围之内的事物，外部事物、不符合自然的事物如果是神赋予的，人的能力是无法改变的。奥勒留对现实世界有清醒的认识，他放弃所有的乌托邦幻想，只关注个体所能控制和改变的事情。对福柯《主体解释学》进行编辑评点的弗雷德里克 · 格罗就清楚地指出：“不要以为福柯通过关注自我是要寻找脱离政治的冠冕堂皇的说法，相反，他倒是寻求各种把伦理与政治结合起来的原则，特别是通过对罗马帝国时期的斯多葛派的研究。”[3] 在对斯多葛派政治和自我伦理的研究中，福柯发现了斯多葛派自我实践的多样性。斯多葛派哲学家认为，参与政治是自我对自身塑造的重要手段，同时也是治理他人的方法，有能力参与政治的人应该努力完成对自我和他人的治理。

柏拉图在《理想国》中阐述了自己的政治蓝图，但是他的设想最终只

[1] [法] 福柯 . 性经验史 [M]. 佘碧平，译 . 上海：上海人民出版社，2005：364.

[2] [法] 福柯 . 性经验史 [M]. 佘碧平，译 . 上海：上海人民出版社，2005：365.

[3] [法] 福柯 . 主体解释学 [M]. 佘碧平，译 . 上海：上海人民出版社，2018：522.

是一厢情愿的乌托邦，这一点柏拉图自己也并不否认。柏拉图认为哲学家在现实生活中应该远离政治，因为现实的社会环境不完美，处处是堕落和丑陋，城邦不够理性，哲学家无法充分发挥作用；因为哲学本就是私人活动，是追求理性和智慧的，因此，哲人无法从根本上缓和城邦和个人的冲突，在实践中，城邦和个人冲突一定程度的缓和可以通过哲学家对城邦的统治来完成。但是在“理想国”中，情况完全不同，理想国的公民受到了很好的教育熏陶，具备了理性知识，哲学家如果愿意，可以在“理想国”中担任国王，负责让“理想国”世代相传，保持近似于完美的状态。斯多葛派对政治的态度与柏拉图有很大的差异，在他们看来，政治不是理论性的存在，而是与人的生活息息相关的。与同时代的伊壁鸠鲁学派不同，斯多葛派并不反对人们从政，因为在他们看来，政治生活是人类社会中无法逃脱的组成部分，参与政治意味着对社会承担责任，斯多葛派认为，不仅要面对政治给予人的美好和秩序，也要勇敢地面对政治带来的黑暗和危险。正直、有能力的人应该发挥自己的作用，担任一定的职务，劝诫国王颁布政策，使社会朝着好的方向运转。马克·奥勒留是奥古斯都的继承人，古罗马的皇帝，但是他并没有因现实生活中所承担的政治角色而忽视了自我的修炼，他坚持参加农业劳动、反思自我的行为，创建自我与自身的关系。和柏拉图不一样，马克·奥勒留并没有幻想自己能成为完美的哲学王，他认为政治生活是自我存在的外部条件，是自己不能支配的，但自我的内心、自我与自身的关系的建设则取决于自己的行为。对柏拉图来说，理论的形而上建构始终处于其观点的中心，而斯多葛派则更倾向于自我的行动性。古罗马斯多葛派哲学家努力把生活和哲学的界限抹平，认为哲学不再是脱离生活的单纯思辨，而是生活的组成部分。古罗马斯多葛派哲学家关心的不是你知道什么，而是如何去做。

总之，柏拉图认为理想国的国王应该是哲学家，而斯多葛派认为哲学家应给予国王意见，使国王相信正义、勇气、智慧，而不是把自我变为哲学王。中国儒家学说有言："古之欲明明德于天下者，先治其国。欲治其国者，先齐其家。欲齐其家者，先修其身。欲修其身者，先正其心。欲正其心者，先诚其意。欲诚其意者，先致其知，致知在格物，物格而后知至。知至而后意诚，意诚而后心正。心正而后身修，身修而后家齐，家齐而后国治，国治而后天下平。"(《礼记・大学》)和柏拉图的政治追求很像，为国家建立事功始终是儒家学说的终极目的。在《亚西比德篇》中，柏拉图以城邦的利益劝诫亚西比德认识自己，城邦政治对个人塑造自我具有决定性的影响。在罗马帝国的初期，哲学家在政治上扮演着重要的角色，通过哲学家的参与，帝国的统治者往往能做出正确的抉择。而哲学家在此过程中，把政治和自我修身实践联系起来，斯多葛派哲学家参与政治，是为了履行社会责任，成就自我与社会的和谐，获取理性与神性，塞涅卡就是典型的代表。与古希腊不同，古罗马斯多葛派对自我的塑造不是为了参与政治，而对政治的参与则是为了成就自我，斯多葛派的政治活动最终指向的是修身的自我实践。福柯自己总结道："对于柏拉图来说，拯救城邦最终包括了个人的拯救。或者，说得更具体一点，在柏拉图那里，人关注自我是因为必须关心其他人……但是现在（斯多葛派），我认为关系倒了过来：人必须关注自我，因为人就是自己，而且只是为了自己。为其他人做好事，拯救其他人，或者这种关心其他人的方式让他们获救，或者有助于他们拯救自己，这是作为补充的好处出现的，或者是作为人必须关注自我的意志和用来拯救自己的方式的结果展开的。拯救其他人是对人对自己的拯救活动的一种补充。"[1]福柯很清晰地点明了政治生活在斯多葛派哲学中的地位，

[1] [法]福柯．性经验史[M]. 佘碧平，译．上海：上海人民出版社，2005：153.

既没有因为重视自我而忽视斯多葛派所涉及的政治方面的内容，也没有夸大政治的地位。

爱比克泰德说："想想看，由于拥有理性能力，你可以与哪些事物分开？你可以和野兽以及羊分开。除此之外，你还是一个世界公民，是世界的一部分，不是命定进行服务的一部分，而是最重要的那一部分；因为你拥有理解世界的统治的能力，拥有在由此所产生的结果上进行推理的能力。那么，一个公民的职责是什么？不把任何事物看作是一己之私；独自筹划任何事情的时候把自己看作是一个独立的整体，而是要像手或脚一样地去行动，因为如果手脚具有了理性的能力，并且理解了自然的构造的话，那它们将永远不会采用别的方式，而总是根据整体的需要来选择或欲求。"[1] 人类是社会动物，只有在社会之中，在世界的整体中，人类才能真正地认识自我，支配理性，做有道德的人。福柯并不认为在斯多葛派那里，自我是封闭的，不需要和社群打交道。在家庭、政治及其他社会关系中，人们履行丈夫、父亲、城邦管理者的责任都是为了更好地关注自我。福柯认为在古代文化中，关注自我意味着选择生活方式，"关注自我与团体、友爱、学校、宗派的组织或实践有关"。[2] 人无法脱离社会、他人而对自己定位，一定的社会角色会规范个体的行为。

爱比克泰德的《哲学谈话录》中叙说了这样一个故事：罗马一个官员和爱比克泰德谈话时，认为亲情很不幸，他的女儿生病，他无法忍受女儿遭受痛苦，不能守在女儿的身边。爱比克泰德批评了他的行为，因为亲情是符合自然的行为，人应该享用亲情，而逃离生病的女儿是没有尽到做父亲的责任，是个人没有很好地规范自己的意志的行为。福柯在

[1] [古罗马] 爱比克泰德．哲学谈话录 [M]. 吴欲波，等译．北京：中国社会科学出版社，2004：110.
[2] [法] 福柯．性经验史 [M]. 佘碧平，译．上海：上海人民出版社，2005：110.

《主体解释学》中很详细地分析了爱比克泰德的观点，认为这个父亲“错误在于你为了关心你的女儿而忘记了关心一下你自己”。[1]这位父亲因为女儿的激情（痛苦）而放弃了亲情的自然义务。在现实生活中，个人扮演着各种各样的社会角色：城邦的公民，女儿的父亲，妻子的丈夫……这些角色赋予了个体相应的塑造自己的职责，而在履行职责的过程中，个体完成了自我对自身的塑造。

福柯关注自我的最终落脚点在于对现在的行动性的关注，“对现在的这种专注，即对于我们真正能够做的事的专注：我们完全不能改变过去，我们也不能对尚且未到来的有所行动。现在，就是我们可以行动的唯一时刻。因此，对于现在的集中，就是行动的一种苛求”。[2]福柯并没有规避个体与世界的关系，福柯认为：“不论这些训练是什么，值得关注的一件事就是，它们都是与主体能够面对的处境相关的实践，这就是培养作为理性的和道德的行为的主体的个人。事实是，这种以自身关系的问题为中心的生活艺术不应该造成错觉：转向自身的论题不应该被解释成摆脱行为的领域，而是作为对允许人把自身对自身的关系一直作为与事物、事件和世界关系的原则和法则的东西的探究。”[3]福柯对自我与自身的关系，以及社会环境中自我的讨论的根本目的是弄清楚自我的真相，各种各样的社会关系为福柯对自我的探讨提供了具体的情景。福柯认为在希腊化和古罗马前期，自我教化的技术达到了顶点，是探讨不同于基督教建立后的自我真相的关键时期，关心他人同时就是关心自我，提升自我是关心他人的目的所在。西方著名的古典学专家 A.A. Long 认为，在斯多葛派看来，提升自我比承担社会角色更重要，福柯的观点和 A.A. Long 的观点是相契合的。对斯多

[1] [法] 福柯 . 性经验史 [M]. 佘碧平，译 . 上海：上海人民出版社，2005：157.

[2] [法] 皮埃尔·阿多 . 作为生活方式的哲学 [M]. 姜丹丹，译 . 上海：上海译文出版社，2014：195.

[3] [法] 福柯 . 性经验史 [M]. 佘碧平，译 . 上海：上海人民出版社，2005：417.

葛派而言，人的自由和社会地位、政治地位没有本质性的关系，他的自由是指个人不受外部事物影响，无论个人身体处于什么样的状态，在社会中受到什么样的奴役，都不影响个人追求自由，只有精神的自由才是绝对自由。个体对周围世界的反应得益于个体的判断，事件本身并不会影响人们，但是对事物的判断却影响人。人能够控制的只有自己的意志，个体拥有的身体健康与否并不是个体所能主宰的，这取决于宇宙、神的意志，但是人不同于动物之处在于人存有意志，只有意志才是真正的自我，意志能引导人做出正确的选择。对斯多葛派来说，区分好与坏的标准就是是否符合自然选择，人作为理性的动物要做出符合人类自然的选择才是好的。

这里需要补充斯多葛派的一个重要概念，即：indifference。这一概念是指由神和自然决定的人生存的外部环境，它并不能决定人的行为，与人的高贵理性无关，比如：人是健康的还是患有疾病的，人是自由民还是奴隶，等等，都是归属于这一概念的。而 preferred indifferences 是指普通人愿意接受的并认为好的外部生存环境，比如人拥有健康的身体、充足的财富，等等。普通人不认真学习、反思自己，不自觉地会追求 Preferred indifferences，对外在事物的追求代替了人的伦理追求，并把追求次要的外部事物当作人生快乐的根源，进而沦为和动物一样没有理性的属类。人是理性动物，拥有充分的自由，社会、婚姻、政治都存在于人的外部，不应该阻挡人塑造自己的行为，而由于人对自身的认识不够深刻，人对自身的追求容易转变为对外部优越环境的追求。福柯考察了斯多葛派的婚姻、政治与自我的关系，强调斯多葛派自我对自身的关系，但是并没有把斯多葛派的自我孤立起来。福柯考察了斯多葛派自我建立的独特的历史条件，并对具体条件下的自我进行了深刻的剖析。

在古希腊，操控自我意味着成为自我的主人，只有这样，才能统治他人，福柯对《亚西比德篇》的分析很好地证明了这一点。这种状况在斯多葛派那里有所不同，自我和他人的非对等性在减弱，对自我的治理不再是对城邦进行统治的前提，而是通过自我的修炼，建构自我与自身的关系的同时与其他人联系起来，因为其他人同样是自我的主人。“在希腊文中，‘关注自我’是一个非常有分量的词，它的意思是：‘作用于’或‘参与’某事……它描述了一种工作、一种行为；它意味着关心、知识以及技术。”[1] 当然，福柯这里的知识和技术与现代社会中对知识和技术的定义有所不同，这里的知识和技术是为了一种选择而存在的，是与生活选择紧密联系的。

[1] [法]福柯．论伦理学的谱系学：研究进展一览[M]．刘耀辉，译//汪民安．福柯文选Ⅲ．北京：北京大学出版社，2016：171.

第七章

福柯论“说真话”与真理体系的建构

福柯对西方古代哲学的研究涉猎甚广，本书主要从三个方面来论述福柯对古希腊、古罗马审美主体的论述：福柯对柏拉图文本《亚西比德篇》中认识自我与关注自我的解读；福柯对性与自我关系的挖掘；福柯对自我技术的阐释。而说真话（parrhēsia）作为自我技术最重要的方面，在福柯的哲学体系中占有非常重要的地位，讨论福柯对这一术语的解释对研究和全面评价福柯的伦理学思想有着非常重要的价值和意义。“说真话”作为自我技术的手段，对修炼自我与自身的关系非常重要，是古希腊和古罗马思想家探究真实自我的重要方式。

福柯对“说真话”的论述主要涉及柏拉图和犬儒学派的思想。福柯的伦理学并没有寻求建立令所有人都必须主动或被动接受的道德形式，而是寻求在真实的基础上建立自由的道德。福柯说：“我认为我一直在尝试确定三种类型的问题：真理（la vérité）、权力（du pouvoir）以及个体行为（comportement individuel）。在我看来，它们是经验的三个领域，而且我们只能通过它们彼此的关系缺一不可地去理解这三个领域。”[1] 福柯在生命

---

[1] [法]福柯.“我想知道这关涉到什么”：福柯的最后一次访谈[M].胡新宇，译.汪民安.福柯文选Ⅲ.北京：北京大学出版社，2016：415.

的最后时刻，仍然对真理和个人行为问题投入了一如既往的关注，说真话的问题正是因为涉及对这三者的论述而在福柯的学术体系中有着重要的价值，占据重要的地位。

福柯关注主体问题，他对主体的论述没有逃脱真理的体系范畴，但是福柯希望打破真理体系对个体的暴力性规范，同时，也希望建立完全多元的真理价值体系，打破形而上学中心主义和自基督教以来西方社会治理体制对个体人的控制。“人们逃脱真理的宰制，并非在于他们玩一种与真理游戏完全不同的游戏，而在于以不同的方式玩相同的游戏，或者通过其他有力的手段玩另一种游戏或手牌。我的问题在于理解真理游戏是如何确立的。”福柯对伦理的谱系化建构在于打破已经形成的游戏规则，“当我说游戏的时候，我指的是一套规则，真理据此得以创造。”“自希腊人的时代以来，我们社会的一个显著特征就是缺乏对真理游戏（它们可以把所有其他的真理游戏排除在外）精确而绝对的定义。在一个既定的真理游戏中，我们总是能够发现某种不同的事物，或者在某种程度上能够对这条或那条规则做出修改，有时候甚至可以对整个真理游戏做出修改。”[1] 福柯对说真话的关注，正是寻求在暴力构序的真理体制之外建构不同的真实自我。

在《快感的享用》中，福柯解读了自我的伦理学和个体的风格化自我选择在古希腊社会生活各方面的表现。如果说福柯对《亚西比德篇》的解读提出了关注自我的问题，那么《快感的享用》则细致地展示了古希腊社会关注自我的各个方面的内容。仔细解读福柯在《快感的享用》中的观点，有助于更好地理解福柯对关注自我的重视。福柯认为，古希腊人在生活中的自我选择成就了个人的风格化自我。自我技术的问题主要解决在西方古代社会中如何通过个人行为塑造自我的问题，无论是古希腊还是以斯多葛

[1] ［法］福柯．自我关注的伦理学是一种自由实践 [M]. 刘耀辉，译 // 汪民安．福柯文选Ⅲ．北京：北京大学出版社，2016：276–277.

派为代表的古罗马伦理学在自我技术或者说精神性自我的建构中都有非常多的独特性。而说真话（parrhēsia）不仅在于说，还在于做，在于对自我的精神修炼，福柯详细阐述了柏拉图观点中的说真话（parrhēsia），由政治说真话转向伦理说真话，而后者突出了说真话对个体的塑造。福柯不满足于仅仅讨论柏拉图对说真话的提倡，也肯定了苏格拉底勇于承担说真话的后果的勇气。福柯不同意尼采对苏格拉底之死的悲观结论，他认为苏格拉底用自己的死亡成就了自己的生活，言行实现了合一。福柯认为，古希腊人从没有试图解释什么是主体，他们关注的仅仅是个体自我真实的生存状况以及在生活中对自我建构的问题。福柯对古希腊自我的研究是为了说明他对主体问题的认识以及对古希腊自我伦理的认识。

福柯在生命的晚期对犬儒学派迸发出极大的兴趣，犬儒学派的思想突破了古希腊的精英化立场，也摆脱了斯多葛派哲学走向统一秩序，自我放弃的潜在威胁，展示出完全真实的生命本真状态，而这令福柯很欣喜。在法兰西学院最后一年的讲座中，福柯对犬儒学说进行了详细的阐释。而“说真话”作为其中最重要的方面有必要进行详细的论述。

第一节　关注自我的途径：说真话（parrhēsia）与自我治理

1983 年福柯在最后一次的伯克利之旅中，以“话语和真理”（Discourse and Truth）为题发表了六篇演讲，在 1982—1984 年在法兰西学院的演讲稿《对自我和他人的治理》（*The Government of Self and Others*）、《说真话的勇气：治理自我与治理他者Ⅱ》（*The Courage of Truth: The Government of Self and Others* Ⅱ）中，福柯主要围绕 parrhēsia（说真话）展开阐述，在“说真话”中自我完成了对自己和他人的治理。福柯对治理术有很系统的阐述，福柯说："我所说的是，'治理术'（governmentality）意味着自我与自身的关系，我希望'治理术'这个概念涵盖整个实践活动领域，这些实践活动制定、界定和组织各种策略，并且把它们工具化，自由的个体在相互打交道时，可以使用这些策略……所有这一切的基础是自由，即自我与自身以及与他人的关系……治理术这个概念使我们有可能提出主体的自由以及主体与他人的关系，正是这些构成了伦理学的本质内容……哲学质疑所有层次以及所有形式的宰制，不管是政治的、经济的、性爱的还是制度上的，或者你所想到的一切的其他一切宰制。在某种程度上，哲学的这种批评功能源自苏格拉底的训喻，即'关注你自己'，换句话说就是，'通过掌握自我，让自由成为你的基本原则'。"[1]"说真话"的目的是关注自我，完成对自我和他人的治理，福柯之所以强调自我和他人，是希望通过个体"说真话"、关注自我，与他人建立以 parrhēsia 为基础的契约，约定双方都"说真话"，远离奉承和修辞，福柯认为康德的批判意识和 parrhēsia 是联系在一起的。

parrhēsia 词源学意义上是指说真话，坦白说出所有知道的内容。修辞家为了劝服别人，不在意言说内容的真实性，也就是说修辞家说出的话和他内心所想、所信可以不一致。与修辞家不同，parrhēsia 意味着发言者必须说出自己内心最真实的想法，是和个体的行为及自身塑造联系在一起的。福柯详细地对这一概念做出了哲学分析："parrhēsia 是一种言语行为。通过这种言语行为，说话者坦诚地和真理建立联系，自我和他人通过批评建立联系，通过自由、责任和道德法律建立联系。更准确地说，parrhēsia 是一种言语行为，在这种行为中讲话者把自身和真理联系起来，并因他把说真话和对自我与他人的进步作为责任而承担风险。在"说真话"中，讲话者运用他的自由，选择用坦诚代替劝告，用真实代替错误和沉默，用死

[1] [法] 福柯. 自我关注的伦理学是一种自由实践 [M]. 刘耀辉，译 // 汪民安. 福柯文选Ⅲ. 北京：北京大学出版社，2016：365.

亡的风险代替安全和生命，用批评代替奉承，用道德责任代替自我利益和道德淡然。”[1] 也就是对福柯而言，parrhēsia 不仅意味着坦诚、真实，还意味着需承担风险，提升自我和他人的伦理层次，也就是说说真话意味着责任和自由，即福柯说的对自我和他人的治理。[2] 福柯认为“说真话”和自我关注的关系非常紧密，是阐述自我问题无法绕开的。福柯说：“我从未终止过的问题一直是关于真理、真实的言说的问题，即什么是真实的言说以及真实的言说与自反性形式（自我对自我的关系）之间的关系。”[3] 真实的言说与自我之间的关系问题一直是福柯思考的内容，福柯非常喜欢的作家贝克特说：“我说不下去了，你必须说下去，我要说下去，你必须说话，只要还有话可说，直到他们找到我，直到他们说我，奇怪的痛苦，奇怪的罪恶。”[4] 在贝克特的小说中，真实的言说是个体存在的方式，而福柯也同样在古希腊和古罗马的哲学中发现了真实言说对自我的意义。言说、自我、真实是福柯用谱系化的研究方法考察 parrhēsia 的重点。福柯的“说真话”是自我技术的一种，是关注自我的手段。

福柯分析了古代 parrhēsia（说真话）的两种形式，即政治领域的说真话和哲学、伦理领域的说真话。福柯说：“parrhēsia 的概念，起初出现在政治领域的练习中……然后转到个人伦理和自我的道德建构上来。我认为 parrhēsia 有可能——也正因为这个理由，我对它感兴趣并且使我在它上面停留思考——从对自我和他人的治理的视角提出主体和真理的问题。对我

[1] Michel Foucault. Discourse and Truth：the Problematization of parrhēsia[J]. Berkeley，1983：5.

[2] 福柯认为 parrhēsiast 一定是说真话的人，但是并不一定所有的 parrhēsiast 都是直言者。福柯区分了四类说真话的人：预言家（并不是以自己的名义发言，只是神谕的解释者和中介）、圣人（明白真实，但不一定向他人言说）、老师（掌握特别的技术，但是在传播知识的过程中并不具有危险性）、parrhēsiast（通过说真话塑造自我和他人）。福柯认为在古代，哲学家更多的是圣人和直言者，以说真话影响自己和他人。

[3] [法]福柯.结构主义与后结构主义[M].钱翰，译//杜小真.福柯集.上海：上海远东出版社，2004：500.

[4] [美]詹姆斯·米勒.福柯的生死爱欲[M].高毅，译.上海：上海人民出版社，2005：504.

来说，通过仔细考察 parrhēsia 的概念，我可以使它们和对决断形式的分析结合起来，研究治理的手段，形式的大纲和对自我的锻炼问题。”[1] 伦理领域的“说真话”是福柯关注的重点，本章将做重点分析。在这里先简单介绍一下政治领域的“说真话”。福柯重点分析了欧里庇得斯的戏剧《伊翁》（*Ion*）和伯利克里的讲话，福柯认为是欧里庇得斯率先使用 parrhēsia 这个词。伊翁是雅典国王厄瑞克透斯的女儿克瑞乌萨和阿波罗的私生子，在德尔斐神庙长大，在他长大之后，他希望有机会参与希腊的政治事务，借助 parrhēsia（说真话）向希腊人传达自己的政治观点。但是由于他是私生子，虽然最终被克瑞乌萨的丈夫认作儿子，但因不知道自己母亲是否是雅典人而无法享有“说真话”的权力，因为在此时的雅典，父母必须都是雅典的自由民，孩子才享有“说真话”、参与政治的权力。说真话的权力在欧里庇得斯那里和是否是城邦自由民的政治地位紧紧地联系在一起，无法“说真话”意味着无法行使管理城邦的政治权力。另一个重要的政治领域说真话的例子是伯利克里。伯利克里在公民大会上“说真话”（parrhēsia），他拒绝奉承民众，勇敢地承担“说真话”的风险。但是福柯认为，随着伯罗奔尼撒战争的失败，公民大会的形式让每个人具有了发言的资格，而发言人往往为了自己的利益，讨好民众，真实性的话语在这里遭遇到了挑战，同时与政治相关的 parrhēsia 也逐渐向个人生活方面靠拢。福柯同样例举了欧里庇得斯的戏剧《俄瑞斯托斯》来阐明自己的观点，他认为，正直、有勇气的真实话语不被民众所采纳，而趋炎附势、投其所好的话语却被民众支持，并被誉为民主的胜利。福柯区分了消极的和肯定性的 parrhēsia，消极的 parrhēsia 是指为了自己的利益而谈话，虽然也说出了一切，但是对他人和自身而言都不是真话。而肯定性的 parrhēsia（真实的话语）必然包括

[1] Michel Foucault. The Courage of Truth：The Government of Self and Others.Lectures at Collège de France 1983—1984[M]. translated by Graham BurchelL. New York：Palgrave Macmillan，2011：8.

理性的逻各斯，必然引向真实，说出的话必须是自己所坚信的。并不是每个人都有权利发言就决定了民主的必然胜利，福柯在这里对说真话和民主政治之间的关系进行了深刻的思考，而提出的问题就是对自由的问题的思考。福柯很少谈论民主问题，但是在自己的晚期讲座中，福柯借对古希腊社会中政治说真话的评价，阐发了自己对民主的观点，即完全的民主反倒是对民主的消解，福柯的谱系学思考方式在这里再次得到验证。正如对待理性的态度一样，福柯反对任何冠以绝对化的思想。福柯说："人们经常讹诈整个理性批评传统或讹诈批判性思考：要么接受理性，要么堕入非理性主义。好像不可能对合理性进行理性的批判，不可能写出关于所有分歧和分岔转向的理性历史，好像不可能写出一部关于合理性的偶然的历史。然而，我认为，从马克斯·韦伯开始，对于法兰克福学派和许多科学史学者（如康纪莱姆）来说，问题的关键在于明确合理性的形式，是合理性的形式占据统治地位，而人们则给了它一个理性的身份，使它显现为合理性的工作可能采取的形式之一种。"[1] 福柯阐述民主的合理性形式，并对所谓绝对化的民主形式进行了批判，他拒绝了民主和理性的讹诈。

正是由于古希腊政治性形式的变化，民主制度导致说真话失去土壤，而正是由于个体对哲学式说真话的追求，导致说真话成为塑造自我的重要方式之一。福柯认为苏格拉底是典型的说真话者，甚至因为自己的说真话失去了生命。苏格拉底的特别之处在于，苏格拉底把"说真话"和个体生命联系在一起。福柯重点考察了柏拉图《第七封信》《申辩篇》《拉凯斯篇》[2]，福柯并不是在探求真理，而是在把讲真话作为一种生活锻炼、

[1] [法] 福柯 . 结构主义与后结构主义 [M]. 钱翰，译 // 杜小真 . 福柯集 . 上海：上海远东出版社，2004：494.

[2] 福柯在对说真话的问题展开批评时，对柏拉图的作品《高尔吉亚篇》《斐德罗篇》《法律篇》《申辩篇》《斐多篇》《第七封信》《拉凯斯篇》均有涉及，但是考虑到福柯对《第七封信》《申辩篇》和《拉凯斯篇》的论述最为集中，所以本书主要涉及这三部分的内容。

个体建构的方式。“我希望分析说真话者的角色在古希腊如何被问题化。我希望告诉你们在古希腊哲学中，真理的问题既来自于对真理陈述和理想推理的标准观点，也来自于把言说真理作为一种行为的观点。”[1] 福柯意识到苏格拉底开启了现代对真理问题的抽象态度，但同时，福柯发现对苏格拉底而言，真理是一种生活和逻各斯统一的方式，福柯不仅论述了柏拉图或者说苏格拉底对说真话的观点，而且阐述了苏格拉底以自己的生命对说真话的奉行和实践。本章以苏格拉底对说真话的修身实践为论述内容，对古希腊对伦理的实践态度予以阐述。

对福柯而言，自我问题是其无法摆脱的问题，是其哲学的中心。福柯没有禁止对主体问题的谈论，“我拒绝的是从主体理论开始的想法——例如，现象学和存在主义的做法——拒绝在这种理论的基础上询问一种既定知识形式是如何可能的。我努力想表明，主体如何以这种和那种特定的形式，如何通过特定的实践活动，诸如真理游戏和权力实践等，把自己建构成疯癫的或者健康的主体，建构成有罪的或者无罪的主体。我必须拒绝关于主体的先验理论，以便分析一种关系，这种关系或许存在于主体的建构或者不同的主体形式与真理游戏和权力实践等事物之间。”[2] 自笛卡尔以来，现代自我在抽象知识的基础上建立起对自身的认知，这种自我认知忽视了对个体偶然性、历史性、独特性的追寻，强调总体性的规则和道德。福柯反对形而上学的自我，坚持认为个体应该摆脱权力和知识的束缚，通过关注自我和苦修的具体行动，确立自身的风格，也就是说，个体要在具体的历史条件下建构真实的、差异性的自我。福柯说：“我对生命（bios）作为审美艺术物质形式的看法很感兴趣，此外，伦理可以被视为生活的强有力

[1] Michel Foucault. Discourse and Truth：the Problematization of parrhēsia[J]. Berkeley，1983：65.

[2] [法]福柯．自我关注的伦理学是一种自由实践[M]. 刘耀辉，译//汪民安．福柯文选Ⅲ．北京：北京大学出版社，2016：303.

结构，它与法律本身、专制制度以及规训结构无关，这一点对我来说很有兴趣。”[1] 福柯把对生命的审美看作一种力，一种自由。福柯早期作品批判了现代社会塑造主体的教育、医疗、政治、监狱、学校等机构中存在的普遍化和规范化倾向，因为这种倾向并不能使个体意识到自我的真相，会导致以法西斯为代表的社会危机。在这种情况下，晚期福柯把研究的视野推进到自我问题产生的原生地，思考个体的风格，而个体风格带有审美的自由性。福柯把研究视野移向古希腊哲学，对古希腊的“自我技术”陶醉不已。需要指出的是，福柯并无意于退回西方文明的摇篮，构筑乌托邦。福柯从古代思想家尤其是柏拉图、斯多葛派、犬儒学派思想家那里找到了对自我问题的跨越时空的共鸣。

福柯对个人生活的艺术化选择，对当代人生命形式的新探讨，他“离经叛道”的生活方式使我们很容易想起尼采。在尼采看来，美始终是与生命的强力意志联系在一起的，生命力的溢满是与创造性相联系的。福柯作为尼采的信徒，他的思想中这种指向也是很明显的，在福柯看来，主体有塑造自我的权利和义务，主体不是形而上的先在存在，主体是通过自己的行为在自我的美学生存中塑造自我、成就自我的。福柯反对任何一种主体的先天理论，他认为主体构建自我的行为在生命的存续过程中是不会停止的，只有死亡才宣布自我选择的完成。福柯说：“主体它不是一种实体，它是一种形式，这种形式并不总是跟自己等同。当你将自己建构成为政治主体而在议会中进行投票或发言时，跟你尝试在性关系中实现欲望时，并不是相同形态的关系。无疑地，这些主体的不同形式之间彼此有关系也彼此干涉，但我们却不是面对同样的主体……正是主体的不同形态的历史构

[1] [法] 福柯 . 论伦理学的谱系学：研究进展一览 [M]. 上官燕，译 // 汪民安 . 福柯读本 . 北京：北京大学出版社，2010：303.

成，就其关系于真理游戏而言，让我深感兴趣。”[1]福柯对个体的风格化追求和审美倾向都是为了阐明具体历史条件下自我的真实状况。福柯并没有消解主体，只是以更加严肃的态度，以谱系学的思路对待主体。

福柯认为，古代异教时代的关注自我使精神性的而非知识性的自我被塑造。精神性的自我塑造注重个体的自由性和行动性。本节重点论述了福柯对柏拉图说真话与塑造自我的关系的批评，福柯在对柏拉图哲学的阐述过程中似乎回归到西方古典哲学的研究思路，注重对古典文本本身的阐述，但是在福柯阐述的背后隐藏着福柯对自我、历史、真理、自由、理性的看法。笔者力图解释福柯在阐述古典文本时对主体问题的新的开拓与认识，在阐述古希腊哲学特别是柏拉图哲学的过程中认识到古希腊和基督教时代的不同，前者尊重自我对自身的塑造，后者要求放弃自我，遵循共同的道德条例，服从神对世界和个体的安排。福柯对苏格拉底的行为津津乐道，丹豪瑟说：“带着对经院哲学的痛恨，尼采重建了这样的观念：哲学是一种生活方式，哲人是以身作则进行教导的人。在此种努力中，他显然可以利用传统的苏格拉底的哲学形象。”[2]尼采对苏格拉底的态度比较复杂，但是他和福柯一样，认为苏格拉底的哲学是一种生活方式。福柯重在谈论苏格拉底把哲学和生活联系起来的方面，他把苏格拉底作为古希腊的代表个体进行了重点的论述。福柯赞同柏拉图和他的个体处于主动之中，但福柯认识到柏拉图伦理和政治、形而上灵魂千丝万缕的联系，而古希腊的风格化个人选择是自由的社会上层人士的一种自我选择、修身实践，带有片面性。而希腊化－罗马派哲学中对个人伦理自由和完全转向自我的原则的遵循对福柯的主体建构具有重要的意义，从福柯对犬儒学派的再论述中就可见一斑。

[1] 黄冠闵．福柯晚期主体的形构与转化[M]．黄瑞祺．再见福柯：福柯晚期思想研究．杭州：浙江大学出版社，2008：85.

[2] [美]丹豪瑟．尼采眼中的苏格拉底[M]．田立，译．北京：华夏出版社，2013：129.

第二节　福柯论苏格拉底式说真话（parrhēsia）：从政治说真话到伦理说真话

柏拉图的书信在柏拉图的著作中是一个非常独特的存在，它们是否出自柏拉图之手在学术界还存在争议，福柯重点论述的是柏拉图的《第七封信》，而这篇书信在柏拉图的所有书信中占有最重要的地位。自1783年迈纳尔斯（Meiners）对此封书信的真实性提出质疑以来，不少学者都对它是否出自柏拉图之手持怀疑的态度，但是更权威的观点和证据证明，此封信的确是出自柏拉图之手。《第七封信》是柏拉图对话集的重要补充材料，一直受到重视，成为研究柏拉图哲学和政治观点的重要材料。

柏拉图对希腊政治民主制度非常失望，希望哲学行动成为改变政治的方式，在《第七封信》中，他讲述了自己前往叙拉古劝告国王狄奥尼索斯要把哲学作为生活方式，建立法律的公正性。柏拉图没有在公众面前运用修辞，而是考察统治者是否是一位真正的哲学家——不背诵哲学的话语（logos），要在自己的行为中把哲学作为生活方式，这里有一个重要的概念需要强调，即ergon，应该翻译为行为、行动。柏拉图强调："如果他（狄奥尼索斯）真的献身于哲学，是一位有着天生亲缘性的适合这项工作的神的人，那么作为一名治疗者，对这样的人首先必须指出整个计划是可行的，然后告诉他要有哪些预备性的步骤，需要做什么样的艰苦工作，然后再看他在这一进程中是否感到喜悦，对此他必须马上竭尽全力追随，否则就会在尝试中死去。他必须全身心地从事这项任务，绝不松懈他的努力，直到最后的完成，或者说他由此获得独立探索的能力，不再需要引路人的陪伴。拥有这一信条的人无论从事何种职业，都不会停止哲学和奉行这样的生活习惯，使自己有效地成为聪明的、有很强的记忆力的学生，能够独立进行清醒的推理。”[1] 柏拉图作为说真话者，追求哲学生活和话语的一致性，并从中感到喜悦。福柯认为对于柏拉图而言，说真话是他摆脱政治体制的控制，吸引希腊公民关注自我的方式，福柯也是从这个角度解释柏拉图的《第七封信》的。

柏拉图把对统治者的哲学说真话教育作为拯救城邦、实现法律公正的方式。在福柯看来，柏拉图对政治的态度若即若离：既希望由哲学对个体的塑造替代哲学对政治的参与；又希望把君主培养为哲学王以实现对城邦的有效治理。福柯强调 ergon（行为）的重要性，把分析的重点放在哲学对个体塑造的影响上以及说真话对哲学生活方式的重要性方面，并对如何操作提出了三方面的建议和步骤。首先，福柯强调了听者和听的重要性。柏拉图说：“对生活方式有害健康的病人提建议，首先必须要他改变生活方式，不是吗？如果病人同意改变，那么可以对他提出其他告诫，对吗？然而，如果病人拒绝改变生活方式，那么在我看来，真正的人或真正的医生就不应当再给这样的人提建议，只有懦夫和骗子才会进一步这样做。对城邦来说也一样，无论它只有一个统治者还是有许多统治者。”[2] 福柯认为说真话的对象必须像同意改变的病人一样，主动接受哲学家的教诲，柏拉图考察叙拉古的目的也是希望验证狄奥尼索斯是否真正地想做出改变。同修辞家不同，哲学说真话者不是为了劝告别人而采用修辞的手法，哲学说真话的对象是愿意把哲学作为生活方式的人。在这里，福柯强调了言说双方的自由，而自由是说真话对自我和他人治理的关键。其次，个体的哲学实践。在《第七封信》中柏拉图强调，个体从事哲学实践的愿望和行动关系

[1] ［古希腊］柏拉图．第七封信 [M]. 王晓朝，译 // 柏拉图论文集（第四卷）．北京：人民出版社，2003：95.

[2] ［古希腊］柏拉图．第七封信 [M]. 王晓朝，译 // 柏拉图论文集（第四卷）．北京：人民出版社，2003：95.

着哲学说真话能否最终实现。在这里,福柯分析了柏拉图的 pragma 的概念,赵灿在他的论文中详细分析了这个概念的两层意义,“第一,pragma 是语法术语或逻辑术语,是一个词或一个命题的所指……第二,pragma 是活动,是人们操心、重视某样事情的全部活动”。[1] pragma 是概念和行为的双重附体,其主旨在于阐述个体成为哲学说真话者所必须坚持的锻炼和行动。Edward McGushin 认为:“pragma 构成哲学的部分就在于它是一种自身对自我的塑造,这种联系给予生活一种固定的形式。”[2] 第三,说真话对个体灵魂的影响。在柏拉图著名的对话集《会饮篇》中,苏格拉底因为在外面冥思很迟才到达会场,当他走进房间时,主人阿伽通要他坐在自己旁边,这样他最能沾到苏格拉底刚刚沉思的智慧,苏格拉底则认为智慧不是装满水的容器,可以通过互相靠近的方式而直接灌输。在《第七封信》中,柏拉图重申了这一观点,对于柏拉图而言书写和话语都不是传播真理、智慧的手段。狄奥尼索斯接触了一些哲学著作,就认为自己已经是哲学家而拒绝柏拉图的哲学。柏拉图认为,只有在灵魂深处把说真话变为行为的实践,个体才能完成对自我的治理。

说真话不仅是说话的方式还是个体实践的方式,并尽力要把这种实践落实到灵魂深处,成为支配他行为或者自我超越的方式。福柯强调说真话的影响,第一,听者内心希望听到哲学的“说真话”;第二,听到说真话后个体把哲学“说真话”落实到自我行为上,实实在在地塑造自我;第三,说真话塑造灵魂,在个体身上打上印记,个体向着好的方面发展。福柯在评论《第七封信》时没有对柏拉图的理念等抽象概念展开充分论证,福柯看到了《第七封信》中柏拉图对行为性的坚持,他把说真话的概念引向个

[1] 赵灿.“诚言”与“关心自己”——福柯的古代哲学解释研究 [D]. 上海:复旦大学,2010:64.

[2] Edward McGushin. Foucault's Askesis:An Introduction to the Philosophical Life[M]. Evaston:Northwestern University Press,2006:50.

体对自我的关注和对真实自我的追寻上，福柯欣赏柏拉图对行动性的事功的坚持。福柯通过说真话来强调对自我和他人的治理，他反对强制性，肯定差异性和自我选择性，这是福柯的谱系学论证方式在“说真话”论证中的再次运用。

《第七封信》是柏拉图的自叙性作品，其内容涉及在雅典特定政治条件下对哲学说真话的推崇和实践。《亚西比德篇》中柏拉图强调关注自我是作为一个好政治家的前提，而在《第七封信》中，柏拉图记述了自己对政治生活的参与，这种参与仍是通过劝告统治者把哲学作为生活方式而达成的。《申辩篇》是苏格拉底为自己行为辩护的篇章，苏格拉底最终被判处死刑，他的悲剧正是哲学说真话对抗修辞、政治的悲剧，苏格拉底冒着失去生命的危险坚持哲学说真话，号召民众关注自我，反被以民主之名判处死刑。福柯论述苏格拉底的《申辩篇》时也重点论述了对修辞和政治说真话的放弃，而强调伦理说真话和自身对自我的塑造。

雅典民主制的危害就在于，个体为了得到个人的利益，而放弃对说真话的坚持，修辞取代说真话成为取悦大众、获取聆听者支持的手段。反观苏格拉底，他在性命攸关的时刻仍采用坦诚、直接的方式说明自我的行为，把所思和所言、所行统一起来。在《申辩篇》中，苏格拉底反对民众的煽动性言论，因为这种言论偏离真理的轨道。福柯认为，民众的言论使个体迷失自我，修辞作为和说真话相反的言说方式是不可取的。因为绝对的真理并不存在，福柯并不反对个体的自由选择，但是他绝不同意选择被给予的绝对真理色彩。保罗·维尼强调在福柯的批评语境中，他绝不会认为自己是对的，而别人是错误的，而只会认为别人认为自己是对的观点是错的。福柯并不是个虚无主义者，而是他认为个体处于不同的立场，由于自己认识的有限性，是无法认识绝对真理的。福柯在批评民众的修辞策略时认识到，苏格拉底放弃修辞的方式本质上还是一种修辞的策略。不同在于，苏格拉底的言论坚持向民众传达他认为是真实的情况，使民众自由地思考，而控告他的人希望采用特殊的手段控制聆听者。福柯前期哲学中对知识、权力的反对在于福柯对统一性、决定性真理的反对，福柯反对修辞的观点和他前期的观点一脉相承，坚持个体自由和历史语境特定条件下的真实是福柯对古代思想的思考，对现代性下的药方。

《申辩篇》是苏格拉底因不敬神和腐蚀青年接受审判时在法庭上的发言，《申辩篇》离不开特定的政治背景。在法庭上，苏格拉底认为如果早年参与政治，一定会早早地葬送了性命，苏格拉底远离政治，是为了保全性命，以便让更多的人关心自己。福柯认为，苏格拉底的想法正体现了希腊民主政治对说真话的拒斥和威胁。为了更好地关注自我，改变他人，苏格拉底远离政治而又冒着生命的危险勇敢地做一名哲学说真话者，苏格拉底以自我的自由选择和说真话的实践塑造了真实的自我。与《亚西比德篇》中关注自我是为了更好地统治城邦不同，70 岁的苏格拉底以说真话的方式关注精神性的、现世的自我。福柯的研究思路是从政治到伦理，他笔下的柏拉图也在经历同样的思考路线。福柯认为苏格拉底开启了新的说真话和真理游戏，并把这种说真话最终落实在行动上。

在《申辩篇》中，苏格拉底被神谕尊为最有智慧的人，苏格拉底并不明白神谕的意思，因此他在社会上各个阶层的人中寻找答案。苏格拉底在求证的过程中发现，各阶层的人都认为自己是有智慧的，苏格拉底对他们所谓的智慧进行了质疑，在质疑的过程中对神谕的探求转变为对公民个人的检查。福柯赞赏苏格拉底对神谕的质疑和求证态度。苏格拉底的检查目的是为了检验神谕的真伪，但福柯认为苏格拉底同时也检验了自我的灵魂和自我的真相，在这一过程中苏格拉底认识到自我的无知。福柯认为这一认识不仅是自我的真相，而且会督促自我关注自我，在实践中改进自我。parrhēsia 的最终目的达到了，即寻找自我的真相，完成对自我和他人的治理。福柯坦言：“对我而言，在每个文化中，自我技术都蕴含着一系列真理的义务：必须发现真理、受真理启迪、说出真相。不管是对于自己的构成，或对于自己的转化而言，都有相当多的强制条件被当作是重要的。”[1] 福柯对《申辩篇》的论述是在考察自我的问题，也代表着由政治说真话向伦理说真话的过渡。

如果说《第七封信》《申辩篇》还是在考察希腊民主制度下哲学家由政治说真话转向哲学说真话来治理自我和他人，那么《拉凯斯篇》则重在强调伦理说真话和个人言行的一致性，虽然《拉凯斯篇》离不开政治的背景，但是福柯主要分析的是哲学说真话和关注自我的问题。福柯最后一年在法兰西的讲座题目就是《真理的勇气》(*The Courage of Truth*)，而贯穿《拉凯斯篇》的关键是对勇气的论述，从这一点看，福柯对此篇对话录的论述很关键。

《拉凯斯篇》在内容上是《亚西比德篇》的后续，讨论的是如何关注自我和教育后代的问题。利西马科斯（Lysimachus）和麦列西阿斯（Melesias）的父辈都是希腊贵族且在城邦中颇有威望，但是他们自己却是碌碌无为之人，他们向当时希腊的著名政治家拉凯斯（Laches）和尼西亚斯（Nicias）坦陈他们的情况，希望拉凯斯和尼西亚斯能够传授给他们如何关注自我的秘诀。尼西亚斯信奉诡辩术，认为言语技艺能够告诉人们如何关心自己，勇士拉凯斯则认为勇敢的行为对关心自己至关重要。福柯分析认为，言语和行为是个体关心自己不可缺少的两方面，无法达成二者的和谐，就无法真正地做到关心自我。正当拉凯斯和尼西亚斯争

[1] 黄冠闵 . 福柯晚期主体的形构与转化 [M]. 黄瑞祺 . 再见福柯：福柯晚期思想研究 . 杭州：浙江大学出版社，2008：90.

执不下的时候，苏格拉底介入谈话之中，他认为自己并不是关心自己的问题上的专家，他只是以伦理说真话的方式，展示自我对自身的关注。对话由对统一性问题的回答——应该怎样教育自己和后代，转变为个体应该如何有勇气坚持伦理说真话。福柯认为拉凯斯和尼西亚斯的言说模式是典型的政治说真话方式，谈话双方的政治地位和言谈内容对规范化的追求是背离哲学说真话的模式的，而以这种模式关注对自我和他人的治理是必然会导致失败的。苏格拉底提倡把说真话作为自己的生活、生存风格。福柯说："这种苏格拉底的说真话，它将谈论什么呢？它不谈论技艺，它谈论别的事情：生活方式。生活方式是说真话之基本。在关注自我的说真话的秩序之中，对他们的生活方式提出质疑，试图检验这种生活方式，而后明确什么是有益的，什么是在这种生活方式中必须被拒绝的……它再也不是我原来说过的政治的说真话，这是一种伦理的说真话，其突出对象、基本对象乃是生活和生活方式。"[1] 最终，在这篇对话中苏格拉底没有回答清楚如何关注自己和教育后代的问题，但是苏格拉底以自己在著名政治人物面前所表现出来的勇气和自我生活以及在战争中表现的勇气，实现了自我言行的统一。苏格拉底的言行一致定义了自己的生命形式和生活风格，也正因如此，对话的其他参与者一致同意应该按照苏格拉底的方式教育后代，锻炼自我。福柯认为，苏格拉底以自己说真话的方式，使对话的他者关注自己，实现了哲学说真话。福柯认为在苏格拉底的对话中，展现的是苏格拉底的生活方式，以及苏格拉底在对真理的追求过程中对自我技术的运用。

福柯在对柏拉图的说真话问题进行阐释时，对自我的真实追问位居中心，"这是对自反性形式之关系——自我对自我的关系——的分析，亦即

[1] Michel Foucault. Discourse and Truth : the Problematization of parrhēsia[J]. Berkeley，1983 : 137.

对自反性形式与真理话语、合理性形式、认识的效果之间的联系的分析。”[1]福柯的研究专家米勒曾坦言：“不管我们喜欢不喜欢，反正‘真实义务’是我们无可避免的命运（也是福柯无法逃避的命运）。我们西方人怎么也不能不回答‘我们到底是谁’这一问题。我们的生活方式可能很传统，我们也可能激烈地反对社会确认的和他人遵守的道德准则——但无论如何，我们不能（也不应该）不去披露我们的自我，我们的隐秘，我们最独特、最个人的‘真实’。”[2]福柯独辟蹊径，从古希腊典籍中发现了说真话（parrhēsia）的重要性，并进行了系统的分析，使自我的真实性展现出多视角和行动性的特点。古希腊的哲学说真话总是无法摆脱政治的背景，而这一背景与福柯对个体自由建构自己的理念有所冲突，福柯对主体问题的探索没有终止于此，他特别探讨了犬儒学派的说真话问题，使我们对个体自由选择对自我塑造的影响有了更深刻的理解。布朗肖说：“福柯总在发展变化中，独自一人，暗中行动。正因为如此，他不相信内在性，也不受主体性所设陷阱的诱惑。他质问，在何处，又通过何种方法，才会产生一种完全去除恶劣幻象，纯然浮于表面、闪闪发光的话语——也即人们所相信的，一种纯然追求真理统治的话语。只是，这种话语最终必将显露追求真理的危险，揭示真理追求与形形色色的权力构形之间暧昧的关系。”[3]布朗肖的评价很好地总结了福柯对真理话语的孜孜以求和对主体问题的清晰认识，同时也暗示了福柯对自我观点的突破。在福柯那里永远无法下定义，因为福柯总是不时地给人惊喜与意外。

---

[1] [法]福柯．结构主义与后结构主义[M]．钱翰，译//杜小真．福柯集．上海：上海远东出版社，2004：497.

[2] [美]詹姆斯·米勒．福柯的生死爱欲[M]．高毅，译．上海：上海人民出版社，2005：504.

[3] [法]莫里斯·布朗肖．我想象中的米歇尔·福柯[M]．肖莎，译//汪民安，陈永国，马海良．福柯的面孔．北京：文化艺术出版社，2001：16.

第三节　福柯论苏格拉底之死
——说真话（parrhēsia）的代价

福柯认为说真话不仅意味着坦诚，也意味着勇于承担自己说真话的结果和危险，有时候说真话的结果是需要付出生命的代价的。苏格拉底之死就是典型的说真话引发的死亡事件，苏格拉底是最早为哲学死去的思想家，而在福柯看来，苏格拉底之死也是苏格拉底的生活方式。

柏拉图的《斐多篇》记述了苏格拉底临死前和门徒的对话。因苏格拉底之死是哲学史上第一个有名的死亡事件，而柏拉图的《斐多篇》对苏格拉底之死的描述详尽而可信，千百年来，读者、评论家对《斐多篇》颇多关注，对苏格拉底之死的解释已成为揭示哲学家自我对死亡认识的一扇窗口。福柯是位对死亡给予了很多关注的哲学家，从福柯谈苏格拉底之死来介入福柯对死亡问题的认识是有典型意义的。

苏格拉底最后一句话说的是："O Kriton, ich bin dem Asklepios einen Hahn schuldig."（克力同，咱们该向医药神祭献一只公鸡。[1]）这句话是掌握苏格拉底对死生态度的法门，对比尼采的解释已经成为经典。

临死的苏格拉底。——我赞美苏格拉底在其所做、所说——以及不曾说的一切之中的勇气和智慧。雅典的这个爱挖苦人的、色迷迷的恶魔和煽动者，他使最傲慢的年轻人颤抖、啜泣，不仅是曾经有过的最智慧的空谈家：他也是伟大的沉默者。我本希望他在生命的最后时刻也保持沉默——也许那时他会属于一种更高级别的才子。不知是死亡，还是毒药，还是虔诚，还是恶意——总之是某种东西在那一时刻放纵了他的舌头，他说："哦，克力同，我欠阿斯克勒庇俄斯一只公鸡。"这句可笑而又可怕的"遗

[1]［古希腊］柏拉图．斐多 [M]. 杨绛，译．沈阳：辽宁人民出版社，2000：94.

言”对于有耳朵的人意味着：“哦，克力同，生活是一场病！”这可能吗？一个像他那样快活得如同一个士兵一般在所有人眼前生活的人，——是悲观主义者！他只是勉强承受生活，一生都藏起了他的最终判断、他最内在的感情！苏格拉底，苏格拉底在生活中受苦！而他仍然为此而复了仇——用那句委婉的、可怕的、虔诚的、亵渎的话！苏格拉底也得复仇吗？在他的过于丰富的美德中是否太少了一点高尚？——啊，朋友们！我们甚至得战胜希腊人！[1]

尼采认为沉默是苏格拉底值得赞美的品质，而福柯则钦佩苏格拉底说真话的勇气，看来福柯和尼采在对待苏格拉底的态度上注定会不同。在尼采看来，苏格拉底仇视生命，是悲观主义者。在《偶像的黄昏》中，尼采反对苏格拉底对生命的颓废态度，对他临死之前的悲观主义做法表示否定。但是与其说尼采是反对苏格拉底对生命的态度，不如说他是反对苏格拉底对生命的判定，尼采说：“关于生命的判断、价值判断，对生活的肯定或否定，归根到底绝不可能是真的；它们仅仅作为症候而有价值。此类判断本身是愚蠢的……生命的价值不可能被估定。”在尼采看来，苏格拉底在生命的终点企图给生命以智慧和知识，他希望以自己的死亡给生命一种判定，而尼采反对苏格拉底的这种做法，他认为这种做法本身是不科学的。因为：“一件事情一旦澄清自己，我们就不再关注它。劝告‘认识你自己！’的神是什么意思呢？也许是‘停止关注你自己！变得客观！’那么，苏格拉底呢？那么，‘科学人’呢？”追求客观的结果意味着自我认识的片面和不可能”。[2]（《善恶的彼岸》第四节“箴言和插曲”第80条格言）尼采反对苏格拉底对生命的颓废态度，他认为任何人，无论是在古代还是进步的社会中，关

[1] ［德］弗里德里希·威廉·尼采．快乐的科学 [M]. 黄明嘉，译．上海：华东师范大学出版社，2007：340.

[2] ［德］弗里德里希·威廉·尼采．善恶的彼岸 [M]. 程志民，译．北京：华夏出版社，1999：68.

注表象的自我才是求真的表现，才是热爱生命的态度，苏格拉底太过于追求生命背后的意义而舍弃生命本身的做法是应该背弃的。尼采对苏格拉底的解释其实包含着两层意义：首先，他解释了苏格拉底临死之言的意义。其次，他批判苏格拉底对生命的悲观态度，尼采认为生命的价值在于其本身。对第一层意思，福柯完全持一种相反的见解，而对第二层意思，福柯由不同的解释却得出了对生命的相似态度。

福柯并不赞同尼采对苏格拉底临死之言的悲观解释，在他看来，苏格拉底临终的话和悲观主义沾不上边，苏格拉底的话并不是像尼采解释的那样，而是与“关注自我”的主题联系在一起的。尼采认为生命是场疾病，而福柯认为苏格拉底之所以要求送一只公鸡给医药神是因为通过“说真话”，疾病被治愈。福柯赞同德勒兹的说法，他认为并不是“我”而是集体性的“我们”欠医药神阿斯克勒庇俄斯一只公鸡。而福柯所说的“我们”中很显然包括克力同（Crito）。在《克力同》中，克力同前去监狱探望苏格拉底，他认为普通人都会同意苏格拉底逃跑，因为他如果被处死将永远无法得见他的妻儿，而苏格拉底认为逃跑是违背城邦正义的行为，是灵魂和身体不纯洁的表现。福柯认为对柏拉图而言，灵魂一旦和未经检验的真理联系在一起就是生病的表现，此种病症无法通过医疗措施得到治愈，只有通过寻求智慧、逻各斯才能得以纠正。福柯认为，通过在《斐多篇》和《克力同》中的谈话，克力同摆脱了流行的错误观点（流行的错误观点是疾病的集中表现），灵魂被治愈了，因此，他们需要向医药神献祭公鸡。福柯认为，苏格拉底的死意味着苏格拉底从此之后不会受到错误的流行观点的影响，苏格拉底的死亡升华了自己的生命，也锻炼了自身，更避免了给予生命继续犯错误的机会。

福柯并没有解释在《斐多篇》中苏格拉底对肉体的憎恶和赴死皈依不

朽灵魂的喜悦。柏拉图在《斐多篇》中，坦言哲学是死亡的练习，死亡使灵魂和肉体分开，而只有死亡才能把灵魂从肉体中拯救出来，“我们要求的智慧，我们声称热爱的智慧，在我们活着的时候是得不到的，要等死了才可能得到。因为如果说灵魂和肉体结合的时候，灵魂不能求得纯粹的知识，那么，或是我们压根儿无法寻求纯粹的知识，或者呢，要等死了才能得到”。[1] 因此，对死亡的练习，实际上是对灵魂的追求。从这个角度来说，尼采认为苏格拉底觉得生命是场疾病更符合柏拉图的原意。福柯是从关注生存自我的角度来理解苏格拉底之死的。对福柯而言，苏格拉底的死表现了一种风格，是一种生活方式的选择，苏格拉底使他自己和其“门徒”摆脱了生活的疾病。在《斐多篇》的最后，苏格拉底喝下毒药前，克力同询问苏格拉底还有什么需要他的帮助，而苏格拉底回答说：“只是我经常说的那些话，克里（克力同）啊，没别的了。你们这会儿的承诺没什么必要。随你们做什么事，只要你们照管好你们自己，就是对我和我家人尽了责任，也是对你们自己尽了责任。如果你们疏忽了自己，不愿意一步步随着我们当前和过去一次次讨论指出的道路走，你们就不会有什么成就。你们现在不论有多少诺言，不论许诺得多么诚恳，都没有多大意思。”[2] 苏格拉底对自我的照看是福柯对苏格拉底之死的关注点。苏格拉底的对话方式在福柯看来是一种生活方式，是一种关注自我的方式，对死亡的思索能使人更好地关注现在。柏拉图对苏格拉底之死的解释在很多今天的读者看来是赞扬哲学对纯理论的追求，毕竟苏格拉底认为哲学是和死亡相联系的，而死亡是纯粹的灵魂追求。阿多就认为柏拉图的这种修炼是逃脱感性的“另一种认知方式”，是“一种设计精神生活、知性生活或者思维生活的修炼”。但是在福柯看来，苏格拉底对死亡的关注是为了更好地关注现在，是为了自

[1] [古希腊]柏拉图．斐多[M]．杨绛，译．沈阳：辽宁人民出版社，2000：19.

[2] [古希腊]柏拉图．斐多[M]．杨绛，译．沈阳：辽宁人民出版社，2000：91.

我，为了生存，不是为了超脱现实生活，而是为了实践个体的生活。

尼采反对苏格拉底对生命的颓废态度，福柯在苏格拉底之死那里看到了他对自我生命的塑造。殊途同归的是，虽然二人对苏格拉底之死的解释不同，但是他们对生命意志的肯定是相同的。事物生的过程同时也是死亡的过程，死生相依。赫拉克利特说："朽即不朽，不朽即朽，此生于彼之死，彼死于此之生。" [1] 而蒙田则坦言："你出生的第一天，在赋予你生活的同时，就把你一步步引向死亡……你的生命是不断营造的就是死亡。你活着时就在死亡之中了……你活着时就是个要死的人。" [2] 福柯把死亡看作是生命塑造的完成，是值得庆祝的，像苏格拉底一样，福柯并不厌弃生命，他总是希望生命风格独特，形式多姿，福柯同样拥抱死亡，看重死亡。福柯认为："正是在死亡中，一个人才能逃避各种单调乏味的生活，不再承受它们把一切人拉平的影响，从而与他自己融为一体。" [3]

福柯把说真话（parrhēsia）可能承担的后果和苏格拉底之死联系在一起做了很系统的阐述。对于福柯而言，parrhēsia 是柏拉图描写苏格拉底个性的重要方面。在《第七封信》中柏拉图认为，统治者说真话是决定其参与政治实践的条件，柏拉图在《第七封信》中劝告统治者坚持说真话的生活方式，说真话没有完全脱离政治的范畴，但是个体的行为性的作用越来越突出。而在《申辩篇》中，苏格拉底没有选择用更辩证的修辞方式为自己辩护，而是选择 parrhēsia（说真话）的方式，坦诚地承认并意识到自身的无知，苏格拉底甘愿选择自我牺牲来劝告城邦中的公民关注自我，说真话在《申辩篇》中涉及对自我与他人的治理。《拉凯斯篇》是福柯最为推崇的柏拉图的对话篇之一，在这篇对话中苏格拉底把言行

[1] 皮埃尔·阿多．伊西斯的面纱 [M]．张卜天，译．上海：华东师范出版社，2014：16.

[2] 皮埃尔·阿多．伊西斯的面纱 [M]．张卜天，译．上海：华东师范出版社，2014：18.

[3] [美] 詹姆斯·米勒·福柯的生死爱欲 [M]．高毅，译．上海：上海人民出版社，2005：23.

与实践统一起来，把说真话转变为生活的方式、自我塑造的手段，在说真话中自我与自身的真实关系得以建立，说真话真正成为一种伦理选择。对柏拉图而言，说真话和个体的行为选择联系在一起，但是福柯意识到柏拉图的说真话和政治说真话有无法摆脱的联系。而犬儒学派则把说真话和个体的真实情况联系在一起，犬儒学派反对任何已经存在的伦理规范和法律规则，提倡个体的绝对自由，说和做的绝对统一，福柯认为这满足了主体的自由选择的需要。

第四节　福柯论犬儒学派的说真话（parrhēsia）：对真实和自由的极致追求

1984 年，在生命中最后一期的法兰西学院的讲座中，福柯在花费了大量的篇幅赞扬犬儒学派说真话的品质。他认为相比柏拉图而言，犬儒学派对说真话的实施更彻底，更个人化，更具有行动性，而说真话是照看自我的重要方式。他对犬儒学派津津乐道，大加赞赏。西方哲学的中心议题在于对真理问题的探讨，说真话是关注真理的方式。犬儒主义学说在当代思想界并不受重视，处于相对边缘的状态，福柯为什么对犬儒主义学说感兴趣？犬儒主义哲学哪里吸引了福柯的关注呢？福柯对犬儒学派的自由说真话（parrhēsia）欣赏不已。福柯认为柏拉图哲学有两条道路，即《亚西比德篇》追求灵魂、理念的道路和《拉凯斯篇》关注生活行为的道路，而犬儒主义哲学是柏拉图第二条道路的延续和发展。“犬儒主义哲学是一种生活的选择、自由的选择，或者完全不依赖于无用的需要，拒绝奢侈和虚荣。这样的选择显然隐含对生活的一种特定的看法……他们的哲学完全是修炼

（苦修）和勤奋。”[1] 犬儒主义哲学因为其极端自由的说真话方式，而遭到其他哲学流派的非议和抵制，犬儒主义哲学的没落导致作为生活方式的哲学被追求抽象性认识的哲学所取代。但是，犬儒主义哲学的苦行和随心所欲的生活方式在后世宗教修行和先锋艺术家那里还能找到影子。

福柯重点论述了犬儒学派提倡的说真话（parrhēsia）和“真正的生活”（alēthēs bios）实践，二者相辅相成，互为一体。说真话在犬儒主义者那里，不仅仅是一种说话的方式，犬儒主义者还把自身的行动看作是说真话的方式。说真话最主要的意思是指讲出所能讲的一切，而犬儒主义者是展示自己的一切行为。犬儒主义者“公开手淫（如第欧根尼），或者公开性交［如克拉底和希帕吉雅（克拉底的妻子，也是一位犬儒主义哲人。——译者）］。他们绝对不关心社会的理解和公众意见，他们鄙视金钱，毫不犹豫地行乞，不寻求生活中的稳定位置——‘没有城邦，没有房子和祖国，生活悲惨，到处流浪，过一天算一天’。他们的口袋只装着仅够维持生命的必需品。他们不畏权势，总是用一种具有煽动性的言论自由（parrhēsia）来表达自己”。[2] 阿多叙述了犬儒学派的生活方式，并意识到说真话的重要性。福柯则更进一步，把犬儒学派的生活方式（真正的生活）的展示看作一种说真话的方式。犬儒主义者使生活、真相、说真话交织在一起，说真话的生活是真实的生活，要弄清说真话必须对 alēthēs bios（真正的生活）有清楚的认识。福柯顺着这一研究思路对 alēthēs bios 进行了详细的解释，alēthēs bios 指没有任何遮蔽，完全暴露于公众视野之下的，纯真、不掺假的，正直、公正的，平静安宁、自足恒定的生活。可以说 alēthēs bios 很好地体现了犬儒主义者对真实生活、自我的追寻。很显然福柯认为，犬儒主义者的生活是见证真实的生活。福柯对犬儒主义者求真、不隐藏的生活倾心不已，这

[1] ［法］皮埃尔·阿多．古代哲学的智慧 [M]. 张宪，译．上海：上海译文出版社，2012：112.
[2] ［法］皮埃尔·阿多．古代哲学的智慧 [M]. 张宪，译．上海：上海译文出版社，2012：111.

也能解释福柯晚年的经历。福柯始终追求自我的真实，时时在思考“我何以会活着？我该向生活学习什么？我是如何变成今天这个我的？我何苦做今天这个我而受苦受难”。[1] 福柯在不断思索主体的问题，他的学说体现了一种对先验主体的摒弃及建立行为主体的决定性尝试，犬儒主义者在这一点上受到福柯的赞同。

以上对什么是真正的生活已进行了详细的论述，那么犬儒主义者如何实现真正的生活（alēthēs bios）呢？福柯别出心裁，和论述苏格拉底的作品一样，同样从德尔菲神庙的神谕说起。

犬儒主义的代表人物第欧根尼在德尔菲神庙获得的神谕是“改变通货的价值”（parakharattein to nomisma）。福柯认为理解这一神谕的关键在于理解 nomisma（通货）这一词，而“nomisma”（通货）与“nomos”（礼法）在古希腊是同源词，通货在这里意味着被社会生活承认的规则和条件，当然，福柯并不认为取消了既定的规则就意味着犬儒主义者废弃了规则，而是指犬儒主义者追求更加自由和自然的生活方式。为了避免误解，福柯补充道，改变不是掺假、伪造，更不是取消，改变的不是 nomisma（通货）的质地或材料，而是雕刻在通货之上的头像。福柯肯定了犬儒主义者对价值的改变和其对自己行为的自由态度，他认为犬儒主义者并没有否定规则，但是犬儒主义的标准是什么？极度自由的另一端意味着对自由的乱用，福柯在论述犬儒主义时并没有为此表示担忧和疑虑，而在此笔者对福柯的观点持保留的态度。福柯对犬儒主义赞同的根源在于对形而上的否定，尊重个体差异性，对差异性遵循的背后隐藏着福柯对真实的追求。福柯在论述犬儒学派的学说时似乎存有与规训中的现代人完全不同的狂欢态度，他否定任何形式的真理，他并不相信有真理的存在，而只是相信真理的解释和

[1] [美] 詹姆斯·米勒. 福柯的生死爱欲 [M]. 高毅，译. 上海：上海人民出版社，2005：445.

表现形式。对“改变通货的价值”这一神谕的解释体现了福柯哲学实践对多样性和真理的追求，对个体生命选择的尊重。福柯既然认为“改变通货的价值”是犬儒主义者的使命，如何实现这一使命，如何在行动中完成使命就成为问题的中心。

“犬儒主义者通过赤身裸体和不感到羞耻的实行将不加掩盖的生活戏拟化，从而反转了这个理念；他们以贫穷的方式将独立自主的生活戏拟化，从而扭转了这个理念；他们以动物性的方式将正直的生活戏拟化，从而扭转了这个理念；我们还可以说，他们以激进好战的生活形式，通过对自己也对别人，为自己也为别人的斗争生活，扭转、颠倒了所谓的至尊生活（平静有义的生活：泰然自若、怡然自得并造福他人）的理念。”[1] 犬儒主义者以自己对生活的毫无遮掩的态度，对外在事物的无动于衷，对贫穷的接纳，对动物性、自然性的追索，对自己生活的满意而成就了真实的生活和真正的生活。但同时犬儒主义的生活是对古希腊追求审美自我的否定，古希腊的价值观在犬儒主义者这里都遭到背弃，犬儒主义者通过以上方式改变了“通货”的价值，成为真正的王者。犬儒主义者的生活方式很难用任何价值观去衡量，是一种否弃价值探寻的生活方式，是否应该提倡很值得深思，因为拒绝有衡量标准的生活极易被利用和被篡改，以致失去其本来面目，对社会、对个人产生不好的影响，但福柯没有考虑这个问题，或者说福柯拒绝对这个问题进行回应。福柯赞同犬儒主义者真实的生活态度和自然选择并重点宣讲。把哲学家的生活和他们的哲学理论联系在一起讨论很多时候并没有逻辑上的意义，但是这里也不得不说，福柯对犬儒主义者的态度可能受到了他自身性取向和身体健康状况的影响，他欣赏犬儒主义者把握自己命运的勇气，做自我主人的态度，因此，在生命的最后时期，他一直对犬儒主义学说津津乐道。

[1] Michel Foucault. The Courage of Truth：The Government of Self and Others.Lectures at Collège de France 1983—1984[M]. translated by Graham BurchelL. New York：Palgrave Macmillan，2011：283.

亚历山大曾特别羡慕第欧根尼，认为在世间只有犬儒主义者才是和自己一样的王者。当亚历山大造访第欧根尼时，第欧根尼认为亚历山大的权威是建立在武器、装备、财富这些身外之物上，他的本性被欲望所驱使而自我迷失。亚历山大的一切都建立在外在于自我的事务上，这是政治君王，而只有犬儒主义者是自己的君王。而正因为犬儒主义者是自我的主人，他们才敢于挑战政治君主的权威，第欧根尼就称呼过亚历山大为杂种，并因他挡住自己的阳光而让他走开。福柯对犬儒主义者的欣赏不仅仅是因为他们的真实言说，还在于他们在生活中对自我的真实的遵循。parrhēsia 不仅意味着真实的言说，还意味着真实的哲学生活，在这一点上犬儒主义者做到了极致。

詹姆斯·米勒认为：“福柯把自由意志看作‘伦理学的存有条件’，而伦理学则被他看作‘自由所采用的审慎形式’。福柯后来把这些显见的现代信念引入了他关于柏拉图和塞涅卡的论述中，试图弱化柏拉图哲学和斯多葛派哲学将自我意识看作自然的一部分，看作普遍伦理的一个片段的倾向。”[1] 犬儒主义者以自己的实践将自由发展到了极致，但犬儒主义者的自由并不意味着一种稳定的状态或者存有方式，而是一种自由的联系和修身。福柯阐述了斯多葛派哲学家爱比克泰德在自己的《哲学谈话录》中对犬儒主义者的赞赏，爱比克泰德认为，犬儒主义者肯定和检验自我，探寻宇宙真理。福柯欣赏爱比克泰德对犬儒主义者寻求真理的态度。福柯赞成犬儒主义者提倡的“像狗一样的生活”：不觉羞耻、对外界不动心、明辨好坏、有献身精神。但是，爱比克泰德的第欧根尼是斯多葛派的第欧根尼，而不是犬儒学派本身的第欧根尼，爱比克泰德是把第欧根尼塑造、理解成了斯多葛派的圣人，是有理性的、尊重宇宙的深意、排除激情、关注自我的个体。福

[1] [美] 詹姆斯·米勒. 福柯的生死爱欲 [M]. 高毅，译. 上海：上海人民出版社，2005：459.

柯把爱比克泰德对犬儒学派是的理解作为证明犬儒学派是自由个体的论据，而实际上他误解了爱比克泰德，也误解了爱比克泰德笔下的犬儒主义者。

说真话（parrhēsia）是重要的塑造自我的手段，福柯强调说真话，还在于自我对真实性的追求。福柯作为尼采的信徒，和尼采一样，拒绝相信真理，而只信任真实的言说。在福柯看来，真理是建立在规则之上的，规则具有历史性但缺少永恒性，因此真理永远是不可抵达的，只能无限接近。“提到寻找事物的真理，人们只能成功地建立规则，在此规则基础上他们的发言被划分对错……个体通过历史上此时或彼时被强制赋予的规则说真话。历史中个体既是演员又是受害者。因此，谈及真理我们并不是指被发现或者接受真的命题，而是指一系列规则使这些命题被认为和被说出是真的。”[1] 福柯明白，真实的追求不是一时一地的事情，而是永恒的话题。追求自我的真实性是现代哲学、文学的中心题旨。意识流的手法、超现实主义的自动写作、荒诞派的无逻辑言说等现代派文学都是在求真上下功夫。但是真实是有历史情境的，很难下定义。福柯反对一切形式的修辞，力求说真话。但是从另一个方面来说，言语表达本身是离不开广义的修辞的，福柯明白这个任务的艰巨性，所以他在论述 parrhēsia 时将历史情境引入到讨论中，在具体的历史情境下寻求接近客观的自我真实。福柯强调 parrhēsia 与个体行动性的一致，福柯从政治说真话转到伦理、哲学说真话，强调自我塑造的行动性特征。福柯说：“我从强制活动（比如，精神病学和监狱体制）或者理论和科学游戏（比如，对财富、语言以及生命的分析）层面，一直考虑主体和真理游戏之间的关系这个问题。我在法兰西学院的演讲中，努力依据所谓的自我实践来理解它；尽管对这种现象并没有做过很多研究，不过，我认为，自从希腊罗马时代以来，它在我们的社会中显

[1] Davidson，Arnold. Foucault and His Interlocutors[M].Chicago：University of Chicago Press，1997：227.

得非常重要。在希腊和罗马文明中，诸如此类的自我实践和后来——尤其自宗教、教育、医学或精神病学机制在某种程度上接管它们之后——相比，显得更为重要，尤其更加具有自主性。”[1] 福柯在寻求真实的时候强调个体的主动选择性和自由。福柯的自由并不是指自由的意志或权利，而是指有能力发现新的生活风格、新的主体形式。Peter Dews 指出：“在福柯晚期著作中，福柯的任务是阐述主体和自由，而福柯在阐述中避免任何自由必须以恢复权威的自然的自我的观点。”[2] 犬儒主义者对自我自由的追寻达到极端。parrhēsia 是一种使自我风格化的技术和途径。福柯在论述柏拉图和犬儒学派的观点时，从篇章选择到论述策略完全是福柯式的，谱系化的，福柯把对说真话的实践转化为一种对自我、对自身的工作。

福柯说：“希腊化和罗马时代的哲学修行和修身实践的苦行意义与作用就是确保我是‘说真话’的主体。”[3] 而“说真话”不仅是说还包括阅读、写作，“作为真话主体的修行的原初时刻和阶段，也是去永恒的支柱，就是听、读、写和说的所有技术。”[4] 因为如此，福柯认识到“说真话”所具有的价值，并在 1983 年、1984 年法兰西学院的演讲中着重讨论了“说真话”和自我与他人的治理。说真话的内容作为自我技术非常重要的手段，也是福柯关注的重点。

[1] [法] 福柯．自我关注的伦理学是一种自由实践 [M]. 刘耀辉，译 // 汪民安．福柯文选Ⅲ．北京：北京大学出版社，2016：350.

[2] Eric Paras.Foucault Two Point Zero：Beyond Power and Knowledge[M]. New York：Other Press，2006：141.

[3] [法] 福柯．主体解释学 [M]. 佘碧平，译．上海：上海人民出版社，2005：257.

[4] [法] 福柯．主体解释学 [M]. 佘碧平，译．上海：上海人民出版社，2005：258.

总　结

福柯以谱系学的方法构建真实的自我

福柯除了 1984 年临死前发表的《性经验史》第二、三卷外，很少有其他作品涉及对个人行为问题的专门论述。因此，有评论家据此认为福柯自 1976 年发表《性经验史》第一卷《认知意志》之后，思想上有了颠覆性的变化。福柯自己也承认：“从 1975、1976 年起，我就完全放弃了这种风格，因为当时我头脑里计划着写有关主体的历史，不是写一时一事的历史，而是要叙述它的前因后果、来龙去脉。”[1]“我丝毫不是一个权力理论家。在某种界限内，我想说，权力作为一个独立的问题并不能引起我的兴趣。即使我被多次地引向权力问题，那也是在这样的范围之内的：当我提出对自我说出真实这一问题时，在我看来，由权力现象所产生的政治分析不能把握那些我想提及的更微妙、更细节的现象。如果我如我之所行说出我之所真，那么，这部分地是通过某些作用于我以及我作用于他人的权力关系而把我建构为主体。”[2] 福柯在晚期将关注的焦点从权力、知识领域扩展到伦理的范围，但福柯的思想是一脉相承的。近年来随着福柯在法兰西学院的演讲稿以及他晚期的访谈稿陆续出版，我们有幸可以窥视到福柯晚期思想的轨迹。

---

[1] [法] 福柯．道德的复归 [M]. 蒲北溟，译 // 杜小真．福柯集．上海：上海远东出版社，2004：515.

[2] [法] 福柯．结构主义与后结构主义 [M]. 钱翰，译 // 杜小真．福柯集．上海：上海远东出版社，2004：506.

福柯关注知识、权力、伦理，他的关注中心始终在于对现代主体的生存状况的担忧，对主体生命力的捍卫，对多元文化和审美创造性的拥护。福柯在《什么是批判》中直言："在这种对统治方式的极大关注和对统治方式的探索中，我们看出的一个永恒的问题是：如何才不被那样治理，即如何不以那些原则的名义，不以心中的某某目标，不依照诸如此类的程序来被治理，即是说，不被那样，不因为那样，不像那样而受到治理。""如果我们赋予这种既是对社会、也是对个体的治理化运动以某种历史维度和广度（我相信它已具有），那么，我们似乎可以大致在其中找到我们可称之为批判态度的东西。"[1] 个体的自由选择与追求以及个体所展现的非理性、偶然性行动是逃离理性暴政、权力规训的方式，这种逃逸不可避免地将生活引入美学领域。生活的审美行为赋予了个体行为的自由，个体自由选择的风格化追求是福柯所提倡的自我生存性的伦理学诉求，但是福柯也意识到个体是无法逃避既有的历史和社会在个体身上刻下的烙印的，对绝对自由的追求会最终戕害个体性。因此，福柯在生命的晚期不再逃避社会、历史和自我对个体塑造的合谋。福柯研究知识、权力在现代社会对个体的塑造和规训，晚期将视角转向对伦理问题的关注以及个人对自身的建构和塑造，福柯坦言："对于这种对今天进行诊断的工作，我想说的是，它不是简单地指出我们之所是的特征，而应该在描述今天的脆弱的同时去把握当下的存在之来由以及当下存在如何能够不再如是。在此意义上，就总是应当根据潜在的断裂进行描述，这种潜在的断裂打开了自由的空间（当然是指作为具体自由的空间），也就是说为可能的变革打开了空间。"[2] 福柯总是关注处于边缘，不为理论家所重视的现象、事件、人物，它们淹没在历史

[1] [法]福柯．什么是批判[M]．刘耀辉，译//汪民安．福柯文选Ⅱ．北京：北京大学出版社，2016：179.

[2] [法]福柯．结构主义与后结构主义[M]．钱翰，译//杜小真．福柯集．上海：上海远东出版社，2004：506.

的尘埃中，福柯却在它们身上发现了其研究价值和意义，在边缘处，福柯书写了自己哲学的独特性。因为其与众不同的好奇心、不断思索的精神，站在边缘处的福柯反倒成就了自己的深刻性与独特性。福柯哲学诉求的中心是主体问题，福柯从没有拒绝主体问题，无论是处在知识权力合谋中的统一理性主体还是在古希腊、古罗马自由精神浸润下的自由个体，人始终是福柯关注的中心。福柯晚期将视角转向西方古代异教世界，无论是故意还是无意的误读，福柯离古典学界对柏拉图和斯多葛派的阐释很远，他对古希腊、古罗马伦理实践的研究带有原创性和独特性，开启了西方古典学研究的新思路，其影响深远。在前文中，笔者已经讨论了福柯对柏拉图、犬儒主义和斯多葛派哲学的讨论。福柯对柏拉图的实践性的关注，对犬儒学派个体自由塑造自我的赞赏，对古希腊和古罗马性关系的讨论，对斯多葛派自我以及自我修身的阐述都统一在福柯对自我与自身的关系的讨论中。笔者的研究思路是在对比福柯对古代伦理学的理解和西方学者对古代伦理学的解释的基础上，阐明福柯对古典学解释的独特性和对西方异教世界自我的理解。福柯在解释古典文献的时候始终秉持着哲学家的严谨态度，他对古代文本的选择和解释都是有选择性和独特性的。任何解释都是一种再创造，福柯对古代伦理学的解释是为了表达自己对主体问题的认识。

一、福柯对西方古典哲学中的主体问题的思考

福柯在古代异教世界中发现了关注自我的线索，并以此展开对自我问题的追问。古代异教世界自我的形式多种多样，具有风格化和审美化的特点，在他们看来个体是独特的，只有自己的行为才能建构自我。福柯晚期旨在建构一种自我对自身的伦理学，而建构的目的是探寻自我对自身的实践。正如爱德华·麦古欣所言："福柯的晚期思想开启了一种可能性，即有可能形成一种以关注自我为主要内容的自我伦理（关于自我的伦理学），

这一伦理开辟了从事哲学实践的崭新路径。对福柯来说，基本的洞见在于哲学文本本身可以被用作自我关注的技术、实践手册、模式及理论。也就是说，对哲学文本的阅读与思考行为本身已经是一种自我关注的实践，一种转向关爱自己的实践。这并不是转向自我内部，而是转向一个由关系、实践及知识不断编织、演化的领域，在这个领域中，自我通过各种关系、实践及知识的演绎编织展示其自身的意义。同时，这一向自我的转向，既将我们自己作为加以塑造及转变的物质材料，也将自我作为需要努力获取的目标成果，同时是将自我作为一种制作实践……另外，更为重要的是，这一朝着自我的转向，向自我的复归与一种对真理的关心紧密相连……”[1]福柯的主体概念包含着积极的生命力量，并被赋予多样的生命形式，与创造性相连，具有审美的特点，具有多种多样的可能性，没有被束缚，拥有充分的选择自由。

需要补充一点，即对福柯而言，其审美与伦理是一致的，因为伦理、审美都重在摆脱规则对生命的控制，追求对生命形式多样性的创造，福柯在自己的作品《认知意志》中明确表明了其哲学追求的审美倾向。实质上，福柯在写作《疯癫与文明》时就把疯癫的超自然力置于理性的反面，将疯癫理解为掌握真理的方式，对被理性规训的历史充满着失望，甚至认为审美承担着在被理性所禁锢的世界中反叛既有道德、拯救生活本身的重任。“像闪电倏然掠过夜空，诸如荷尔德林、奈瓦尔、尼采或阿尔托等人的作品那样——这些作品永远不可能被归结为那些可以治疗的精神错乱。它们以自身的力量抵御着巨大的道德桎梏。”[2]福柯晚期的主体观念着力于复原主体形式的多样性，摆脱权力、知识对主体的束缚，以达到对个体真实性的追求。对福柯而

[1] 爱德华·麦古欣，杜玉生．福柯的修行：哲学入门 [J]. 哲学分析，2014（2）：48–68,197.

[2] [法]理查德·沃林．福柯的审美决定论[M]. 麦永雄，译//汪民安，陈永国，马海良．福柯的面孔．北京：文化艺术出版社，2001：227.

言并不存在统一的、先验的主体，福柯晚期关注古希腊、古罗马哲学，是因为他们“创造了审美的生存方式……这样我们便有了使在其他方式下不可生存者得以生存的手段，希腊人发现了审美的生存——折回自身与自己的关系，自由人的任意性规则”。[1] 福柯认为，古希腊人、古罗马人那里本不存在主体的概念，主体的概念是文艺复兴之后的人创建的，福柯在古希腊人那里发现了个体的自由实践、自由选择和自我对自身的塑造，即自我塑造自身的技术，这一点却随着基督教文化的繁盛而被隐藏，在当代只存在于像波德莱尔这样追求艺术自由的艺术家那里。当然，福柯并不认为今天存在的主体问题可以从西方古典文化中寻求解药，福柯只是认为对古典文化的重新反思本身就是一种创新，且古典文化中对自我与自身关系的关注，对真实自我的审美塑造确实有利于帮助现代人思考当代的主体问题。

福柯晚期关注的始终是自我以及自我的真实性，而福柯对个体真实性的讨论也构成了福柯晚期思想与前期思想的连接点。福柯前期考察规训权力对主体的塑造，因为规训权力的绝对权威，在此机制之下个体被塑造成“正常”的个体，个体的自由性被权力、话语、知识、政治所压制，对自我的关注问题转化为对自我的认识，个体也成为统一的、模式化的个体。而吊诡的是，在对主体的严格规定下，个体的真实性问题被忽视，个体淹没在权力之中彻底迷失自我，福柯发现了问题，也在晚期尝试创建不一样的真实主体。福柯对古希腊、古罗马哲学的兴趣是在这种背景下形成的，福柯对古代伦理学的关注正体现了福柯对现代主体自由的诉求。福柯在关注西方古代经典时采用了谱系学的研究方法，只有系统论述福柯的谱系学方法，才能对福柯的主体问题有一个更清晰的把握。

[1] 杨大春．另一种主体——论福柯晚期思想的旨意 [J]. 浙江社会科学，2002（3）：169-173.

二、历史语境在福柯伦理学中的地位

谈到主体的自由选择不得不提到萨特。福柯反对先验的主体，因而反对对主体本质问题的解释，对他而言，主体是历史条件下形成的主体，这也是福柯对以萨特为代表的存在主义哲学的主要批评。“从理论上讲，萨特避免将自我看作某种既定事实，但是通过本真性这个道德概念，他又重新提倡我们必须成为自我——成为严格意义上的真实的自我。依我看，萨特的观点中唯一可以接受的有实用价值的推论就是把他的理论洞见与创造性实践结合起来——而与本真性无关。自我不是既定的，这个观点说明只存在一种有实用价值的推论：把自我当作一个艺术品来创造。在对波德莱尔、福楼拜等人进行的分析中，我们可以看出萨特把创造性归因于与自我的某种关系——把作者与他自身联系了起来——这些都是以本真或非本真的形式呈现出来的，对这一点，我觉得非常有趣。但是我的观点却恰恰相反：我们不应该把人们的创造性行为归因于他与自我的关系，而是应该把人们与自我的关系归因于某种创造性行为。”[1] 福柯和萨特都同样反对现代意义上的人被塑造为规定性的产物，从而导致个体死亡的事件发生。福柯认为，主体不存在本质，人在历史的具体实践中创造自己的人生。而萨特则认为，人具有自在的存在，是不依赖于外界变化的永恒的存在，萨特对意识的过分偏重引起福柯的不满，也导致了福柯和萨特的主体观点存在着本质的区别。要了解福柯的主体的真实性必须引入福柯谱系学的观点，即福柯对历史的态度。

考察福柯的主体问题，离不开福柯对历史问题的解释，那么，福柯为什么关注历史问题？历史问题在福柯的思想中占有什么样的地位呢？福柯是个地地道道的历史学家么？回答清楚这些问题才能理解福柯对主体的关注。

[1] [法] 福柯．论伦理学的谱系学：研究进展一览 [M]. 上官燕，译 // 汪民安．福柯读本．北京：北京大学出版社，2010：305.

主体总是在特定的时期以不同的形式建构自己，要想寻找到真实的自我，必须弄清楚具体的历史条件。德勒兹认为福柯"不研究精神状态的历史，而研究思想条件史，在思想条件下所表现出来的是具有思想存在、陈述和语言串的一切。他不研究行为史，而研究行为条件史，在行为条件下所表现出来的是可见性存在，这一存在处于一束光之下。他不研究制度史，而研究制度条件史，在制度条件下，制度在社会领域层面融合时的差别关系。他不研究私生活史，而研究私生活条件史，在私生活条件下，自我关系建构了私生活。他不研究主体史，而研究主体过程史"。[1] 与真理联系起来的是历史的观点，福柯否定绝对真理的存在，只有对真理的解释，而对真理的解释是离不开具体的历史条件的。福柯反对超越的历史观点，他认为一切都只是在表象之中，在现象之后不存在纯粹的理性世界，真的世界是表象的世界。康德也相信主体的自我建构，但是不同的是，康德的主体趋向于统一，而福柯的主体则以不同的方式完成不同形式的自我塑造，在不同的历史条件下主体不同。福柯的谱系学历史观点深刻地影响了福柯的研究思路、研究方法和研究结论。

保罗·维尼认为："福柯之所以能被列为我们的世纪的伟大思想家，在于他拒绝把我们的有限转变为新的肯定的基础。"[2] 世界上并不存在令每个人都确定的真实，也不存在能解决所有问题的理性。福柯反对任何形而上的结论，注重历史与个体的偶然性经历，"仿佛是主体自己构成自己，以某种特定形式构成，作为疯狂主体或健康主体、犯罪主体或非犯罪主体，（此中构成）也透过一些实践，诸如真理游戏、权力实践，等等"。[3] 福柯

[1] [法] 吉尔·德勒兹．福柯 褶子 [M]. 于奇智，杨洁，译．长沙：湖南文艺出版社，2001：123.

[2] Davidson，Arnold. Foucault and His Interlocutors[M]. Chicago：University of Chicago Press，1997：229.

[3] 黄冠闵．福柯晚期主体的形构与转化 [M]. 黄瑞祺．再见福柯：福柯晚期思想研究．杭州：浙江大学出版社，2008：84.

对古希腊、古罗马的典籍进行了详细的考察，让人们误以为福柯是历史学家，但福柯自己澄清道："我不是一个历史学家，我也不是一个小说家。我所做的是一种历史的虚构。在某种程度上我了解我所说的并不是真实。一个历史学家可能会说，'这不是真的'……我在努力建构起在我们的现实和我们对过去的历史一种介入。如果我成功，这会影响我们现在的历史。我希望我的书在我写成之后能够成真——不是对以前，我希望我的著作的真实性在以后。"[1] 福柯探讨古代哲学的问题并不是为了还原古代哲学，他明白任何人都不可能做到这点。福柯以谱系学的方式介入古代历史，是为了形成今天的更多可能性，他探讨自我的行为对自我的建构是为了探寻个体对自我与自身塑造的可能性。福柯主要从道德和性两个方面来建构自我的伦理学，"福柯并不从我们关于性和道德的观念方面设法理解古代伦理学，而是试图重建古代伦理学，从而使我们关于性和道德的观念显得格外奇特和异常。"[2] 也就是说福柯的关注点不在古代，而在现实社会。福柯考察古希腊、希腊化以及古罗马社会中自我的真实状况，并循着这一思路展现了福柯对现代个体的态度和期望。福柯的历史是真理游戏的历史，对福柯而言，在真理游戏中主体完成了对自我的塑造。

福柯对历史关注的重要性不仅仅在于历史条件提供给福柯研究的路径，更在于历史条件提供给了福柯不同于存在主义、现象学的新的研究方法和思路。对超越历史的反对、对具体历史条件下个体选择的考察为现代自我的拯救提供了可能性，也是福柯对自我合理性的诉求。福柯的问题不再是主体是什么，而是历史上主体是如何形成的，其状况如何。福柯对历史的关注取决于自己的哲学关注。保罗·维尼说："历史不应包括外部问题、

[1] Michel Foucault. Truth Is the Future：Interviewed with M. Dillon，November 1980，in Foucault Live：Collected Interviews 1961—1984 [M]. Cambridge，MA：The MITPress，1996：301.

[2] 约翰·拉奇曼.福柯之后的伦理学 [M]. 汪民安，陈永国，马海良.福柯的面孔.北京：文化艺术出版社，2001：353.

本质问题和辩证法，它只是提供对不同文化和个体的解释。就像福柯所认为的那样，这些解释没有对错之分：每个个体都是他自己价值的坚定支持者。”[1] 福柯对历史的关注也是源于福柯对主体真相的寻求。

三、福柯的自我伦理学建构在福柯思想整体中的地位

回顾福柯的整个哲学创作生涯，对统一规则的排斥和批评贯穿始终。福柯无论是对精神病院的批判还是对诊所、监狱、学校的控诉都是建立在反对其对自由的个体的禁锢与压抑的基础上。福柯终其一生都在反对对本质的先在规定。福柯否认先验的、超历史的具有本质性的人，在福柯看来，人是境遇化的、偶然的，其存在离不开具体的历史环境。福柯反对规范化的、普遍性的观点与福柯前期对知识和权力的批评是一脉相承的。世界对福柯而言是自我塑造的场域，古希腊和古罗马的自我选择、修身实践正满足了福柯对规范的批判、对现在的重视。

福柯说：“谱系研究有三个领域。第一，我们自身的历史本体论与真理相关，通过它，我们将自己建构为知识主体；第二，我们自身的历史本体论与权力相关，通过它，我们将自己建构为作用于他人的行动主体；第三，我们自身的历史本体论与伦理相关，通过它，我们将自己建构为道德代理人。”[2] 对福柯而言，谱系学研究贯穿他思想的始终。尼采和福柯的谱系学改变了现代哲学对主体的态度，当主体问题和历史、权力、个体纠缠在一起的时候它失去了自笛卡尔至胡塞尔、萨特以来主体所具有的先验的形而上的绝对地位，呈现出历史性、动态性特点。主体并不具有实体性，福柯坚信世界上不存在奠基性的、普遍性的主体形式。如果主体是一切知识的

[1] Davidson, Arnold. Foucault and His Interlocutors[M]. Chicago : University of Chicago Press, 1997 : 226.

[2] [法]福柯．论伦理学的谱系学：研究进展一览[M]. 上官燕，译 // 汪民安．福柯读本．北京：北京大学出版社，2010 : 305.

来源，那么无法解释现在仍被语言学和社会学所忽视的知识，也无法解释考古学所发掘出来的历史性知识。正是受尼采谱系学的影响，福柯意识到主体同样存在历史性。“在历史上，人类从未停止过对自我的建构。也就是说，人类不间断地置换主体，个体以无休止的、无限的方式组建各式各样的自我。”[1]

谱系学关注历史，但是与传统历史学家对历史的关注不同。福柯认为，历史学家想建立的是一种超历史的历史观，这种观点是“一种将时间最终的多样性编制成自我封闭的整体的历史，一种把一切归结为人类主体，给全部往昔变迁提供和谐形式的历史；一种用末世论的眼光展望未来的历史。这种历史学家的历史赋予自己超时间的支点，试图以启示录的客观态度评估一切，而根子在于它设定永恒真理、不死灵魂和自我同一的意识”。福柯认为，事物存有的具体历史条件是事物得以存在的原因，但是福柯反对为了追求统一性、连续性而歪曲历史的超历史观念。福柯解释说：“谱系学不追溯历史，不打算在整个被忘却的散落之处重建连续性；它的任务并不是先给整个发展进程强加一个从开始就已经注定的形式，然后揭示：过去仍在，仍活生生地在现在中间，并在冥冥中唤醒它。民族的命运中没有什么类似种的进化的东西。相反，追寻来源的复杂序列，就要坚持那些在自身散落中发生的东西：确定偶然事件、细微偏差，或反之，去确定错误、错估和那产生了现实的、对我们有用的错误演算；揭示在我们所知和我们所是的东西的基底根本没有真理和存在，有的只是偶然事件的外在性。”[2] 历史学家对历史的研究否定了事物之间存有的差异，一味地追逐事物背后的统一性和形而上的内容，而导致对事物本身认识的迷失，福柯重新发现

[1] O'Leary，Timothy.Foucault：the Art of Ethics[M]. New York：Continuum，2002：111.

[2] [法]福柯.尼采、谱系学、历史[M].王简，译//杜小真.福柯集.上海：上海远东出版社，2004：151.

历史，并考察历史对现代产生的影响和启示。谱系学反对有关起源的论述，因为传统上关于起源的论述寻找的是形而上的统一性，而福柯认为表面的世界才是真实的世界，现象之外不存在本质，而只有事件的偶然和意外，福柯坦言真正的来源研究“不奠定什么基础，相反要触动那些被认作是禁止的东西，要打碎那些被认作是统一的东西；它要呈现那些被想象成自身一致的东西的异质性”。[1] 历史由纷繁复杂的偶然事件构成，事件与事件之间并不存在因果联系和连续性，并不能构成体系，“谱系学导向的历史不是寻找我们同一性的根源，相反要尽力消解它，不是确定我们源出的唯一策源地、那个形而上学家预言我们必将回归的最初决定，而是致力于昭显我们所经历的一切非连续性”。[2]

传统历史学在开端就奠定了人的与众不同的高贵，当福柯用谱系学的方法考察自我的问题时，他反对任何已存在的所谓不可改变的规则和原则，个体被除去了外衣，赤裸裸地显现出来。当然，福柯从未宣称自己所认为的就是对的，而别人所信奉的就是错的，福柯指出规则中可能存在的危险和问题，引起大家的思考，并进而完善自己的行为。福柯的伦理并不是个体应该坚持某种固定的原则，保持不变或尽量靠拢原则的伦理。福柯的伦理是我们应以自己的方式，坚持主体的自由和自我实践多样性的伦理。福柯追溯历史，考察古希腊、古罗马的自我问题是和福柯对现在主体的状态的思考联系在一起的，福柯希望现代个体在最大程度上摆脱知识、权力对个体的束缚，自我改变，完善自己的行为，注重对自我与自身的关系的培养，以发现自我的真相。福柯强调个体自我的伦理学时，注重自我对自身的作用，福柯对个体自我塑造自身的自我技术或者说苦行实践很执着，他

[1] [法] 福柯. 尼采、谱系学、历史 [M]. 王简，译 // 杜小真. 福柯集. 上海：上海远东出版社，2004：152.

[2] [法] 福柯. 尼采、谱系学、历史 [M]. 王简，译 // 杜小真. 福柯集. 上海：上海远东出版社，2004：163.

没有规定行为的既定结果，只是阐述了行为的无限可能性。谱系学的方法使福柯在古希腊、古罗马个体那里发现了差异、断裂和对规则的拒斥。也许有人批评福柯谱系学方法是对科学性的排斥，其实正相反，福柯的谱系学的观点正是福柯对科学的坚持，对真理的反思。福柯的思想受到法国科学史学者的深刻影响，而福柯发现法国科学史学者同样对尼采的观点感兴趣，福柯说："有一个主体的历史就完全像有一个理性的历史，而且，对于这后一个，即理性的历史，人们不能向理性主体的最初创始行为要求它的展开。我读尼采有些出于偶然，而且我吃惊地发现康纪莱姆——当时最有影响的科学史学者——也对尼采很有兴趣，并且十分恰当地容纳了我所尝试做的事。"[1]法国科学史学者采用谱系学的方法研究科学问题留给福柯深刻的印象，而福柯认为，只有这样才能科学地揭示出主体的真实性。

伦理道德本就是个历史性的概念，伦理所显示的特征在不同的历史时期，不同的社会和个人身上的表现并不尽相同，并不存在永恒不变的、确定无疑的概念。伦理参与并构成社会生活的一部分，不仅如此，伦理也影响着社会的构建。因为社会生活的变化和发展，伦理也在随之变化。断裂性本就是伦理概念的常态，因果循环论的观点是一种倒果为因的方式，人为地追求连续性往往忽视了对历史本来面目的追溯，只有道德和伦理的多样性存在才是历史的真实状态。福柯坦言："古希腊的道德和当代的道德毫无共同之处。反之，如果从这两种道德所要求、命令和劝诫的内容来看，它们又极其相近。正是表现出来的接近和差别，并且通过这两种道德的活动表明由古代道德所提出的同样劝诫如何能够在当代道德风格中以不同的方式发挥作用。"[2]"在今天尝试重新考虑希腊人的时代，并不是要赞扬希腊

[1] [法]福柯．论伦理学的谱系学：研究进展一览[M]．上官燕，译//汪民安．福柯读本．北京：北京大学出版社，2010：305.

[2] [法]福柯．道德的复归[M]．蒲北溟，译//杜小真．福柯集．上海：上海远东出版社，2004：519.

道德是人们需要借助它来进行反思的完美道德，而是要使欧洲思想在作为自己已有的经验的希腊思想的基础上，能够完全自由地重新启动起来。”[1]对自由和真理的追寻，始终是福柯伦理学潜在的和根本的起点和终点。

就横向而言，1968 年德里达在纽约的一个国际会议上提出了“人的终结”的主题。1964 年，拉康提出自己的伦理学主张，他认为无意识状态应该属于伦理学的范畴。也同样是在 60 年代末，德勒兹用他发现的伦理学思想解读尼采和斯宾诺莎。[2] 由此看来，福柯晚期对伦理主体的关注并不是独特的，而是从属于现代哲学思潮的总体。就纵向而言，福柯承认自己后期的思想相比前期具有跳跃性，但这并不意味着福柯前后期思想之间存在着断裂，福柯并没有质疑主体本身，他只是对一些先验的观点和程序的危险性进行了反思。福柯关注的始终是主体的真实性。前期福柯在对知识和权力的讨论中探寻真实的主体，他发现了自笛卡尔以来主体实践的被动性和强制性。福柯反对道德对精神病的监禁，反对权力对我们生活无孔不入的规训都与其对创造性主体的提倡联系在一起的。后期福柯关注古希腊、斯多葛派、犬儒学派的主体实践，在对大量文献资料进行分析的基础上，福柯发现了古代自我的主动性和审美性、自由性。福柯思想前期的主体总是处在知识和权力的合谋中，无任何自由性可言，而后期福柯对个体自由的坚持又似乎太过自信，因此，福柯备受批评。其实福柯前期的主体并不是完全无自由性可言，而后期主体也并不是完全无规范可言，福柯想要强调的是个体自己的行为。福柯意识到，现代主体在统一性的规范下极力追求理性，表面积极主动，但是实际上消极被动，理性钳制了个体人的行为，导致人失去创造性，发展到极端就产生了像法西斯这样的极端社会组织。福柯把主体引向对个体的尊重，主张知行合一，让个体在自我的行为中创

[1] [法] 福柯．道德的复归 [M]. 蒲北溟，译 // 杜小真．福柯集．上海：上海远东出版社，2004：521.
[2] [法] 福柯．自我书写 [M]. 张勇，译 // 汪民安．福柯读本．北京：北京大学出版社，2010：347.

造自己，成为审美的、自由的伦理个体。

福柯在讨论伦理问题的时候，开始于研究标准的伦理学问题——自我对自身的关注，研究这种伦理如何成为可能。福柯采用了独特的谱系学的研究方法，追溯该问题独特的、偶然的甚至卑微的起点，在古希腊社会中挖掘显而易见但是却被忽视的证据，最后彻底颠覆了人们对古希腊伦理问题的既有规则和系统的认识。永恒的本质被颠覆，不朽的起点被质疑，差异和统一被重新审视，不变的只有永恒的发展和变化。福柯的伦理学研究因其强烈的个人化色彩而受到批评。“福柯清楚他对伦理学的概念化和其他哲学家的不同在何处。而他的目的就是分离出分析的一个独特岩层，一个典型是被别人忽视了的岩层。”[1]道德伦理学家关心的道德符码辩论以及德行建构被福柯悬置，他把研究的中心集中在个体同自身的关系这一经常被忽视的伦理学研究之中。

对福柯而言，主体并不是一种实体，“它是一种形式，这种形式并非从根本上或者自始至终与自身一致……不同的主体形式之间存在着联系和矛盾；不过我们并不是在讨论同一类主体。在每一种形式中，人们扮演着角色，建立不同类型的自我关系。我所感兴趣的，就是这些与真理游戏联系在一起的不同主体形式的历史建构”。[2]福柯认为，主体应该是自己建构自己的行为主体，必须通过苦修和练习建构自我，不具有本质，只占有各种各样的审美形式，同时个体的塑造和具体的历史语境分不开。福柯关注的历史是“一种对‘探寻真相的游戏’和人得以历史地被塑造成的经验（即能够和必须被思考的东西）的真假游戏的分析。当人发现自己是疯子时，当自视为病人时，当他认识到自己是正在说话和工作的活生生的存在时，

[1] 阿诺德·戴维森．福柯、谱系学、伦理学[M]．迟庆立，译 // 汪民安，陈永国，马海良．福柯的面孔．北京：文化艺术出版社，2001：213.

[2] [法]福柯．自我关注的伦理学是一种自由实践[M]．刘耀辉，译 // 汪民安．福柯文选Ⅲ．北京：北京大学出版社，2016：265.

当他自我判决和惩罚罪行时，他是通过哪些探寻真相的游戏来反思自己的存在的呢？”[1]笔者认为，福柯在后期力图把对知识、权力和主体的探求统一在真理和主体的秩序中，而这和福柯的研究方法似乎相矛盾，福柯在对作者问题的评价文章《什么是作者》中认为，不存在统一性的作者，而只存在作者功能，解释家发挥着作者的功能，建构着统一性，缘何福柯反倒追求起自我思想的统一性？笔者认为大抵上有两个理由：第一，任何作者的写作都无法逃离对统一性的追求，福柯虽想避免却无能为力，这是作家的宿命；第二，这是笔者自己的一家之言。笔者只是作为福柯的解释者而存在，追求对福柯解释的统一性和延续性是笔者无法摆脱的使命，但只代表一家之言。福柯是多面的、矛盾的，但是福柯的哲学和生活始终是统一的，福柯的一生都在实践着把哲学作为生活方式，“我相信，一个作为作家的人，绝非只在他写的书里做他的工作……他的工作既包含了他的著作，也包含了他的整个生活。”[2]福柯既是统一的也是矛盾的，这也正是福柯的迷人之处。笔者建构的是理解中的福柯，并力图尽可能地寻找真实的福柯，但是笔者也知道此任务的不可能性，唯有尽力二字道出了此无尽的追求。没有人可以笃定地说自己理解了福柯，但是，如果不去挖掘福柯晚期的思想，我们就不可能接近福柯思想的全貌。福柯晚期关于自我伦理学的论述是理解福柯的最后一环，也是非常重要的一环，只有深入探讨，才能更好地了解福柯对知识、权力的论述。

---

[1] [法]福柯.性经验史[M].佘碧平，译.上海：上海人民出版社，2005：2.

[2] 王治河.福柯[M].长沙：湖南教育出版社，1999：2.

参考文献

一、福柯作品

[1] Michel Foucault. The archaeology of knowledge and the discourse on language[M]. translated by A. M. Sheridan Smith. New York: Pantheon Books, 1972.

[2] Michel Foucault. The birth of the clinic: An archaeology of medical perception[M]. translated by A. M. Sheridan Smith. New York: Vintage Books, 1973.

[3] Michel Foucault. Discipline and punish: The birth of the prison[M]. translated by Alan Sheridan. New York: Vintage Books, 1979.

[4] Michel Foucault. The Foucault reader[M]. New York: Pantheon Books, 1984.

[5] Michel Foucault. The care of the self [M]// Robert Hurley. The history of sexuality, Vol.3. New York: Vintage Books, 1986.

[6] Michel Foucault. Mental illness and psychology[M]. Berkeley: University of California Press, 1987.

[7] Michel Foucault. Madness and civilization: A history of insanity in the age of reason[M]. New York: Vintage Books, 1988.

[8] Michel Foucault. An introduction[M]// Robert Hurley. The history of sexuality, Vol.1. New York: Vintage Books, 1990.

[9] Michel Foucault. The use of pleasure[M]// Robert Hurley. The history of sexuality, Vol.2. New York: Vintage Books, 1990.

[10] Michel Foucault，Ludwig Binswanger. Dream and existence[M]. New Jersey: Humanities，1993.

[11] Michel Foucault. The order of things: An archaeology of the human sciences[M]. New York: Vintage Books，1994.

[12] Michel Foucault. Foucault live: Collected interviews，1961–1984 [M]. New York: Semiotext，1996.

[13] Michel Foucault. Ethics：Subjectivity and truth[M]// Paul Rabinow. Essential works of Foucault，1954–1984，Vol.1. New York: New Press，1997.

[14] 米歇尔·福柯 . 权力的眼睛：福柯访谈录 [M]. 严锋，译 . 上海：上海人民出版，1998.

[15] Michel Foucault. Aesthetics，method，and epistemology[M]// James D. Faubion. Essential works of Foucault，1954–1984，Vol.2. New York: New Press，1998.

[16] 米歇尔·福柯 . 必须保卫社会 [M]. 钱翰，译 . 上海：上海人民出版社，1999.

[17] Michel Foucault. Religion and culture[M]. New York: Routledge，1999.

[18] Michel Foucault. Power[M]// James D. Faubion. Essential works of Foucault，1954–1984，Vol.3. New York: New Press，2000.

[19] 米歇尔·福柯 . 词与物——人文科学考古学 [M]. 莫伟民，译 . 上海：生活·读书·新知三联书店，2001.

[20] 米歇尔·福柯 . 福柯集 [M]. 杜小真，等译 . 上海：上海远东出版社，2003.

[21] Michel Foucault. Abnormal: Lectures at the collège de France，1974–1975[M]. New York: Picador，2003.

[22] Michel Foucault. Society must be defended: Lectures at the collège de france，1975–1976 [M]. New York: Picador，2003.

[23] 米歇尔·福柯 . 性经验史 [M]. 佘碧平，译 . 上海：上海世纪出版集团，2005.

[24] 米歇尔·福柯 . 主体解释学 [M]. 佘碧平，译 . 上海：上海人民出版社，2005.

[25] 米歇尔 · 福柯 . 古典时代疯狂史 [M]. 林志明，译 . 北京 ：生活 · 读书 · 新知三联书店，2005.

[26] 米歇尔 · 福柯 . 知识考古学 [M]. 谢强，马月，译 . 北京 ：生活 · 读书 · 新知三联书店，2005.

[27] Michel Foucault. The hermeneutics of the subject: Lectures at collège de france 1981–1982[M]. translated by Graham Burchell. New York: Palgrave Macmillan，2005.

[28] 米歇尔·福柯 . 规训与惩罚 [M]. 刘北成，杨远婴，译 . 北京：生活·读书 · 新知三联书店，2007.

[29] 米歇尔·福柯 . 福柯读本 [M]. 汪民安，等译 . 北京：北京大学出版社，2010.

[30] Michel Foucault. The government of self and others: Lectures at collège de france 1982–1983[M]. translated by Graham Burchell. New York: Palgrave Macmillan，2010.

[31] Michel Foucault. The Courage of truth: The government of self and others. Lectures at collège de france 1983–1984[M]. translated by Graham Burchell. New York: Palgrave Macmillan，2011.

[32] 米歇尔 · 福柯 . 福柯文选（三部）[M]. 汪民安，译 . 北京 ：北京大学出版社，2016.

[33] 米歇尔 · 福柯 . 自我解释学的起源 [M]. 潘培庆，译 . 重庆 ：西南师范出版社，2018.

[34] 米歇尔·福柯 . 治理自我与治理他者 [M]. 于奇智，译 . 上海：上海人民出版社，2020.

[35] 米歇尔·福柯 . 自我坦白 [M]. 潘培庆，译 . 武汉：长江文艺出版社，2021.

二、相关著作

[1] Plato. The dialogues of Plato，Vol. 2 [M]. translated by B. Jowett. New York: Random House，1920.

[2] Marcus Aurelius. Meditations[M]. translated by Maxwell Staniforth. New York: Dorset，1964.

[3] Jacques Derrida，Alan Bass. Cogito and the history of madness[M]. Chicago: University of Chicago Press，1978.

[4] Stanley Marrow. Parrhesia and the new testament[J]. Catholic Bible Quarterly，1982（44）: 431–46.

[5] Hubert Dreyfus，Paul Rabinow. Michel Foucault: Beyond structuralism and hermeneutics.[M]. Chicago: University of Chicago Press，1983.

[6] T. Flynn. Truth and subjectivation in the later Foucault[J]. The Journal of Philosophy，1985（10）: 531–540.

[7] 笛卡尔 . 第一哲学沉思集 [M]. 庞景仁，译 . 北京：商务印书馆，1986.

[8] Gilles Deleuze，Seán Hand. Foucault[M]. Minneapolis: University of Minnesota Press，1986.

[9] David Carroll. Paraesthetica: Foucault，lyotard，Derrida[M]. New York: Methuen，1987.

[10] Flynn Thomas. Foucault as parrhe–siast[M]. Cambridge: MIT Press，1988.

[11] Luther H. Martin，Huck Gutman，P. H. Hutton，et al. Technologies of the self: A seminar with Michel Foucault[M]. Amherst: University of Massachusetts Press，1988.

[12] 塞涅卡 . 幸福而短促的人生 : 塞涅卡道德书简 [M]. 赵又春，张建军，译 . 上海 ：三联书店上海分店，1989.

[13] Gary Gutting. Michel Foucault archaeology of scientific reason[M]. Cambridge: Cambridge University Press，1989.

[14] James W. Bernauer. Michel Foucault's force of flight: Towards an ethics of thought[M].New Jersey: Humanities，1990.

[15] 汪子嵩，范明生，陈村富，等 . 希腊哲学史（三卷）[M]. 北京 ：人民出版社，1993.

[16] Peter Brown，Robert Lamont. Power and persuasion in late antiquity: Towards a Christian Empire[M]. Madison，WI ：University of Wisconsin Press，1992.

[17] John Caputo，Mark Yonnt. Foucault and the critique of institutions[M]. Pennsylvania: Pennsylvania State University Press，1993.

[18] Mark Poster. Foucault and the problem of self-constitution[M]// John Caputo，Mark Yount. Foucault and the critique of institutions. Pennsylvania: Pennsylvania State University Press，1993.

[19] James Miller. The passion of Michel Foucault[M]. New York: Anchor Books，1993.

[20] James W. Bernauer，Michael Mahon. The ethics of Michel Foucault[M]. Cambridge: Cambridge University Press，1994.

[21] Pierre Hadot. Philosophy as a way of life[M]. translated by Michael Chase. Malden，MA ：Blackwell pubilisher，1995.

[22] 柏拉图 . 柏拉图文艺对话集 [M]. 朱光潜，译 // 朱光潜全集（第 12 卷）. 合肥 ：安徽教育出版社，1996.

[23] 莫伟民 . 主体的命运——福柯哲学思想研究 [M]. 上海 ：生活 · 读书 · 新知三联书店，1996.

[24] James Schmidt. What is enlightenment?: Eighteenth–century answers and twentieth–century questions[M]. Berkeley: University of California Press，1996.

[25] 迪迪埃·埃里蓬 . 权力与反抗——米歇尔·福柯传 [M]. 谢强，马月，译 . 北京 ：北京大学出版社，1997.

[26] Arnold Davidso. Foucault and his interlocutors[M]. Chicago: University of Chicago Press，1997.

[27] 柏拉图 . 柏拉图对话七篇 [M]. 戴子钦，译 . 沈阳 : 辽宁教育出版社，1998.

[28] Peter Brown，Robert Lamont. Late antiquity[M]. Cambridge，Mass ：The Belknap Press of Harvard University Press，1998.

[29] Nehamas. The art of living: Socratic reflections from Plato to Foucault[M]. California: University of California Press，1998.

[30] Maria Antonaccio. Contemporary forms of askesis and the return of spiritual exercises[J]. Annual of the Society of Christian Ethics，1998（18）：69–92.

[31] 路易丝 · 麦克尼 . 福柯 [M]. 贾湜，译 . 哈尔滨 ：黑龙江出版社，1999.

[32] Clare O'Farrell. Foucault: Historian or philosopher?[M]. Hampshire: Macmillan，1999.

[33] David M，Johnson. God as the true self: Plato's alcibiades I [J]. Ancient Philosophy，1999（1）：1–19.

[34] 陆扬 . 后现代性的文本阐释：福柯与德里达 [M]. 上海：生活·读书·新知三联书店，2000.

[35] 柏拉图 . 斐多 [M]. 杨绛，译 . 沈阳 ：辽宁人民出版社，2000.

[36] 笛卡尔 . 谈谈方法 [M]. 王太庆，译 . 北京 ：商务印书馆，2000.

[37] Geoff Danaher，Tony Schirato，Jen Webb. Understanding Foucault? [M]. London: Sage Publications，2000.

[38] 让 – 皮埃尔·维尔南 . 古希腊的神话与宗教 [M]. 杜小真，译 . 北京：生活 · 读书 · 新知三联书店，2001.

[39] 汪民安，陈永国，马海良 . 福柯的面孔 [M]. 北京：文化艺术出版社，2001.

[40] 樱井哲夫 . 福柯 ：知识与权力 [M]. 姜忠莲，译 . 石家庄 ：河北教育出版社，2001.

[41] Michael Clifford. Political genealogy after Foucault: Savage identities[M]. New York: Routledge，2001.

[42] 汪民安 . 福柯的界线 [M]. 北京 ：中国社会科学出版社，2002.

[43] Peter Brown，Robert Lamont. Poverty and leadership in the later Roman Empire[M]. Armidate: University Press of New England，2002.

[44] Béatrice Han. Foucault's critical project: Between the transcendental and the historical[M]. Stanford: Stanford University Press，2002.

[45] Timothy O'Leary. Foucault: The art of ethics[M]. New York: Continuum，2002.

[46] T. O'Leary. Foucault and the art of ethics[M]. New York ：Continuum，2002.

[47] Pierre Hadot. What is ancient philosophy?[M]. translatde by M. Chase. Massachusetts: Belknap Press of Harvard University Press，2002.

[48] A. A. Long. Epictetus: A stoic and socratic guide to life[M]. New York: Oxford University Press，2002.

[49] 何乏笔．从性史到修养史——论傅柯《性经验史》第二卷中的四元架构 [J]. 欧美研究，2002（3）：437–467.

[50] 柏拉图．柏拉图的《会饮》[M]. 刘小枫，等译．北京：华夏出版社，2003.

[51] 第欧根尼·拉尔修．名哲言行录（共两册）[M]. 马永翔，等译．长春：吉林人民出版社，2003.

[52] 柏拉图．阿尔喀比亚德 [M]. 梁中和，译．北京：华夏出版社，2003.

[53] 柏拉图．柏拉图全集（共四册）[M]. 王晓朝，译．北京：人民出版社，2003.

[54] 杨适．古希腊哲学探本 [M]. 北京：商务印书馆，2003.

[55] Peter Brown. The rise of western christendom: Triumph and diversity, A.D. 200–1000[M]. Malden, MA : Blackwell Publisher, 2003.

[56] Robert Dobbin. Epictetus: discourses, book 1[M]. New York: Oxford University Press, 2003.

[57] 爱比克泰德．哲学谈话录 [M]. 吴欲波，等译．北京：中国社会科学出版社，2004.

[58] 柏拉图．柏拉图对话集 [M]. 王太庆，译．北京：商务印书馆，2004.

[59] 亚里士多德．尼各马可伦理学 [M]. 廖申白，译．北京：商务印书馆，2004.

[60] 伊壁鸠鲁．自然与快乐：伊壁鸠鲁的哲学 [M]. 包利民，等译．北京：中国社会科学出版社，2004.

[61] 罗念生，水建馥．古希腊语汉语词典 [M]. 北京：商务印书馆，2004.

[62]James W. Bernauer, Jeremy Carrette, et al. Michel Foucault and theology: The politics of religious experience[M]. Burlington Vt.: Ashgate, 2004.

[63] 高宣扬 . 福柯的生存美学 [M]. 北京 ：中国人民大学出版社，2005.

[64] 黄华 . 权力，身体与自我——福柯与女性主义文学批评 [M]. 北京 ：北京大学出版社，2005.

[65] 马文·克拉达，格尔德·登博夫斯基 . 福柯的迷宫 [M]. 朱毅，译 . 北京 ：商务印书馆，2005.

[66] 莫伟民 . 莫伟民讲福柯 [M]. 北京 ：北京大学出版社，2005.

[67] 普鲁塔克 . 古典共和精神的捍卫 ：普鲁塔克文选 [M]. 包利民，等译 . 北京 ：中国社会科学出版社，2005.

[68] 让 – 皮埃尔 · 韦尔南 . 神话与政治之间 [M]. 余中先，译 . 北京 ：生活 · 读书 · 新知三联书店，2005.

[69] 塞涅卡 . 强者的温柔 ：塞涅卡伦理文选 [M]. 包利民，等译 . 北京 ：中国社会科学出版社，2005.

[70] 亚里士多德 . 形而上学 [M]. 李真，译 . 上海 ：世纪出版集团，2005.

[71] 詹姆斯 · 米勒 . 福柯的生死爱欲 [M]. 高毅，译 . 上海 ：上海世纪出版集团，2005.

[72] Wolfgang Detel. Foucault and classical antiquity: power，ethics and knowledge[M]. translated by David Wigg–Wolf. Cambridge: Cambridge University Press，2005.

[73] Flynn Thomas. Philosophy as a way of life: Foucault and Hadot[J]. Philosophy and Social Criticism，2005（5）: 609–622.

[74] Gretchen J，Redams–Schils. The roman stoics: Self，responsibility，and affection[M]. Chicago: The university of Chicago Press，2005.

[75] James W. Bernauer. Confessions of the soul: Foucault and theological culture[J]. Philosophy and Social Criticism，2005（5–6）: 557–572.

[76] 吉尔・德勒兹．福柯 [M]. 杨凯麟，译．南京：江苏教育出版社，2006.

[77] 约翰・罗尔斯．正义论 [M]. 何怀宏，何包钢，廖申白，译．北京：中国社会科学出版社，2006.

[78] Eric Paras. Foucault two point zero: Beyond power and knowledge[M]. New York: Other Press，2006.

[79] 奥古斯丁．上帝之城 [M]. 吴飞，译．上海：生活·读书·新知三联书店，2007.

[80] 莱姆克．马克思与福柯 [M]. 陈元，等译．上海：华东师范大学出版社，2007.

[81] 玛莎・纳斯鲍姆．善的脆弱性：古希腊悲剧和哲学中的运气与伦理 [M]. 徐向东，陆萌，译．南京：译林出版社，2007.

[82] 让－皮埃尔・维尔南．希腊人的神话和思想——历史心理分析研究 [M]. 黄艳红，译．北京：中国人民大学出版社，2007.

[83] 塞涅卡．哲学的治疗：塞涅卡伦理文选之二 [M]. 吴欲波，译．北京：中国社会科学出版社，2007.

[84] 弗里德里希・威廉・尼采．快乐的科学 [M]. 黄明嘉，译．上海：华东师范大学出版社，2007.

[85] Edward McGushin. Foucault's askesis: An introduction to the philosophical life[M]. Evaston：Northwestern University Press，2007.

[86] 黄瑞祺．再见福柯：福柯晚期思想研究 [M]. 杭州：浙江大学出版社，2008.

[87] Michael Dillon，Andrew W. Neal. Foucault on politics，security and war[M]. New York: Palgrave Macmillan，2008.

[88] 爱比克泰德．爱比克泰德论说集 [M]. 王文华，译．北京：商务印书馆，2009.

[89] 刘永谋 . 福柯的主体解构之旅——从知识考古学到“人之死”[M]. 南京：江苏人民出版社，2009.

[90] 奥古斯丁 . 忏悔录 [M]. 周士良，译 . 北京：商务印书馆，2009.

[91] 普鲁塔克 . 希腊罗马名人传（共三册）[M]. 席代岳，译 . 长春：吉林出版集团，2009.

[92] M. Nussbaum. The therapy of desire: Theory and practice in hellenistic ethics[M]. Princeton : Princeton University Press，2009.

[93] 罗伊 · 博伊恩 . 福柯与德里达：理性的另一面 [M]. 贾辰阳，译 . 北京：北京大学出版社，2010.

[94] Sam Binkley，Jorge Capetillo. A Foucault for the 21st century: Governmentality，biopolitics and discipline in the new millennium[M]. Newcastle upon Tyne: Cambridge Scholars，2010.

[95] Irrera. Pleasure and transcendence of the self: Notes on “a dialogue too soon interrupted” between Michel Foucault and Pierre Hadot[J]. Philosophy and Social Criticism，2010，36（9）: 996.

[96] Mure-an V. Philosophy as a way of life or on the relation between philosophy and biography[J]. Romanian Journal of Analytic Philosophy, 2010（2）: 87-114.

[97] Timothy O'Leary. Christopher Falzon. Foucault and philosophy[M]. Massachusetts: Wiley-Blackwell，2010.

[98] 约翰 · 罗尔斯 . 政治哲学史讲义 [M]. 杨通进，译 . 北京：中国社会科学出版社，2011.

[99] 阿拉斯代尔·麦金太尔 . 追寻美德：道德理论研究 [M]. 宋继杰，刘东，译 . 南京：译林出版社，2011.

[100] Dianna Taylor. Michel Foucault: Key concepts[M]. Durham: Acumen，2011.

[101] 约翰·罗尔斯 . 道德哲学史讲义 [M]. 杨通进，译 . 北京：中国社会科学出版社，2012.

[102] 刘北成 . 福柯思想肖像 [M]. 北京：中国人民大学出版社，2012.

[103] 皮埃尔·阿多 . 古代哲学的智慧 [M]. 张宪，译 . 上海：上海译文出版社，2012.

[104] 丹豪瑟 . 尼采眼中的苏格拉底 [M]. 田立年，译 . 华夏出版社，2013.

[105] 弗里德里希·尼采 . 偶像的黄昏 [M]. 李超杰，译 . 北京：商务印书馆，2013.

[106] 弗里德里希·尼采 . 尼采全集（1—5）卷 [M]. 杨恒达，译 . 北京：中国人民大学出版社，2013.

[107] Cristian Iftode.Foucault's idea of philosophy as care of the self: Critical assessment and conflicting metaphilosophical views[J]. Procedia – Social and Behavioral Sciences: January，2013（28）: 76–85.

[108] Christopher Falzon，Timothy O'Leary，Jana Sawicki. A companion to Foucault[M]. Massachusetts: Wiley–Blackwell，2013.

[109] 皮埃尔·阿多 . 伊西斯的面纱 [M]. 张卜天，译 . 上海：华东师范出版社，2014.

[110] 皮埃尔·阿多 . 作为生活方式的哲学 [M]. 姜丹丹，译 . 上海：上海译文出版社，2014.

[111] 阿兰·布罗萨 . 福柯——危险的哲学家 [M]. 罗慧珍，译 . 桂林：漓江出版社，2014.

[112] 阿拉斯代尔·麦金太尔 . 伦理学简史 [M]. 龚群，译 . 北京：商务印书馆，2014.

[113] 张一兵 . 回到福柯——暴力性构序与生命治安的话语构境 [M]. 上海：上海人民出版社，2016.

[114] 赵灿 . 诚言与关心自己——福柯对古代哲学的解释 [M]. 上海：上海人民出版社，2016.

[115] 乔弗鲁瓦·德·拉加斯纳里 . 福柯的最后一课 [M]. 潘培庆，译 . 武汉：长江文艺出版社，2016.

[116] 玛莎·纳斯鲍姆 . 欲望的治疗：希腊化时期的伦理理论与实践 [M]. 徐向东，陈玮，译 . 南京：译林出版社，2018.

[117] 克里斯托弗 · 希尔兹 . 古代哲学导论 [M]. 马明宇，译 . 北京：北京大学出版社，2018.

[118] 张一兵 . 遭遇阿甘本——赤裸生命的例外悬临 [M]. 南京：南京大学出版社，2019.

[119] 阿拉斯代尔 · 麦金太尔 . 现代性冲突中的伦理学：论欲望、实践推理和叙事 [M]. 李茂森，译 . 北京：中国人民大学出版社，2021.